U0135121

虛擬貨幣
革命

The Age of Cryptocurrency

How Bitcoin and Digital Money
are Challenging the Global Economic Order

著——保羅‧威格納 ╱ 麥克‧凱西
譯———林奕伶

Paul Vigna & Michael J. Casey

Contents

Contents

數位時代的虛擬貨幣

「金錢不能創造成功，創造金錢的自由才能創造成功。」

—— 曼德拉（Nelson Mandela）

　　儘管芭麗莎・阿瑪迪（Parisa Ahmadi）在阿富汗赫拉特的哈提飛（Hatifi）女子中學名列前茅，她的家人一開始卻反對她註冊一個由私人企業提供的課程；該課程承諾教導年輕女子網際網路與社群媒體的技能，甚至就她們的努力成果提供報酬。「在阿富汗，女人的一生就限制在房間的四面牆和學校之內⋯⋯」阿瑪迪在一封電子郵件中寫道。阿富汗的少女無論在家還是在學校，都無法接觸到網際網路，如果當初阿瑪迪不堅持，大概也是如此。她是優秀的學生，也想上更多課程。這樣的理由對她來說已經足夠。她承認自己逼迫家人讓她入學——以「非常強硬」的態度。

　　贊助這些課程的企業是Film Annex，這家設立於美國的線上影片公司利用社群媒體和網站，提供報酬給三十萬名貢獻作品的部落客及獨立製片者。該公司透過旗下分支機構 Women's Annex 來到阿富汗，Women's Annex是Film Annex結合阿富汗女企業家羅雅・瑪哈布

博（Roya Mahboob）成立的數位素養（digital literacy）計畫，目前在阿富汗各地的學校培訓總計五萬名女學生。瑪哈布博曾被《時代》雜誌列為世界百大最有影響力人士之一，她經營一家名為阿富汗要塞（Afghan Citadel）的軟體公司，是阿富汗為數不多的女性執行長。瑪哈布博將推廣阿富汗女性教育列為自己的重要目標，Women's Annex的教室設立在當地高中，課程由女性教師講授。基於這點，阿瑪迪的家人才讓步讓她註冊報名。

阿瑪迪在2013年開始上課，學習全球資訊網（World Wide Web）、社群媒體，以及部落格。她熱愛電影，也喜歡為觸動她的電影寫些東西，她刊登在部落格上的影評廣受好評，年紀輕輕便賺到第一筆真正的收入。

不過，銀行帳戶是大多數阿富汗少女無法擁有的東西之一。如果阿富汗少女有了錢，必須存到父親或兄弟的銀行帳戶，這是阿富汗多數人的做法。就這方面來說，阿瑪迪還算幸運，許多與她相同背景的女性無法取得應得的存款，她們的男性家人會企圖阻擋，甚至將那些錢占為己有。

改變阿富汗少女命運的比特幣

阿瑪迪在2014年初時來運轉。Film Annex在紐約的創辦人法蘭西斯柯·盧里（Francesco Rulli）察覺到阿富汗女性所面臨的困難，又對將小額報酬寄到世界各地的成本不甚滿意，於是決定徹底改變Film

Annex 的支付系統，他以比特幣（bitcoin）支付報酬。比特幣似乎在 2013 年橫空出世，有一小群倡導者信誓旦旦地保證「比特幣將改變世界」，這群倡導者多半是熱衷科技的數位烏托邦主義者，傾向自由意志主義（libertarian），且願意全心奉獻於他們的信仰。

盧里信奉的哲學是白手起家，自力更生，他迅速「理解」比特幣。為了解對於七千多位像阿瑪迪這樣，名列 Film Annex 付費供稿人的阿富汗年輕女子來說，比特幣有哪些優點，他四處蒐集資料。他發現，比特幣儲存在數位銀行帳戶或「錢包」，只要能連結到網際網路，任何人都能在家設定。不必跑一趟銀行開戶，不需要文件或證明你是自然人。事實上，比特幣系統不知道你的名字或性別。因此，父權社會下的女性──至少那些能夠接觸網際網路的女性就得以掌控自己的錢財。這個重要性再怎麼強調都不為過。這些女性建立的是屬於她們自己的東西，而非屬於她們的父兄。雖然比特幣談不上是萬靈丹，但這異軍突起的二十一世紀尖端科技確實給人希望，可以幫助為數眾多的族群擺脫枷鎖。

美國、英國、義大利，以及其他富裕國家的許多 Film Annex 供稿人都對比特幣抱怨連連，覺得比特幣不夠便利。而且不管在線上或其他地方，極少有企業接受以比特幣付款，對許多人來說，這整件事似乎相當不可靠。不只是 Film Annex 的供稿人抱怨，對大多數人來說，比特幣就像一場不成熟的騙局，企圖從傻瓜身上斂財。此外，這些抱怨也是阿瑪迪要努力解決的問題，尤其能使用比特幣的選項依然有限，特別是在像阿富汗這種低度開發的經濟體。為了處理這類問題，Film Annex 在 2014 年架設一個電子商務網站，讓成員得以使用比特幣間接消費，

比如以比特幣購買像亞馬遜（Amazon）這種提供送貨到喀布爾、赫拉特，以及其他阿富汗城市的全球性購物網站的儲值禮物卡。事實上，Film Annex正在建立一個自給自足的封閉性比特幣經濟，這種做法在公司改名為BitLanders時又更為明確了。

阿瑪迪用比特幣買了一部新的筆記型電腦。在幾年前這是不可能的事。她感謝比特幣「教導我們如何獨立以及如何自己做決定，最棒的是，教我們如何自立自強。」比特幣讓她得以想像未來，一個不再只是身邊男性附屬品的未來，一個可以擬定自己方向的未來。「我設想自己未來是個受過教育又活躍的女醫師。」阿瑪迪說。

挑戰全球經濟秩序的新科技

通常在比特幣的相關報導中，不太會出現類似阿富汗少女阿瑪迪的故事。大部分報導都聚焦在比特幣劇烈起伏的不定性，更將比特幣視為一種非常靠不住的貨幣概念。到街上問問路人對比特幣的了解，如果對方可以說出一二，大概會提到新聞中那些最出名的報導：比如，毒販在絲路[1]（Silk Road）網站上使用比特幣被逮到的故事；或者會提到價格波動無常，並說出泡沫這樣的字眼；又或者他們可能會想起那個名字像出自蘇斯博士（Dr. Seuss）故事的Mt. Gox[2]突然有大筆比特幣消失不見，但也只知道那是東京一個無名的線上交易所。也許他們聽說過有人

1.「絲路」是一個利用匿名通信軟體隱密服務運作的黑市購物網站。在絲路上交易的大部分商品幾乎都屬違禁品，毒品尤其是大宗。
2. 位於日本東京都澀谷區，一度成長為世界上最大的比特幣交易所，承擔全球超過70％的比特幣交易。但在2014年因被駭客盜取比特幣而下線，暫停網上交易。不久後申請破產保護。

在尋找中本聰（Satoshi Nakamoto）這個創造比特幣的神祕人物。

　　所有圍繞比特幣而起的花絮都精彩有趣，同時也對了解比特幣的由來很重要。但若是因此把比特幣斥為騙局，那就是在排拒某種可能改變人生的東西。比特幣是具革命性的數位科技，具有徹底改變銀行業務與商業經營模式的潛力，而且有可能帶領新興市場的數十億人進入現代數位化、全球化的整合經濟。如果這場貨幣革命真的奏效（但目前仍是個大哉問），許多至今仍被視為理所當然的事情，將如古騰堡印刷術那麼古老過時。

　　現在我們用來管理貨幣匯兌與資產的制度，可以追溯到文藝復興時代的梅迪奇（Medici）家族，當時銀行首次在歐洲取得貨幣經濟的主導地位。那些人是最早的科技破壞創新者、激進的思想家，他們發現社會大眾的需求並予以滿足。本質上，他們設法在存款人和借款人之間媒合斡旋，引入存款人多餘的資本，再分配給需要的借款人，這些過程全都要收取費用。這就是矽谷投資人稱為網絡效率（network efficiency）的戲劇版。藉由將社會上不計其數的債務和索償權納入單一銀行的總帳，銀行家建立一套強大的集中式新信任制度。在他們專業的中介服務協助下，原本對彼此無法充分信任的陌生人就能談生意了。事實上，梅迪奇家族建立了一套強而有力的貨幣創造系統──金錢不再只是實體的貨幣，而是組織、擴張以及分攤社會債務與支付的系統。這為商業貿易大爆炸開路，進而創造財富與資本，提供資金讓文明大國得以發展並征服世界。

　　可是銀行在這套集中式信任系統中變得太過強大，導致陌生人沒有

銀行媒合就無法做生意，世界上日益複雜又相互連結的經濟體只能完全依賴銀行的中介。他們留在機構內部的總帳成為社會了解公民之間債務與支付狀況的重要工具。銀行因此建立了最大的競租（rent-seeking）事業，確立它們是收取費用的守門人，促使經濟運作的金融流動管理人。位在這個金流發送和接收兩端的任一方別無選擇，只能和銀行打交道，就像芭麗莎·阿瑪迪在 Film Annex 改變支付政策之前的困境一樣。隨著這個新的金融業務擴張並且變得更複雜，其他競租中間人也將自己定位成專門提供中介信任的業者——從早期的債券及證券經紀人到保險經紀人，到財務律師，再到現在的第三方支付業者及信用卡公司。以目前的運作情況來說，如果那些中間人停止現有的業務，我們高耗能的全球經濟體系將全面崩潰。種種因素只會讓位在中心的銀行更加強大，以至於原本理應賦予人民力量的系統，卻孕育出一種危險的依賴性。這就是導致華爾街巨獸出現的原因，最後在 2008 年將整個世界帶到災難邊緣。

加密電子貨幣（cryptocurrency）因此出現了，比特幣便是加密電子貨幣的一種。這項技術的天才之處在於它剔除了中間人，但又保留基礎架構讓陌生人可以彼此交易。方法是從集中式（centralized）金融機構手中拿走維護總帳這個至關重要的角色，交給獨立自治的電腦網絡，建立一套自外於任何機構控制而運作的去中心化（decentralized）信任系統。從核心本質來說，加密電子貨幣是建立在一個不容破壞的共同總帳原則之上，這份總帳完全公開，時時由那些基本上可以各自獨立運作的高效能電腦驗證。理論上，這代表我們不需要銀行和其他金融中介者

代替我們形成信任關係。大多數加密電子貨幣系統將這個以網絡為基礎的總帳稱之為「區塊鏈」（blockchain），可取代中間人的工作，因為它可以有效地告訴我們交易的另一方是否付得出錢。

藉由消除中間人及其相關費用，加密電子貨幣可望降低做生意的成本，並減少這些中介機構內部可能產生的貪腐，以及阻隔涉入它們豐沛人脈圈中的貪腐政治人物。加密電子貨幣使用的公開總帳，可以公開那些難以窺測的政經體系內部運作。事實上，這項技術用在推動公開透明及責任歸屬的潛力，遠超過作為金錢和支付之用，因為可以排除掌控交易資訊的中間人；以選舉為例，熱衷加密電子貨幣的人就能發現這項技術具有終結舞弊的可能性。而此技術的核心本質就是一種不同以往的社會組織形式，可望從權威精英手中奪回金錢及資訊的掌控權，讓金錢及資訊的所屬人重新掌握自己的資產與才華。

「為什麼我得關心比特幣？」

本書作者邁可的鄰居，史考特‧羅賓斯（Scott Robbins）的說法代表著美國中產階級的普遍認知，許多中產階級的西方人難以理解，為什麼加密電子貨幣可以改善他們的生活。「我就是不明白為什麼要關心比特幣？」史考特有一天晚上提起。

當然，如果只是把焦點放在比特幣可以為我們省下每一筆信用卡交易2%或3%的手續費，就很難讓人對「加密電子貨幣革命」感到激動興奮。但如果能意識到一年87兆美元的全球經濟產出，有多少類似的

費用是被那些銀行及金融機構分走，感受顯然大不相同。當加密電子貨幣可以繞過那些中間人時，其中省下的費用可能就高達幾兆美元了。我們每個人可以從這幾兆美元中取得自己的一份，不管是企業藉由省下財務成本而創造的就業機會，又或者是讓我們受益於降低利率，以及銀行與信用卡帳戶收取的手續費……等等。另外再想想，從你開始賺錢及花錢的那一刻，就開始不斷地將金錢的一部分交給那些中間人，那些錢一輩子累積下來可能多達幾百萬美元。加密電子貨幣可望停止這種外流，並將錢放回你的口袋。這是比特幣最基本的價值主張，也是史考特為什麼應該關心比特幣的答案。

加密電子貨幣當然不是沒有瑕疵和風險。有些人擔心，如果採用比特幣模式，這種獎勵電腦所有者維持及管理公開總帳的機制（激勵他們競賽爭取每十分鐘發出的新一批比特幣），可能鼓勵運算能力的破壞性集中。因此，就算比特幣的目的是為了分散貨幣權力，資本主義固有的壟斷傾向還是可能導致部分玩家累積足夠的運算能力，奪取網絡控制權，並將值得信賴的去中心化制度恢復成由利己的集中式機構掌控。比特幣目前還沒有遇到這樣的威脅，許多人也認為威脅永遠不會發生，因為能靠擁有比特幣而獲利的電腦所有者沒有興趣摧毀它。不過，卻無法完全排除這種可能。

而種種比特幣與犯罪之間的聯想，如絲路網站一例，使用者企圖利用數位貨幣（digital currency）的匿名性販毒和洗錢。也有許多人擔心比特幣可能挑起經濟危機，因為比特幣剝除政府決策者調節貨幣供給的能力，使得政府沒有機制去抵銷眾人在集體恐慌時囤積的本能。我們將

檢視這些重要問題，並說明從事比特幣應用的那群人如何解決這些問題。

比特幣刀鋒指向誰

不可諱言，加密電子貨幣是高破壞性的科技。如果其他條件相當，技術性破壞會讓經濟更有效率，而且在整體上創造更多財富。但顯而易見的是，如果加密電子貨幣占主導地位，那麼這種破壞性提升絕對不會讓社會輕鬆無痛，那將會引發緊張的政治局勢，因為幾百萬名靠著舊制度維生的人，可能一覺醒來發現自己的工作危在旦夕。事實上，這種反彈聲浪已經存在，甚至在這項技術真正完備之前早已蓄積，我們將在接下來的章節中見證這些對抗與爭辯。政治衝突不單出現在依附舊制度與支持新制度的人之間，也出現在支持新制度的眾多團體之間，因為理想主義者、務實主義者、創業者和機會主義者都競相意圖掌控加密電子貨幣的未來。

如果破壞是由與金錢相關的科技所帶動，這些衝突可能又特別激烈。但是我們不妨打個比喻，刀一出了鞘，通常就是有大事要發生，只是我們還不清楚比特幣刀鋒指向誰。

前美國財政部長桑默斯（Larry Summers）已經看到這一點。「如果細想現代經濟究竟是什麼，基本上牽涉到的是愈來愈多的交換……」他告訴我們。「而交換除非真正採同步進行，否則一定都會有信任問題。所以比特幣在通訊及電腦科學所展現的突破，就是以更低的價格支

援更深度的交換。這對各國內部那些被排除在邊緣的人很重要，對跨越國境的交易也大有意義。」

桑默斯提到的「信任問題」就是梅迪奇銀行家最早企圖解決的核心問題，是陌生人彼此做生意時面對的困境。而桑默斯說到「被排除在邊緣的人」，是在隱晦指涉所謂的「無銀行帳戶者」（unbanked），是全世界的芭麗莎‧阿瑪迪，從阿富汗到非洲甚至美洲約有二十五億人，他們被拒於現代金融體系之外，沒有銀行帳戶和可證明的餘額，沒有信用記錄，或者透過銀行做生意時必要的條件。如果無法接觸到銀行業務，基本上就是被排除在現代經濟之外。

加密電子貨幣的核心意義無關數位貨幣市場的漲跌起伏，甚至不是用來取代美元、歐元或日圓的新交易單位，而是讓人擺脫集中式信任的專制。它訴諸一個令人嚮往的前景，即我們可以從中心奪回權力，從銀行、政府、律師，以及阿富汗的部族首領手中取得權力，轉移到邊緣，給我們自己，給眾人。

比特幣科技的力量

那麼，比特幣究竟是什麼？這確實令人有點困惑，因為說起比特幣，一般指的是兩種不同的東西。第一種是引起最多注意的功能：比特幣貨幣，這個數位價值單位可用來交換商品、服務或其他貨幣，而相對於傳統由政府發行的貨幣，價格通常有劇烈波動。但這個狹隘的定義是由一個能說明比特幣更為重要的貢獻、更為寬廣的定義轉變而來的，也

就是比特幣科技，如果以英文書寫，有的人會用大寫的B（Bitcoin）來代表（若指的是貨幣，則用小寫的b）。

「比特幣科技」的核心意義是指系統的通訊協定（protocol），這是軟體專業術語中常見的用語，用以說明電腦彼此溝通的一套基本程式指令。比特幣的通訊協定是在一個電腦網絡上執行，這個網絡屬於世界各地的許多人，並負責維護核心的「區塊鏈」總帳及貨幣系統。在電腦記錄和驗證比特幣經濟內運作的交易時，通訊協定提供所需的作業指令與資訊。這個系統利用加密（encryption），也就是由使用者輸入特別密碼，將數位貨幣直接寄送給彼此，不需要將密碼透露給任何人或機構。重要的是，它設計網絡中每台電腦必須執行的步驟，才能讓每筆交易的有效性達成共識。一旦達成共識，收款人就知道付款人有足夠的資金，不會寄送偽造的貨幣。

再來，就是科技迷、經濟學家，以及未來主義者對比特幣科技最感興奮的地方。他們將比特幣的開源（open-source）通訊協定視為開發從事商務及管理交易的新工具基礎，可以把它想像成如同個人電腦的Linux系統或智慧型手機的Android系統。差別在於比特幣的作業系統並非對單一電腦下指令，指示如何運作，而是對一個電腦網絡指示如何彼此互動。它的核心特點就是它是個「無信任」（trustless）驗證的去中心化模式，也是個自動生成的資料庫，裡面包含了每一筆完成的交易，能夠即時提供給每個人，而且永遠不能竄改。就像行動應用程式（app）製造商忙著在Android系統上建立應用軟體，開發人員也在比特幣上建立專門利用這些關鍵特色的應用。這些應用可能只是讓比特幣貨

幣的交易更加順暢且容易使用，例如行動數位錢包應用程式可以讓智慧型手機用戶快速轉移數位貨幣，也可能是為了更廣泛的目標。比特幣分享資訊的通訊協定規則，讓那些開發人員塑造出一組以軟體為基礎的指令，管理各公司、團體，以及社會之間的決策。因為是來自一個不需要集中登記但完全可驗證、公開透明的所有權記錄，這個「無信任」系統讓人可以交換各式各樣具有價值的數位項目及各種有用的數據，並確信資訊準確無誤。完全不需要來自銀行、政府機關、律師，以及諸多其他中間者代價高昂的調解。那就是比特幣科技的力量。

新的價值標的？還是海市蜃樓？

由於價格快速上漲以及顯而易見的失策等因素，還有一批熱情、偶爾理想遠大的信徒及批評者，比特幣引發的大量激辯，往往淹沒了企圖說明比特幣及其潛力的嚴肅討論。本書企圖將這個主題拉回正題，讓專業程度及理解程度各不相同的讀者都能了解比特幣是什麼、如何運作，以及對所有人可能有什麼樣的意義。

我們是記者，不是未來主義者。我們的目的不是給將來可能的樣貌勾勒明確的輪廓。但如果說我們從網際網路出現以來學到了什麼，那就是科技不會等著我們追上腳步。從脫穀機和動力織布機到電力與生產線，再到大型電腦與電子郵件，個人與政府若沒有花心思關注新科技，往往會被打個措手不及。我們相信比特幣，或者更具體來說，是相信比特幣和其他加密電子貨幣成為有效貨幣兌換工具的突破性發展，有可能

在金融界成為重要力量。想像一下：控制貨幣是一個政府所能掌握的強大工具之一；不妨問問愛爾蘭、葡萄牙、希臘，或賽普勒斯這些經歷過最近一波金融危機的人民。比特幣至少可望從政府手中奪走部分權力，交給人民。光是這一點就預示會有重大的政治、文化，及經濟衝突。

從支持與反對群眾的熱烈情緒中，就能看出這些衝突的起因。比特幣玩家（bitcoiner）幾乎都懷抱著瘋狂的熱情，比特幣開始蒙上宗教活動的面貌，讓人聯想到教會活動的聚會，類似神祕教派的教眾在諸如Reddit和推特（Twitter）等社群論壇上歌頌比特幣，還有這個運動的傳道者，諸如巴瑞·席爾伯特（Barry Silbert）、尼可拉斯·卡瑞（Nicolas Cary）、安德烈·安東諾普洛斯（Andreas Antonopolous）、查理·施瑞姆（Charlie Shrem），及羅傑·維爾（Roger Ver，他的綽號正好是「比特幣耶穌」）等人。其中之最，當屬深深隱藏在激發並孕育忠實追隨者的比特幣創造神話中的比特幣之神：中本聰。

但加密電子貨幣也可能徹底失敗，就像Betamax錄影帶系統[3]（如果你年紀夠大，還有印象的話）。又或者在現實世界可能只有微不足道的應用，就像一度被炒作得天花亂墜的賽格威（Segway）。同樣熱衷的比特幣玩家、也是被中本聰任命為比特幣核心軟體首席開發人員的軟體工程師蓋文·安德列森（Gavin Andresen），他是這樣說的：「每次我發表談話，都會強調比特幣其實還是個實驗；每當我聽到有人拿終生積蓄投資比特幣，就覺得忐忑心慌。」而他還是負責整個計畫運作的人。

---

3. Betamax 簡稱 Beta，為日本新力公司在1975年推出的卡式錄影帶系統，開啟了錄影機普及化的潮流。Beta主要以家用市場為其定位，是最早通行的家用卡式錄影帶系統。在1980年代中期以前與松下企業推出的VHS系統為市場並存的二大主要家用與學校用錄影機（帶）規格。

另一方面，堅信自己的懷疑正確無誤的人是主流的商業界領袖，例如，摩根大通的董事長傑米·戴蒙（Jamie Dimon）就稱比特幣是「糟糕的價值儲藏」（store of value），而著名的投資人巴菲特乾脆說它是「海市蜃樓」。

這些反應其實並非特例。我們發現大部分的人最初想到比特幣和加密電子貨幣時，都是這種反應。有些人能超越一開始的本能反應，有些則不能。我們預期讀者在看完本書之前，對加密電子貨幣的認知將經歷庫伯勒—羅斯（Elisabeth Kubler-Ross）的五階段[4]模式。情況大致如下：

階段一：蔑視。甚至不是否認，而是蔑視。重點是，它應該是貨幣，但又沒有我們熟悉的貨幣所具有的任何特點。它並非實體，也不是由政府發行或由貴金屬鑄造而成。

階段二：懷疑。你每天看報紙，有足夠的報導讓你相信比特幣是真的，包括因臉書而出名的溫克萊沃斯（Winklevoss）雙胞胎在內的一些創業家，期待能從中賺到很多錢。但細節並不合理。靠做數學題取得比特幣？不是吧？用電腦做數學題？怎麼可能？在這個階段，類似龐式騙局（Ponzi scheme）和鬱金香狂熱（tulip mania）等說法就會在腦海中浮現。

階段三：好奇。你持續閱讀。更加清楚知道有許多人，甚至有一些似乎睿智且過去對這類事情眼光精準的人，如網際網路先驅馬克·安德森（Marc Andreessen）對加密電子貨幣大感振奮。但有什麼好大驚小

---

4. 庫伯勒—羅斯是瑞士精神科醫師及生死學大師，提出對死亡的哀傷反應五階段，即否認、憤怒、討價還價、沮喪，及接受。

怪的？好吧，那是虛擬貨幣，或許可以用，但是對平常人來說有什麼差別嗎？為什麼大家要那麼激動？

　　階段四：恍然大悟。這是關鍵階段。看你想怎樣比喻，驚掉下巴的一刻、如同燈泡一亮、腦袋靈光一閃。每個為了解虛擬貨幣而做足功課的人突然頓悟，即使對這種貨幣的普及性仍感懷疑。我們有些訪談對象一說起比特幣，好幾天都睡不著覺，絞盡腦汁想出每一個能用在比特幣上的字眼。在這個階段，一瞬間腦中就清楚顯露一條嶄新的行事方法。

　　階段五：接受。要了解難題不是簡單的事，但重大的創意從來就不容易理解。而關鍵是，就算比特幣沒有持續擴展，即使其他「山寨幣」（altcoin）加密電子貨幣沒有一個能夠盛行（目前有幾百種類似比特幣的加密電子貨幣，各有各的特點與怪癖），我們已經看到一條更快也更便宜的經商之途，排除中間人及收租放款的食利者（rentier），納入數百萬「無銀行帳戶」的人，讓每個人對自己的財務和業務有前所未有的掌控。一旦看到了這些，就不可能裝作看不見。

橫跨全球的貨幣革命

　　當然，我們確實有理由懷疑這麼浩大的實驗能否成功。比特幣帶來的頭條標題通常脫離不了醜聞及安全漏洞，儘管這些問題的嚴重性，還不如以銀行、主流金融與信用卡支付系統內部為主發生的問題，但卻產生比特幣的形象危機。試想，若有報導指稱比特幣被用來資助大型恐怖攻擊，那會引發什麼樣的安全風暴。大眾對這種風險的焦慮可能引起監

管機構過度反應，而將計畫扼殺於萌芽期。只要官員意識到比特幣開始侵犯到政府掌控貨幣與支付系統的能力（這正是許多自由意志主義傾向的熱情支持者明言的目標），法律方面的反應可能是格外嚴屬約束。第一波嚴格的監控管理正在進行當中，包括華府、紐約、倫敦、布魯塞爾、北京，以及許多其他金融與政治重鎮的官員，都制定了規則要數位貨幣使用者遵守。如果規則設計完善，當然可以讓人感到獲得妥善的保護，不會受到其中的危險因素傷害，進而對加密電子貨幣的發展有利。但是官僚機構有可能下手太重，抑制了具備創新精神的新創公司，使他們無法充分利用這種科技，給予個人更多力量、打破壟斷獨占，以及減少金融體系的成本、浪費和貪腐。

另一方面，其他新興科技也可能提供更好的競爭選項。舉例來說，中國的民眾目前沒有什麼誘因使用比特幣，因為以智慧型手機為主的新行動應用程式無所不在，他們可以用人民幣支付，不必冒著比特幣波動的風險。而遭受抨擊的傳統體系肯定也會努力改善提供的服務、降低成本，並支持為削弱比特幣競爭優勢而設計的管理措施。

「人」是這些發展最大的變數。加密電子貨幣的快速發展或許可說是歷史的偶然，2008年金融危機造成劇烈震盪，既有體系自己引爆，隱然要將幾十億人一起拖下水時，比特幣科技提供現有金融體系之外的另一個選項。幾年之內，一個反主流文化運動圍繞著加密電子貨幣形成，並且不斷運轉。沒有那場危機痛苦地暴露金融體系的瑕疵，很難說比特幣今天會在哪裡。隨著那場危機漸漸遠去，採用數位貨幣的動力也會隨之淡去嗎？

沒有人可以確知這一切將如何發展。所以，儘管我們不會提出預言，但還是會揣測加密電子貨幣的前景，檢驗可能的狀況，同時梳理並詳述為什麼可能不會出現哪些狀況。

　　你可能還是抱持懷疑的態度。沒關係，我們也是。我們兩人都是在1990年代開始報導市場。我們見過網路熱潮興起，又看著網路熱潮破滅。我們見過房市榮景，又看著房市崩盤。我們見證過金融危機、全球性景氣衰退、歐元危機、雷曼兄弟，還有長期資本管理公司及賽普勒斯等問題。我們訪問過無數真心相信他們擁有下一個大創新的科技界人士。這些經歷多了，自然會心存懷疑。

　　所以剛聽說比特幣時，我們兩人都抱持懷疑的態度。不是由政府背書的貨幣？真是瘋狂！（根據我們的經驗，這是大多數懷疑者最大的癥結；他們就是跨不過這一點。）但是好奇心占了上風。我們開始報導比特幣，跟許多人談論，又報導更多。最後，我們非常清楚比特幣的潛力有多巨大，這本書在某方面反映了我們走過加密電子貨幣世界的旅程。這是我們好奇心的延伸。

　　我們是在述說比特幣的故事，但我們真正嘗試在做的，卻是釐清加密電子貨幣究竟應放在世界的哪個角落，以便把這個大拼圖拼湊完整。這是個宏大的故事，範圍跨越全球，從矽谷的高科技中心到北京街頭。其中包括走訪猶他州山區、巴貝多的海灘、阿富汗的學校，以及肯亞的新創公司。加密電子貨幣的世界由創投業界大老、中學中輟生、商人、烏托邦理想主義者、無政府主義者、學生、人道主義者、駭客，以及棒約翰（Papa John's）披薩連鎖店組成。這個故事可與金融危機、新

共享經濟（sharing economy）、加州淘金熱相比擬，而且在故事結束之前，我們或許得忍受高科技新世界與低科技舊世界之間一場波瀾壯闊的戰鬥，可能在導致幾百萬人失去工作的同時，又創造出全新類型的百萬富翁。

你準備好跳進比特幣兔子洞了嗎？

第一章

從巴比倫到比特幣——貨幣系統的核心

「眼睛始終未曾見，手也不曾碰過一塊錢。」
——米契爾·英尼斯（Alfred Mitchell Innes）

　　不管是由電腦程式發出的去中心化加密電子貨幣，還是傳統由政府發行的「法定貨幣」，任何貨幣要能實際可用，都必須贏得使用該貨幣族群的信任。在接下來的章節裡，我們會看到，對加密電子貨幣的支持者來說，所有重點都在於如何為「信任」提供另一種模式。他們標榜一套支付系統，受款人不再需要信任如銀行或政府等「第三方」機構，方能確保付款人交付商定的資金。加密電子貨幣系統將信任灌注在無法破壞的去中心化電腦程式，理論上不可能欺騙人。但是這些都不能讓加密電子貨幣擺脫困境。如果它們要獲得更重要的地位，也必須贏得普羅大眾的信任。

　　「信任」是所有貨幣系統的核心。通貨要能有效使用，必須仰賴使用者族群對該貨幣保持適度的尊重。因此在進入比特幣的戲劇性登場，並企圖發動革命，改變我們的想法之前，必須更深入探討「信任」這個概念在歷史上的發展變革。我們將在這一章來一趟貨幣演化之旅，一窺

這個人類社會中最值得注意卻不夠理解的發明。

我們就從幾個基本問題開始。貨幣是什麼？貨幣代表什麼？人類社會是如何發展出一套交換物品及衡量價值的制度？要了解事物的運作，最好的做法通常是分析制度無法運作的案例，這一點在任何研究領域皆一體適用。

失去信任的貨幣

辛巴威正好是當代一個失敗的案例，該國每張面額以億為單位的已作廢紙鈔，現在正堆在財經記者和外匯交易商的桌上，提醒他們貨幣可能是多麼瘋狂失控的東西。而早在1920年代，西方社會就已經得到極大的教訓，威瑪共和（Weimar Republic）時期，德國政府因為不希望與歐洲鄰國爆發軍事衝突，又不願意加稅引發民怨，於是加印鈔票支付債務，卻將德國馬克推入無法控制的下跌漩渦。由於通膨竄升速度超乎想像，兒童都能將一疊疊毫無價值的五千萬馬克紙鈔堆成娃娃屋。而這個故事給世人最重要的警告就是，我們都知道這樣的貨幣與政治亂象，為希特勒打開政治大門。

德國最後變成一個高效率運作、大致上愛好和平的國家，顯示民主社會在爆發金融及政治混亂之後，仍有恢復秩序的可能。同樣地，巴西在歷經嚴苛的貨幣政策改革後，擺脫超過30,000％的通貨膨脹率及1980年代的獨裁專政。但是，仍有些地方長年忍受貨幣功能不彰，並因此付出驚人代價。我們從他們的經驗中學習到，核心問題不在於印製

鈔票的央行有任何不負責任的政治決策，雖然正是這套貨幣機制造成惡性通膨；癥結在於使用貨幣的人民與發行貨幣的當局之間，信任破裂的問題由來已久。由於這些貨幣管理當局通常是國家政府單位，這種破裂反映的是社會與政府之間的關係生隙。由此來思考加密電子貨幣更具有啟發性，這種以數學為基礎的「無信任」貨幣交易系統提供了另外一種選擇。

如果公民不信任政府能代表他們的利益，也就不會信任政府的貨幣；或者說得更清楚一些，他們不會信任經濟賴以構成的貨幣制度。所以只要有機會，他們會賣掉這種貨幣，逃向他們認為更值得信賴的東西，不管是美元、黃金，或是任何一種他們覺得安全的避風港。如果效能不彰的情況積重難返，這樣的做法有自我實現的效果。貨幣失去價值會消耗政府的財政資源，使得印製鈔票成為償債及確保政權存續的唯一手段。不用多久，流通貨幣過剩會進一步破壞信任，繼而出現通膨不斷加劇的惡性循環及匯率重挫。

信用破產的阿根廷

阿根廷就是長期處在這種破碎的關係中。一個世紀都無法解決信任問題，說明阿根廷為何會經歷層出不窮的匯率危機，以及為什麼它的地位會從二十世紀初的全球第七大富裕國，在2014年時跌落到全球排名八十左右[1]。阿根廷多年來始終自許為歐洲精緻文明在新大陸落後世界

---

1. 根據以披索計的阿根廷名目GDP（國內生產毛額），按2014年8月的黑市匯率轉換成美元。

的燈塔，或多或少與祕魯相提並論。

本書作者之一的麥可對阿根廷略知一二。他說了這個故事：

我和家人在布宜諾斯艾利斯度過六年半的快樂時光。陽光、牛排、馬爾貝克紅酒，讓生活體驗更完美。其中最棒的是我們交到的朋友，他們會給人大大的擁抱，總是為朋友兩肋插刀，覺得花四個小時的午餐時間熱烈討論世界大事稀鬆平常。

但我對他們的國家卻有一種愛恨交織的複雜情緒。儘管阿根廷人熱情擁抱朋友與家人，社會卻長年存在對抗衝突。這一點在布宜諾斯艾利斯的都市風貌上表露無遺：人行道上滿地的狗屎，曾經美麗出色的巴黎式建築卻被塗鴉汙損，以及因駕駛爭先恐後而永無止境的塞車。這個國家嚴重分裂的政治人物，支持相互矛盾又過時的意識型態，但其實他們的忠誠取決於半世紀前由裴隆（Juan Domingo Peron）建立的一元化腐敗政治機器。裴隆主義的政治權謀，將阿根廷政治困在短視與腐敗的惡性循環，一事無成讓阿根廷人民對政府毫無信心。逃稅是常態，大家的理由是，為什麼要付酬勞給偷你錢的騙子？在這種環境下，自私自利通常理直氣壯，豐富的天然資源也隨意揮霍浪費。那些懂得將哄抬炒作、逢高賣出等伎倆偽裝成政策的人，在短短幾年內就能賺得荷包滿滿，但這卻代表經濟大約每十年就會衝向近在眼前的懸崖峭壁。

我在2003年初抵達阿根廷，正好上一波危機正要消退。銀行依然保有人民凍結在帳戶裡的錢，只是政府強制將美元兌換成貶值的披索；而銀行在市區的分行窗戶用厚鋼板保護著，以免抗議的存款戶扔磚塊攻擊。2009年我離開時，下一波危機正在醞釀。通貨膨脹逐步升向一年

30％，政府卻公然撒謊，誠信欠佳的行為只是讓阿根廷人更不信任他們的貨幣，導致企業預先提高價格，不斷自我強化地循環下去。民眾又慢慢開始從銀行提取披索，政府則限制購買外匯，可想而知，這又進一步打擊對本國貨幣的信心。這是阿根廷人再熟悉不過的貓捉老鼠遊戲，注定不會有好結局。

這也使得我們的離開更棘手了。離開一年後，我們終於賣掉位在布宜諾斯艾利斯郊區，在綠意盎然的巴勒摩購置的美麗公寓。但是當我回到這個城市要完成交易，把錢帶出國時卻非常困難。

阿根廷的住宅物業向來是以美元銷售——實實在在的美元鈔票。歷史教訓讓阿根廷人不但對自己的貨幣謹慎提防，也不信任支票、匯票和任何需要提供信用的東西。摸得到的美元紙鈔可以克服這一切。那也是我們的買家想要的。他們不願意透過電匯將錢匯到我們在美國的銀行帳戶，而想用古老而傳統的方式。他們建議到布宜諾斯艾利斯金融商業區的「交易所」（casa de cambio）完成交易，那是幫阿根廷人處理複雜財務問題的無數交易所之一。「交易所」會接受我們剛到手的現金，然後存入我們在美國的銀行帳戶。簡單。能有什麼問題？

閃亮耀眼的大廳、維多利亞風格的標誌，予人誠實及安全感覺的名稱，這些交易所和銀行分行的外貌十分相似，營運業務卻是在銀行體系之外。除了兌換美元和披索，他們還利用一個帳戶網絡，以低於銀行電匯的成本在海外轉移金錢。如今阿根廷政府嚴格限制銀行的海外電匯，這些地方就成了官方以外的貨幣轉帳方便管道，因而大受歡迎。

我對這種看起來不太可靠的選擇有點憂心，但我在布宜諾斯艾利斯

最要好的朋友米格爾告訴我，這家「交易所」每週以完全合法的方式，處理他跟海外合夥人的業務。米格爾十分信任他們，而我信任米格爾。這就是阿根廷的處事方法：你信任你認識的人，而要解決事業上的問題，依賴這些人際關係，往往更勝於仰賴腐敗司法系統的法律保護。

不過為了保險起見，我與「交易所」有過初次會面，他們向我保證海外轉帳有充分驗證也合法，因為我們有不動產契約為證明文件。我覺得放心了，同意買方的辦法。幾天後，八個人齊聚在該公司一間隱密的會議室完成最後作業：兩個行員；買下我們公寓的夫妻；那對夫妻其中一人的父親，也是付錢的人；一個公證人，法律要求有公證人證明交割結算有效；米格爾；還有我。

有個人帶著大約十疊的鈔票進來交給我。我從來沒有碰過這麼多現金，但還是很意外28萬美元堆疊起來體積竟然這麼小。那筆錢由「交易所」的行員點算，之後開始簽署轉讓文件。那位公證人確定一切都是公開合法且公平後，就和那位父親離開了。接下來就是安排國際轉帳。

突然間，一位行員慌慌張張衝進來大聲嚷嚷：「不可以！這個要經過銀行體系！」我看著米格爾，慢慢地明白了。阿根廷的外匯法令不斷變化，而行員誤解了其中一項證明文件的規定。也不排除我們被設計的可能，我開始懷疑這是個陰謀。為什麼事情是在公證人已經離開、產權已經簽署轉讓之後才發生？無論是哪一種，我們都進退不得。

我有幾種選擇：拿起那筆我們一輩子積蓄的錢，然後穿過市區（但用什麼裝？背包？塞進襪子？），暗自希望那家我保留帳戶用來繳付電費，但幾乎靜止沒在運作的本地銀行分行，樂意接受一大疊美元，收取

一筆手續費後，以近乎沒收的匯率轉換成披索，立刻再以昂貴的匯率外加一筆手續費轉換成美元，之後又以更大一筆手續費將美元電匯到我的美國銀行帳戶。如果這個辦法能通過銀行的法規稽核人員，我們要面對的有安全風險，還有大約1.5萬美元以上的成本。或者就像「交易所」提議的，我可以跟他們完成這筆交易，但沒有先前承諾我的證明文件。「交易所」收下我的錢，由海外代理人將等量的錢存進我的帳戶，但我就沒有任何轉移金錢的文件記錄。我必須信任（又是這個字眼），二十四小時之後可以打電話給銀行，確認那筆錢正在匯入我的帳戶，只是要花三天時間才能真正登記入帳。

我非常認真考慮。數以萬計的阿根廷人每天都在做這種交易。諷刺的是，對他們來說，這種交換價值的方法，比老是搶奪他們存款的銀行體系更值得信賴。更重要的是，我在阿根廷最信任的米格爾，也相信由這群人來照看他的帳戶。米格爾的做法比我所想的更透明也更光明正大，但他固定與他們打交道，「交易所」必須維持米格爾的信任，畢竟顧客的信心是業務的根本。至於我，不太可能是常客。

我勉強同意這種非正式交易。「交易所」能夠給我當「記錄」的，就只有從列印收據的陽春計算機上截斷的一張紙條，上面只顯示數字：買賣轉帳的總額、扣除的手續費；其餘什麼都沒有。我當天晚上就不知道把紙條丟到哪裡去了。

隔天，我和米格爾回到「交易所」去拿一個特別代碼，我的銀行可以用這個代碼追蹤款項。我們原本要見的行員不在，負責看守後勤辦公室門禁森嚴入口的警衛如此告知我們。血壓飆高之際，我要求見另外一

位行員。警衛打電話給他，然後轉述他的話：錢已經存進我的帳戶。我很懷疑，應該要花三天時間的。我的心跳加速。他們在說謊嗎？我被騙了嗎？緊張不安到極點，我跑到外面街上打電話給美國銀行的代表。得到回覆：「是的，凱西先生，錢在你的帳戶。」我和米格爾互相擁抱。

貨幣作為一種「社交科技」

　　這個故事正好可以說明信任與金錢之間的連結，而這對了解加密電子貨幣，以及說明以計算機演算法的信任，取代對政府貨幣發行單位的信任，都相當重要。（就這點而言，說比特幣「無信任」並不正確，雖然這是比較方便的描述。）貨幣制度要能運作，需要某種信任模式。比特幣解決這個難題的方法，是企圖提供使用者一個信任系統，但並非以人類為基礎，而是根據數學運算不可破壞的法則。比特幣本身的信任問題，在於對比特幣的整體形象充滿信心的人並不多。再說，數學總是令人退避三舍；基於同樣的原因，社會大眾對於由電腦取代人類運作金融系統也充滿疑問；光是將這種疑慮套在比特幣上，大概就透露出，我們對目前以法定貨幣為基礎的金融市場電腦化程度有多無知了。

　　像在阿根廷這樣對政府機構信心薄弱的地方，要解決信任問題，就必須提高社會對家人、朋友，以及種種靠信譽維繫的人際關係的信任。遺憾的是，對於經濟網絡複雜程度超出小團體範圍的經濟體來說，這樣的信任圈太小，也極無效率，更別說是企圖與世界其他地方整合的經濟網絡了。此外，如果危機出現，導致所有人急忙拋售不可靠的貨幣時，

這個體系會透支到極限。

加密電子貨幣宣稱要解決這個問題。因為沒有一個由政府經營的貨幣系統是完美的。阿根廷也許是個極端的例子，但是正如2008年的金融危機所證明的，其他國家的模式一樣會受到信任崩盤的影響。

為了了解信任對貨幣為何如此重要，在我們深入探索加密電子貨幣的運作及偉大理想之前，應該先來一趟歷史之旅，探討幾世紀以來的各種貨幣理論。希望能讓讀者對貨幣能有點初步概念。你或許會認為這有什麼難的，畢竟這東西都已經使用了幾千年。但事實上，金錢交換的做法深藏在人類社會的文化演變之中，以至於我們不曾細察。

菲利克斯‧馬汀（Felix Martin）在他那本頗具爭議的《貨幣野史》（*Money: An Unauthorized Biography*）中指出，若是將貨幣當成一種「東西」或商品，意即主張「貨幣金屬論」（metallism）概念的話，那就錯過了這種發明為建立文明帶來的強大力量。他稱貨幣為一種「社交科技」，宣稱「通貨本身不是貨幣。貨幣是信用帳戶和由通貨代表清算的系統。」從這方面思考，我們知道貨幣讓部落制度以外的新社會組織形式得以產生。貨幣提供一套共同的價值體系，這意味著原本藉由掌握殘暴力量維持秩序的史前部落社會即將告結，其權力結構可能讓位給某種可使社會所有成員興旺發展的東西，財富成為除了力量或人脈以外的權力指標。財富的定義就是累積「信任」這種抽象的新價值評斷標準。這將徹底改變社會遊戲規則。

馬汀以密克羅尼西亞的雅浦島（Yap）證明他的論點。他描述一種令早期歐洲訪客十分不解的獨特貨幣系統，構成這個系統的是稱為

「費」（fei）的石輪。石輪是從三百英里（約合四百八十三公里）外的石場挖採而來，直徑有十二英尺（約合三・六六公尺）。交易完成之後，這些巨大的石灰岩要轉運到新主人手上通常很不方便，於是大多留在前一個主人的手中。但是整個雅浦社會有個共識，就是在一系列的交易當中，這些龐然大物的「所有權」會從一個人轉到另一個人，作為清算和結算未償債務的工具。馬汀引述美國年輕冒險家范尼斯三世（William Henry Furness III）的敘述，描述有個「費」在從帛琉巴貝圖阿普島（Babelthaup）運送的途中掉入大海，但依然獲承認為新主人可用於交換的貨幣單位。

這個「費」系統顯示，人類社會在創造價值與權力的抽象概念時，可以發展到什麼樣的程度。這種概念的發展程度各不相同，隨著社會漸漸承認貨幣雖然是虛構的，但有共通價值，而且強大到不可思議。所以我們看到貨幣出現在古希臘的時間，與古希臘擺脫先前權力結構更為殘暴且有限的社會，並出現開創性民主制度的時間相互比較，正好不謀而合。貨幣開啟世界，創造可能性。

就算社會一致接受了這種抽象概念對文明發展具有強大影響力，但對個人心智卻是難事，因為關於世界如何運作，特別是在理解價值方面，我們比較喜歡有形的說明。我們現在看到跟著實體店面與實體商品成長的老一輩，很難理解為什麼會有人買「虛擬商品」，例如線上遊戲《第二人生》（Second Life）賣的東西，就更別說還是用「虛擬貨幣」（virtual currency）付錢了。我們的理智可以做「貨幣是什麼？」的討論，但很難脫離貨幣本身具有物質價值這種根深柢固的觀念。

一元美鈔的價值？

從錢包拿出一張一元美鈔的鈔票，或者歐元、英鎊、日圓也可以，看你口袋裡有什麼樣的鈔票——假設你還攜帶現金。仔細觀察留意。接下來，問問自己，它值多少？

你的第一個答案絕對是「廢話，一元。」但是再問問自己。它到底價值多少？你手上的那個東西、那個長方形的紙張，本身的內在價值是什麼？

好吧，如果你願意，可以在那上面寫字，把它變成記事的裝置，雖然比起真正的好便條紙是效率極差的選擇。吸毒的人覺得它是吸食古柯鹼的實用工具，只是那可能比較像是「因為我可以」的炫耀意味，而非真正反映一元美鈔的這個特別用途。重點是，以實質物體來說，一元美鈔或任何國家的紙鈔沒有什麼特別的。那不是一張桌子、一把槌頭、一輛車、食物來源，甚至是像剪頭髮或搭計程車之類的服務。

在某種程度上，這一張紙就跟其他在社會扮演重要角色的紙張一樣，是「書面契約性協議」。契約的價值不在於書寫的物質，而在於法庭會承認上面的文字內容，作為協議有強制效力的證據。它們是兩造交易的證明，讓雙方有機會向我們的法律制度提出要求，要對方遵守契約條款。但是1美元傳達的契約性協議究竟是什麼？靜靜放在手中，它的內涵是一個相當模糊的承諾，是美國政府證明確實欠你1美元的價值。山姆大叔承諾會接受這些欠條，等到換你欠他債的時候扣抵，如稅金、費用、罰款等等；但除此之外，剩下該讓你帶回家的報酬，他是絕對不

會履行債務的。想到這裡你會覺得，哪有這種事？

　　以嚴格的法律意義來說，1美元包含了對銀行體系的要求權，由此推論，是對美國聯邦準備理事會（Federal Reserve，簡稱聯準會，Fed）的要求權；而聯準會在將鈔票發行給銀行的時候，就確立了鈔票未來持有人的權利。銀行與聯準會有義務根據鈔票面額代表的價值承認你的要求權。簡單說，如果你存了1美元的鈔票到銀行帳戶，銀行就承認自己欠你那1美元。但這其實沒有解決究竟是什麼給了那1美元價值的問題。實際上，它的價值完全取決於其他人的一致承認：你的那1美元可以買回某個議定單位的商品和服務。如果這樣的共識消失了，你那1美元的價值也將消失殆盡，就像阿根廷人從屢屢親身遭遇的惡性通膨中學到的。根據這個標準，1美元的價值並非存在於銀行承認對你的債務，或是銀行就這1美元對聯準會提出的要求權；而是取決於社會願意接受用它來結算債務。這種對價值標準的共識，完全不同於美元紙鈔本身有任何內在價值的說法。

　　金蟲（gold bugs）是金融界用來暱稱那些支持金本位貨幣體系的人，他們在這時挺身而出，承諾要解決本身內在價值的問題。他們說，黃金是真正的貨幣，因為黃金具體實在又耐久，本身就具有價值。根據他們鍾愛的金本位制，你真的可以帶著美元找上美國政府，堅持對方履行對你的債務，要求以等值的黃金償還。

　　但是這又引發另外一個問題：一塊金條的內在價值是什麼？金蟲指這個非常耐久、完全可以替代交換的金屬具有無數用途。它的屬性令人印象深刻：既有延展性又能持久。它可以融化之後重新塑造，但永遠不

會失去光澤。它的導電特質可用在電路板上，人工植牙也是利用它的強度和抗變色特點。但要知道，這些用途並非我們賦予黃金價值的原因。事實上，以上描述的用途只占黃金供應的極小部分。我們賦予黃金價值，跟它的美觀比較有關，用在裝飾珠寶，或用於建築及家居用品的傳統用途可為例證。不過，我們對黃金價值的論點最後還是陷入循環迴圈，很難去區分我們天生對黃金之美的欣賞（就像我們可能會欣賞鮮花一樣），和黃金飾品本身傳達的價值感（代表財富、偏好及聲望）。

黃金的數量稀少。有人說從古至今挖掘到的所有黃金，只能填滿兩座奧運標準游泳池。但稀少是相對說法，只在有需求時才有意義。無數物質實體都稱得上稀少，但因為沒有需求而沒有價值。最重要的是眾人想要黃金。但為什麼？

這樣會一直原地打轉。我們唯一可以肯定的，就是個反覆贅述的結論：黃金作為貨幣或投資之所以有價值，是因為我們相信它有價值（這又跟看重貨幣價值的原因相同）。黃金作為貨幣的價值是一種抽象的社會概念，可是這個價值本身是具體的，它對世界確實有影響。綜觀歷史，為了追求這個閃閃發亮的東西，灑過熱血、攻占過領土，國家興起又滅亡。這些輝煌偶爾又顯得醜陋的歷史，全是源自社會很早就體認到，黃金是個上等又實用的貨幣及價值儲藏，可以滿足許多貨幣用途所需的重要特質：稀少，耐久，可分割，便於攜帶，容易驗證，而且可交換替代；意思就是它的品質不會隨著單位變化而改變，因此一塊黃金可以用另外一塊重量完全相同的黃金替代。這些特質讓各地社會都一致同意，可以接受黃金為貨幣。是這樣的一致看法給予它價值。只不過，這

樣還是無法代表黃金本身具有價值。

貨幣金屬論 vs. 國家貨幣論

幾世紀來對貨幣本質的爭辯可以簡化成兩派。一派將貨幣視為不過是一種物品，早就已經存在的東西，本身存在價值。這一派認為，社會選擇特定物品為相互承認的交換單位，以便克服以物易物的笨重累贅。拿羊換麵包並不精準，所以過去在農業社會，商人同意用某種物品，不管是貝殼、石頭，或黃金，當成所有東西的替代品。這種「貨幣金屬論」（metallism）觀點，顧名思義就是主張貨幣本身應為有形的物質，或至少要有有形物質支持。這種正統貨幣觀點頗受許多金蟲，及所謂奧地利經濟學派的硬貨幣支持者信奉，貨幣金屬論者對擴張主義的央行政策與通貨膨脹型法定貨幣的批判，在金融危機之後重獲振興。他們將導致危機的資產泡沫歸咎於央行毫無節制又輕率的貨幣擴張。

論辯的另一方則屬於「國家貨幣論」（chartalist）學派，該學派略過貨幣這東西，專注在個人與貨幣代表的社會信任關係。這派觀點認為，是社會存在著心照不宣的共識，讓貨幣交換得以永久持續，並能發行及清算債權與信貸；我們贊同此一觀點，也由此獲得對加密電子貨幣的理解。這個在本質上具有政治意味的折衷方案，就是金錢貨幣。但不是通貨，通貨只是圍繞在「信任關係」這個複雜系統中的代幣[2]或象徵。這種貨幣概念吸引到的經濟學家，自然是相信決策者在管理經濟、

2. Chartalist源自拉丁文charta，意思即是「代幣」。

改善社會上，可扮演一定的角色，其中最具代表性的倡導人物就是凱因斯（John Maynard Keynes）。不過在加密電子貨幣系統的嚴格結構中沒有凱因斯式干預的空間，而是同樣仰賴集體共識，同意接受數位貨幣可以用來結算債務。

貨幣這種哲理上的分野，延續到加密電子貨幣該如何監管，或是否該監管的核心辯論。比特幣的興起吸引許多抱持貨幣金屬論看法的人，這群人以自由意志主義者及無政府資本主義者為首，他們希望政府將貪婪的手從貨幣供給中拿開。略過比特幣無實體的本質不談，他們將比特幣當成稀有的物品，需要「挖礦」（mining）並儲存的東西，這個東西在數學上證明供應有限，以確保它的價值會上漲，而且漲幅超過無限供應的法定貨幣，如美元。

然而其他許許多多加密電子貨幣的信徒，包括身兼科技迷和生意人的族群，他們看到有機會打破以銀行為中心的支付系統，這些人則是真正的國家貨幣論者。他們形容比特幣不但是一種貨幣，還是一種支付協定。他們沒那麼在乎比特幣是否為有內在價值吸引力的東西，比較關心的是底層電腦網絡是否有能力，重新安排社會管理價值交換的信任法則。他們將貨幣視為結算與記錄債務的系統。

我們在後面的章節檢驗加密電子貨幣的未來時，將證明這些差異的重要性，但眼前我們先退回到幾千年前的過去，追溯將我們帶到目前處境的事件。

貨幣的起源

　　貨幣是從什麼時候開始的？問題的答案要看你屬於哪一個陣營。討論貨幣的歷史幾乎無可避免會指向討論貨幣的歷史性，因為描述貨幣的變革，不可能不提到貨幣是怎樣構想出來的。

　　從這個基礎來看，貨幣金屬論一派是透過亞里斯多德的眼光看貨幣的起始，亞里斯多德曾寫過：「當一個國家的居民愈來愈仰賴另一個國家的居民，輸入自己所需的東西，並將多餘的東西輸出，那就必然會用到貨幣。」等到兩千年後，貿易複雜到以物易物再也無法滿足，這種看法又在亞當‧斯密的《國富論》中死灰復燃。亞當‧斯密形容祕魯和其他新世界社會一直受到以物易物之累，直到引進歐洲鑄幣人才為止。亞當‧斯密的看法對我們依序經歷以物易物、到貨幣、再到借款的傳統思維相當重要。他認為人類依據各自的才能分工，生產出多餘的物品來交易，卻陷入未能符合經濟學家所說「需求的巧合」（coincidence of wants）的情況。換句話說，無法確保下一個人會想用羊交換你要脫手的箭鏃。所以一個方便交換、可清楚分辨的物品，就被選來充當促成交易的公認標準。這個物品就成了貨幣，從這樣的思維來看，貨幣本身就是個東西，具有內在價值。一旦將它放到這個角色，貨幣就開啟了其他交換價值的工具大門，包括發明借款。

　　如果你是國家貨幣論者，那你的歷史起點就大不相同。首先，你會將以物易物這回事斥為神話。你找出幾十篇二十世紀人類學家的著作，提到他們走訪過沒有使用貨幣的地方；他們宣稱沒有發現證據顯示當地

人曾經採用以物易物,至少不是當成主要的交換系統。但是這些社會卻出現複雜詳盡的行為準則,解決各種債權與債務。換句話說,「債」出現在貨幣之前。人類學家大衛‧格雷伯(David Graeber)假設,債務協議可能是從交換禮物演變而來,這就產生一種欠人情的感覺。在那之後,可能就從部落懲處各種惡行的罰則,衍生出法典化的價值系統:例如,殺了某人的兄弟要罰二十頭羊。人類從此開始將金錢貨幣視為整個社會解決、抵銷,及清算那些債務的制度。

由於世界觀差異太大,貨幣金屬論者和國家貨幣論者對於讓國家在鑄造貨幣扮演重要角色的動機,長期以來的見解即南轅北轍。在貨幣金屬論者看來,政府只是扮演背書的角色,認證每一枚硬幣中金屬的質與量。但是對國家貨幣論者來說,國家對只能以錢幣支付的稅賦具有獨占力量,因此漸漸演變成最大的債務與信貸結算中心。

無論在這樣的分歧中偏向哪一方,大部分的人都同意,第一個有記錄的貨幣體系出現在約西元前三千年的美索不達米亞,即現代的伊拉克。當時的巴比倫人開始用銀和大麥作為通用的交換媒介和價值單位。這與漢摩拉比法典(Code of Hammurabi)的發展不謀而合;漢摩拉比法典同樣出現在美索不達米亞,是現存最古老的文字之一,也是統治者制定法律的先例。法典包含一套支付規則,債務可以用銀或大麥結算。根據這些規則,早期的美索不達米亞會計人員會在陶土板上製作專門的契約,記錄社群中的交易。他們的記錄是以相對容易了解的楔形文字取代象形文字,而楔形文字是僅限王族和大祭司使用的古老書寫系統。

久而久之,人的社會地位就漸漸多以金錢標準衡量他們取得貴重物

品的能力，更勝於造成他人痛苦的能力。因此，金錢讓人類的調解結算沒有那麼容易產生殺戮和混亂。隨著世界更有秩序，也更容易進行貿易。由此發展出偉大的古文明：美索不達米亞、希臘，以及最成功的羅馬。

這些文明的興衰都與金錢貨幣一致，究竟是文明推動貨幣的發展，抑或是貨幣推動文明發展，現今已不可考。羅馬帝國的疆域遼闊，等於它的錢幣在橫跨歐洲及中東的廣大地區都是法定貨幣。最後導致羅馬帝國衰敗並崩毀的政治不穩定，有部分源自於貨幣購買力惡化，因為不斷爆發的通貨膨脹壓垮了羅馬，而皇帝戴克里先（Emperor Diocletian）錯誤的物價控制政策又使情況雪上加霜。羅馬帝國滅亡之後，黑暗時代降臨歐洲，整個歐洲大陸失去對金錢的感覺。期間斷斷續續也曾幾度企圖恢復使用金錢，只是在文藝復興之前都沒有什麼進展。歷史學家尼爾・弗格森（Niall Ferguson）提醒我們，金錢貨幣回歸的時間，正是梅迪奇家族發明的金融業務，支應了世界貿易的擴增，並資助當時建築與藝術的復興。這使得歐洲回到現代的軌道上，而金錢貨幣與金融業一直是其中的核心。

鑄幣權：金錢與權力

有史以來，貨幣大多都是由統治者發行，不管是國王還是民選政府。而這些統治者一定都會將他們的統治權刻印在貨幣上，提醒公民金錢與權力之間的深刻連結。

古希臘時代的金銀合金硬幣「斯塔特」（stater），咸信是最早鑄造的貨幣，來自位於現在土耳其西部的利底亞（Lydia）王國，最著名的就是上面的獅頭圖案。一般推測這些硬幣是阿利亞德國王（King Alyattes）在位期間鑄造的，也因為這個標記，阿利亞德國王可能是幾千年來將藝術與貨幣拉上關係的始作俑者；這些原本不實用、沒有生命的物體，因為此舉而獲得強大的力量、重要性以及感知價值。

　　再來看看你的一元美金鈔票。注意有人頭的那一面，華麗的飾邊、沿著邊緣環繞一圈的葉片還將喬治·華盛頓的頭像包圍起來，並有負責發行的聯邦儲備銀行區域分行與美國財政部的印信。再看看背面，更加繁複的邊緣設計包圍住一和我們信任上帝的字樣；美國政府國璽大印的兩側，右邊是展翅的老鷹，左邊則是上帝之眼（Eye of Providence）坐落在一座金字塔上。這種巴洛克式的複雜圖案很難複製，因此有助於防偽，其他如內嵌纖維、浮水印、金屬條也有同樣作用。但很重要的一點是，整個圖像令人印象深刻。充滿了代表權威與秩序的符號學意義。

　　貨幣上富有藝術性的圖樣有助於我們融入貨幣金屬論的虛構，即金錢貨幣有其內在價值。但我們也無法逃避與之相關的國家權力象徵意義。在阿利亞德國王之後，有無數君主採用類似的象徵符號，在錢幣留下印記。這賦予錢幣真實可靠的含意，但也有一種皇家標記的意義，在王國疆域內的宣傳廣告。時時提醒我們，金錢貨幣與權力不可分割。

　　主權國家發行貨幣的能力提供一種特別獲益：創造鑄幣稅（seigniorage），可以直接從發行貨幣中獲取利益。時至今日，鑄幣稅的產生，是因為政府藉由在相對沒有價值的紙張上印製錢幣，取得無息貸

款。但貨幣若是和貴重金屬的重量有關，君主會以更明目張膽的方式利用權力盤剝。比如用燒熔的方式「剪削」金幣或銀幣，再兌換這些有價值的刨花。而且在指定錢幣的具體數額價值之前，統治者會「貶低」這些錢幣的指定價值，宣稱該錢幣現在能買的特定實用物品較少，或是結算稅賦的能力不如先前。其實，君王是在撤回先前以特定價格兌付借條的承諾，如此就能根據貶值的程度勾消自己的債務。而同樣這種錢幣，國民被迫拿出更多錢來償付他們的債務。不用說，這惹惱了那些有錢階級，即王公貴族和後來的中產階級，對他們來說，這種週期性的專斷貶值可能造成財富大幅縮水。隨著他們愈來愈抗拒這種權力濫用，引發了一些重要的自由主義思想，為現代民主制度奠定基礎，也是美國立國與法國大革命背後的思想。這種抗拒心理，如今在比特幣傳道者之中也看得到。

早在中古世紀的歐洲君王有硬幣可以做手腳之前，中國的皇帝已經將金錢貨幣帶入科技發展的下一個階段。西元九世紀，當時的四川等地區缺乏用來製作硬幣的青銅，官員開始實驗類比紙鈔作用的信用狀。1023年，當時的宋朝在全國各地由官方發行成熟完善的紙鈔。

幾世紀之前，中國已經在學理上確定金錢貨幣是政府「機器」的一部分，古人有云，用錢幣「以守財物，以御民事，而平天下也」（管子・國蓄）。這正好與金屬貨幣論者的金錢觀背道而馳，但是和現代中央銀行管理貨幣供給的做法相去不遠。差別在於中國統治者的責任並非來自法制，而是出於道德規範，因為儒家認為皇帝在一脈相承的「中國」社會是仁善典範。如今的中國努力解決主權貨幣人民幣的競爭問

題，原因包括中國人民對美元等外國貨幣的需求，以及來自像比特幣這類剛興起，但可能有重大威脅的非官方數位貨幣。中國在摸索著通過這些變化，並努力在世界經濟舞台發揮影響力之際，國家領導人似乎還是畫地自限在古老的國營貨幣觀念中，而這在現代社會聽起來已經不再那麼耳目一新了。

非官方貨幣的誕生

而在歐洲，民間與公部門爭奪控制貨幣的歷史由來已久。雖然許多人抱怨政府不斷貶低貨幣價值，但卻進而發展出一些變通方式，創造出實際的非官方貨幣。

其中最令人印象深刻的就是écu de marc，這是義大利文藝復興時期興起的商人銀行家發展出來的貨幣形式，用來擴展國際業務。根據商人一致同意的匯率，他們的écu de marc可以在不同國家的不同銀行交換交易票據。每個國家的政府都嚴格控制自己的貨幣，但是這個銀行業階級藉由信貸這種神奇的發明，開發出自己的一套國際匯兌。這種票據為出貨提供融資，造福了製造者，例如在威尼斯製造鞋子，出貨到布魯日的進口商，但是真正賺錢的地方藏在交換那些票據的中間人；這個經驗由銀行業者代代相傳，流傳至今。有史以來第一次，民間團體想出真正可以賺錢的制度。這直接威脅到君主政權，並引發政治衝突，因為歐洲各國的當權者擔心自己的壟斷權力遭到侵蝕。

但是銀行家並不想要政治權力。他們是務實的商人，正如後來的幾

世紀都證明如此。他們會善用私人的金錢和政府達成交易，有時候是威脅，但大多是花招百出地賺取更多財富。

政府與民間新興財富製造者之間的折衝談判，在1694年成立英格蘭銀行（Bank of England，即英國央行，簡稱BOE）的「皇家特許狀」（Royal Charter）表達得最淋漓盡致。被倫敦金融城的債券交易商稱為BOE的英格蘭銀行，是在國王威廉三世的命令之下組成，國王希望建立一個足以取代法國的世界級海軍，並稱霸海洋。這家民間銀行（英格蘭銀行一直到第二次世界大戰之後才收歸國有）借給國王在當時可說是巨額的120萬英鎊，之後以這筆借款發行鈔票，形同再次借出這筆錢。為了給予鈔票實際通貨的價值，政府同意接受以鈔票繳稅。這一來就創造了實際上由政權背書的紙幣，建立了銀行部分準備金[3]（fractional reserve banking）的制度，中央銀行的概念也應運而生。英格蘭銀行其實已經獲得印製貨幣的許可。

這是現代銀行業的濫觴，對英國的經濟有深遠的影響。新的金融結構不但幫英國建立一隻縱橫南北兩半球的頂尖海軍艦隊，也為工業革命提供資金。銀行信貸等同貨幣，因為一般認為有政府背書。這種金錢貨幣的新定義從此廣為盛行。到最後，這套英國的新制度發展到普通公民都有活期存款帳戶（checking account），企業可以利用各式各樣由銀行主導的信貸工具，融資從日常營運到大型計畫等一切業務。由於銀行現在可以將自己的良好聲譽借給貸款人作為擔保人，所以那些信貸工具可以買賣，很快就誕生債券市場。

---

3. 根據這個現代銀行業的指導方針，受規範的銀行得以將收到的大部分存款轉借出去。

這個金融業的大躍進給經濟流動性帶來急速提升，但風險也跟著提升。雖然為創業精神與創造資本帶來的希望是從未想像過的，但也產生了我們現在說的系統性風險。一個機構虧損可能往外擴散，透過金融系統盤根錯節的關係而動搖許多其他機構。如此一來，整個體系就容易因為「信任」這個極其重要的社會價值出現震盪而受到影響。透過信貸關係相互連結的網絡不斷擴張，意味著紡織廠可以籌資支應擴張，之後也能製造蒸汽機，但並非每座紡織廠都賺錢，也不是每個商人都能支付債務。儘管個別的債務違約和破產是正常的冒險，但是金融體系一旦連結過密，就可能有骨牌效應。貸方若是開始擔心大的債務人可能無法支付款項，或許會保留資金不借給其他借款人，而對方就面臨了融資困難，進而醞釀更大的麻煩。如此一來，薄弱的公眾信任可能崩潰。而當公眾信任蒸發，信貸可能驟然耗竭，讓完全沒有問題的債務人無法償還自己的貸款，結果造成債權人的財務不穩，進一步耗盡公眾的信心。金融危機就是這樣產生的。金錢是獲得解放了，但也變得更加危險。

金本位、美元，與「布列頓森林協議」

這種金融不穩定的現象引發激烈的辯論，爭辯應如何控制、以及如何定義金錢貨幣的本質。那些爭辯可能持續很久，並塑造現代的貨幣與金融體系。一切歸結到社會對於如何維護貨幣系統中的信任，有不同的見解。

其中一派是相信黃金的人。根據自由主義思想家如英國哲學家洛克

（John Locke）的想法，金本位制在十七世紀末受到大力推廣。大家覺得有必要將金錢與這種實質的東西綁在一起，避免政府和牟取暴利的銀行業狼狽為奸，毀了大眾的錢財。這個模式成功壓低通膨，有助於保住有錢人的積蓄。不過，貨幣限制加上黃金價值上漲，通常也導致一般人在危機時囤積錢財，遏制信貸成長，造成破產，並導致失業。在這種時候，窮人不可避免成為最大的受害人。

隨著金融體系跌跌撞撞地闖過一個又一個的危機，有關貨幣供給的組成，以及造成貨幣供給出現擴張與收縮的原因，又出現另一個勢均力敵的概念。這個概念的焦點不在於如何限制政府發行貨幣的能力，而是在於怎樣管理銀行藉由信貸推動、創造私有財富的獨特角色。以十九世紀《經濟學人》雜誌編輯白芝浩（Walter Bagehot）為先鋒，這種想法引導了現代中央銀行的發展。有政權的支持而永遠不會破產，像英格蘭銀行這樣的央行就是擔任「最後的王牌放款人」來克服信心危機。如果銀行在財務緊張期間流動性枯竭，他們會同意大方借款給有償付能力的銀行。雖然白芝浩法則規定這類貸款會附帶懲罰性利率，而且要以優質擔保品為保證，但是這種承諾保證使央行變成協助解決金融恐慌的重要支柱。金本位制依然存在，但是央行功能廣泛的新角色引起金本位支持者的警覺，他們厭惡毫無節制的銀行權力及毫無約束的借款。

這類疑慮的聲音在美國最大，所以美國也較慢進入這場央行賽局。美國歷經一世紀半的貨幣管理體制更迭，有時候是中央發行，有時候則是在各個州政府與聯邦政府的協議下，由不同商業銀行同時發行多種貨幣。最後美元成為最主要的貨幣，但是在歷經從十九世紀末及二十世紀

初一連串嚴重的金融恐慌之後，美國人才確定需要一個中央銀行，於是聯準會在1913年成立。一百年後，聯準會在一些地方依然是爭議及笑話的來源，批評聯準會的人指責它造成資產泡沫與通膨，但支持者卻是歌功頌德，例如宣稱要是沒有聯準會大力干預，2008至2009年的危機可能會更嚴重。

顯然，聯準會在維持金融體系循規蹈矩方面的作為遠遠稱不上完美。證據一：經濟大蕭條。證據二：雷曼兄弟。不過，二十世紀也讓人看到限制央行自由裁決權利的危險。在經濟大蕭條期間，金本位在最惡劣的情況下掣肘聯準會，使得聯準會難以創造新錢，彌補銀行業急速凍結貸款，導致衰退更加惡化。到最後，這種與黃金掛勾的制度就被放棄了，央行也從嚴格的束縛中解脫，協助渴求資金的全球經濟恢復流動性。

第二次世界大戰之後，政府再次表示希望有個穩固的貨幣錨（monetary anchor），尤其是為飽經災難的國際經濟提供穩定的中央基準。以經濟學家凱因斯為首的英國，希望能有個國際性的解決辦法，交由新成立的國際貨幣基金（International Monetary Fund, IMF）運作。但是後來因為美國是唯一沒有受到戰爭摧殘的強權，而且該國貨幣又在全球居於領導地位，便由美國發號施令。美元成了全球經濟賴以運作的中央基準。直至今日依然如此。

1944年在布列頓森林會議（Bretton Woods Conference）簽訂的協定，再次將美元和黃金掛勾，並讓世界其他貨幣也都跟美元掛勾。外國政府持有的美元儲備，有權利以固定的價格換成黃金。這種做法充當金

融穩定機制有二十五年之久，但是到了 1960 年代末期，這個體系因為本身的限制而難以為繼，而這次的限制是直接加諸在聯準會。美國因為越戰的支出而捉襟見肘，無法和比較廉價的外國製造商競爭，沒有足夠的外匯補充黃金儲備，於是在法國等國家要求將手上的美元換成黃金時，庫存漸漸耗盡。覺得進退兩難的總統尼克森在 1971 年 8 月 15 日做出驚人之舉，將美元和黃金脫勾。他的做法是下達行政命令，這樣只需要跟財政部、聯準會以及白宮的少數幕僚諮商即可。

這場「尼克森震撼」讓布列頓森林協定變得毫無意義。到了 1973 年，所有國家的貨幣都與美元脫勾時，協定正式失效，這是極大的轉變。政府現在可以決定自己國家的貨幣供給規模。最後，似乎是國家貨幣論者的時刻來臨了。在這個法定貨幣的新時代，對金錢貨幣的信任可能成為一種相對且變動的東西：你信任美元更甚於英鎊，還是英鎊甚於美元？

尼克森的大膽之舉得到想要的效果：壓低了美元的匯率，並刺激美國出口復甦。同時也為華爾街創造大量新機會發展外匯交易。現在美元不再與黃金掛勾，銀行可以將創造信貸的業務推廣到全球，為世界經濟全球化奠定基礎。這也是為大到不能倒的多國籍超級銀行，以及由此產生的種種問題鋪路。

大平穩時代的詛咒

美國製造業在 1971 年之後復甦的美好經驗，很快就因一場完全可

以預期的新災難而破滅了。外加石油輸出國在1973年實施原油禁運，走勢變弱又無所依附的美元立刻發生通貨膨脹；隨著全世界最重要的貨幣價值下跌，所有以美元購買的物品和服務也跟著漲價。（我們認為最好永遠記住，物價是雙向的概念；商品有以美元計價的價值，但也有1美元能買多少東西的價值。當其中一種價值下跌，另外一種照理說就一定會上升。這是通貨膨脹的本質。）這次爆發通膨還伴隨高失業率，令經濟學家不知所措，還給他們的詞典加上一個討人厭的新字彙：停滯性通膨（stagflation）。

物價飆升的情況持續整個1970年代，為保羅・沃爾克（Paul Volcker）這位新的金融英雄登場醞釀準備。這位活力充沛的聯準會主席誓言要徹底打擊通膨，即使這意味著將經濟推回衰退，而他的作為就是一系列令人痛苦的升息。那段期間，通膨大幅侵蝕眾人口袋裡的美元價值，並迫使大家進入難熬的經濟萎縮，那段回憶在特定世代心中依然記憶猶新，因而造就了稀有、獨立「貨幣」的吸引力，例如黃金，以及我們即將見到的比特幣。

在沃爾克出於善意的霹靂手段之後，情況大有改善，至少一度有好轉。工業化國家開始進入被稱為「大平穩」（Great Moderation）時代，出現偏低且可預測的通膨，以及穩定成長，只是偶爾被短暫的衰退打斷。歐洲著手一場十分大膽的新實驗，建立一個貨幣聯盟，而聯盟存在的最初十年看似非常成功，因為歐元十分神奇地將德國完善的信用評等，傳染給一度死氣沉沉的國家，如愛爾蘭與西班牙，使其享受到巨額的資本流入及前所未有的房市榮景。新興市場如巴西、俄羅斯與印尼則

湧入大量投資，只是會受到週期性危機的影響。這是法定貨幣全球金融的美麗新世界。但是我們現在也知道，其中包含一個毀滅性瑕疵。

在華爾街，新科技加上因自由市場明顯勝過共產主義鼓吹的放鬆管制說法，導致金融工程機器過度活躍。麻煩由此萌生。從宏觀面來看一切都很好，通膨低，成長穩健；但經濟學家的焦點卻放錯地方了。真正累積風險的地方並未顯現在主流的經濟數據，甚至不在一般銀行體系的存款及房貸與商業貸款。而是隱藏在稱為「影子銀行體系」（shadow banking system）這個模糊又難以理解的領域。

就目前所知，這個體系詭異地包裹了一大堆抵押貸款與信貸衍生性合約，票面價值都是以幾百兆美元計，使得避險基金、銀行、退休基金和其他深陷其中的機構，皆落入鮮有人理解的複雜糾結網絡之中。華爾街彷彿在師法文藝復興時期的商人銀行家，再次找到一條成功的方法拿到國家的錢，並透過建立在借款上的私有財形式，將這筆錢增加許多倍。只不過這次是發生在管制遠遠不及傳統銀行體系的領域。等到眾人終於恍然明白這個影子體系的重要性時已經太遲。隨著雷曼兄弟倒閉，這個脆弱的複雜體系也轟然倒塌。

大平穩附帶著詛咒。它不僅造成一種安全的錯覺，還會讓我們忘了身為社會大眾的責任，是要利用政治程序改變不受歡迎的經濟局勢。從選民到華爾街交易商、到國會議員再到總統，每個人都願意相信金融體系可以交託給聯準會。備受推崇的沃爾克讓位給「大師」葛林斯潘（Alan Greenspan），後者原本也同樣受尊重，直到他的光環消失為止。1999年，美國民眾對廢除格拉斯—史蒂格爾法案（Glass-Steagall Act）

置若罔聞，該法案在大蕭條之後禁止商業銀行與投資銀行合併，因此新興的銀行巨獸無所不用其極地挪用每一種權力手段。等到這個體系在它們面前爆炸，它們祭出最後手段：由納稅人提供資金紓困。

六年下來，我們距離修補這個體系還有很漫長的路。華爾街的遊說團體繼續為大部分的政治活動需求提供資金，換取對改革過程不恰當的影響力。有部分是因為我們仍然由央行官員做些吃力不討好的工作，容許用輕鬆得來的不義之財維持景氣流通，而華府則閉鎖在尖刻自私的僵局之中。聯準會祭出零利率政策又購買超過3兆美元的債券，加上歐洲與日本央行採取類似的行動，預先阻止了災難發生。但對解決美國長期財政失衡並未多加著墨，也沒有大力整頓由那些大到不能倒的銀行主導的金融體系。即便從2010年起，希臘、愛爾蘭、葡萄牙、西班牙以及義大利相繼陷入危機，暴露出歐洲貨幣制度（European Monetary System, EMS）的結構性瑕疵，以及政治與貨幣功能難以彌合的分裂，這些問題卻依然難以解決。

另一方面，在這個徹底全球化的經濟體，美元不僅是美國的貨幣，更是世界貨幣，各國以政治命令指導貨幣政策的局限顯露無遺。聯準會不斷購買債券所創造的錢，原本是為了刺激美國經濟，結果卻讓資金逃往海外，在開發中國家的房地產市場製造出不受歡迎的泡沫，並激起被人描述為「貨幣戰爭」的緊張情勢。在我們寫作的這個時候，或許一切顯得風平浪靜，但是不要忘了：全球貨幣體系依然有嚴重問題。

虛擬貨幣的挑戰

　　貨幣的歷史揭露了一個最重要的挑戰：如何設計出一個系統，最能有效幫助交換物品和服務，並且創造繁榮，同時避免管理機構濫用了系統權限伴隨職責而來的信任。比特幣或其他加密電子貨幣是否代表解決這個挑戰的可行辦法，依然有待觀察。第一步就是要讓大眾接受它們是實際可用的貨幣；也就是說，相信它們是擴大交易與繁榮的工具。

　　有個熟悉的基準是，一種貨幣要變成金錢，必須能夠充當交換工具、記帳單位，以及價值儲藏。美元可以在全世界買東西；可以用來衡量幾乎所有東西的價值；而且絕大多數的人相信，如果積蓄是以美元計，長久下來多少都有些保障。雖然比特幣目前被當成交換工具，有形形色色的人拿它來買賣東西，但很少人拿它當記帳單位。接受比特幣的商家，一律以各自所在國家的本國貨幣列出產品價格。至於作為價值儲藏，指望比特幣未來漲勢而買進的投機客，當然相信它有這個特色。比特幣的價格在2013年的前十一個月飆升8,500％，但是接下來六個月又回吐三分之二的價值。誰會把自己一輩子的積蓄押在這種東西上？

　　但更重要的問題是，加密電子貨幣能不能成為金錢貨幣。這裡必須拋棄金錢一定要有某種「實質」東西支持背書的堅持。真正重要的是到底有沒有實用性。歸根究底，能否提升我們參與交換、商務和人際互動的能力？就這一點來說，比特幣能有貢獻，它有絕佳能力促進低成本，以及幾近即時完成世界任何地方的價值轉移。我們認為這一點終將讓這項科技（即使不是比特幣本身）備受追捧。也許到時候加密電子貨幣就

能成為金錢貨幣了。

　　每個人都同意一種貨幣是金錢時，你就可以說它是金錢。要達到這個地步相當困難，我們反覆證明過的，比特幣必須吸引到信眾。比特幣最早的採用者直接套用貨幣史的策略。從選擇類似其他貨幣的符號（最常見的就是字母「B」，類似美元符號在中間貫穿一條線），到像人類學家比爾‧莫瑞爾（Bill Maurer）提到的，利用挖礦這樣的用語來形容創造比特幣的工作，讓比特幣充滿實質具體價值的神話。

　　但是早期採用者更大的挑戰，就是建立一個更大的比特幣使用者社群。我們會看到，這個擁抱比特幣的社群一開始只有區區兩個人，現在人數已經大幅成長，擁有比特幣的動機也是。如果我們套用國家貨幣論的觀點，將金錢視為一種社會現象，那麼這個社群持續擴展所代表的，無非是一種貨幣變成金錢的努力。

第二章

虛擬貨幣的創世神話

「真正需要的是一套以密碼學認證、而非以信任為基礎的電子付費系統。」
── 中本聰

紐約時間2008年10月31日下午2時10分。一份由密碼學專家與愛好者組成的幾百人祕密郵寄名單，收到一封自稱中本聰[1]的人寄發的電子郵件：「我一直在研究一種新的電子現金系統，完全是點對點（peer-to-peer），不需透過受信任的第三方。」他平鋪直敘地寫道。簡短的文字將收信人導向一個他在兩個月前註冊的新網站，上面貼了一份九頁的白皮書，描述他稱為「比特幣」的貨幣系統。

白皮書以清楚但不帶情感的文字附帶插圖、數學方程式、程式碼，以及補充說明，解釋這個數位「貨幣」系統。這個貨幣絕對不是主流社會中，絕大多數人對貨幣這個詞彙的認識。「我們將電子錢幣定義為一連串的數位簽名。」中本聰如此寫道：「每個擁有人把錢幣轉移給下一個人，是將先前的交易和下一個擁有者的公開金鑰（public key）數位簽署為雜湊值（hash），並將這些加到錢幣的最尾端。受款人可以透

---

1. 這個人或者是這一群人的真實身分非常隱密。簡單起見，本書都將比特幣的創立者視為單一個人，並以創立者選擇的名字稱呼。

過驗證簽名來驗證所有權鏈。」（如果你跟大多數人一樣，不熟悉電腦加密技術，這些聽起來可能像天書，等你看完這本書，希望你會覺得這些詞彙不再那麼嚇人；不過對於中本聰選定的密碼學愛好者來說，這些都是熟悉的東西。）他繼續解釋各種特色，包括巧妙規避需要第三方仲介、銀行或其他金融機構，在背後為交易提供保證。

他描述的線上交換系統，是利用電腦加密讓雙方交換價值符號，但不會洩露關於他們自身或金融帳號等敏感資料。這個系統的用意，是要在傳統的銀行結構之外運作，讓人可以直接寄送數位貨幣給彼此，點對點也就是免除中間人的商務往來概念。不需要銀行或信用卡公司。不會牽涉到支付服務商，或是其他「受信任」的第三方。事實上，那是一種數位現金形式。比特幣引發的革命已經開始。很遺憾的是，第一批獲邀加入的人大多沒有察覺。

比特幣的初期階段

受邀參觀中本聰研究成果的密碼學愛好社群當中，包含密碼龐客（Cypherpunk）運動的成員，這是個由熱衷科技的行動主義者組成的鬆散組織，最早是在1990年代因為利用密碼隱私工具，強迫推行激進的政治與文化變革而聲名狼藉。他們的努力產生了一些成果，資訊透明運動鬥士亞桑傑（Julian Assange）及他的行動發表網站維基解密（Wikileaks）就是出自這個運動。對密碼龐客來說，匿名數位現金系統的概念並不是什麼新鮮事，那一直是他們的遠大計畫之一，只是還沒有

人將它化為實際可行的行動。他們好幾次嘗試建立數位現金系統，有一次甚至成功在望了，但最後卻沒有任何一種達到關鍵規模，於是這個理想無疾而終。

乍看之下，比特幣似乎和前例相似。它的軟體通訊協定遵循與稍早版本相同的基本概念。和先前的版本一樣，比特幣使用公開金鑰加密，讓人安全無虞地分享重要的代碼字串。只要有人使用隱密的私密金鑰（private key，嚴加保護的代碼字串）以數位方式證明，與儲存在貨幣的附屬公開金鑰確實是一組，就能交換轉移。另外跟前例一樣的是，比特幣企圖建立一套牢不可破的規則，讓去中心化的電腦網絡合作維持貨幣系統的誠信。同樣，任何有電腦的人都可以成為這個網絡的一分子，協助維持誠信，並以共同的數位貨幣支付及獲得報酬。它追求與前例相同的目標：免除現有的全球支付與貨幣發行模式，換上由個人擁有的電腦負責維持系統誠信，而不是交給銀行。

先前的嘗試都宣告失敗了。我們有什麼理由相信，中本聰的系統對大眾能產生吸引力？花時間看過白皮書的那群人當中，大多都看不出有任何可能的理由。舊金山的程式設計師迪林格（Ray Dillinger）不以為然的回應，反映出這個冷嘲熱諷的社群中許多人的看法：「如果有辦法，一般人不會持有這種高通膨貨幣的資產[2]。」詹姆斯·唐納德（James A. Donald）是密碼學愛好者，手上有個自由意志主義傾向的部落格，他讚賞這個企圖達成「老密碼龐客夢想」的嘗試，並承認世

---

2. 迪林格將比特幣的特點形容為「高通膨」，正好與當前說法相反；由於比特幣的程式設計成在一段時間供應完全固定而有限的發行量，而且發行的數量遞減，大多認為這是一種通縮型貨幣。

界「非常、非常需要這樣一個系統。」但他預言中本聰的系統還不夠健全，可擴展性也不足以支援來自「幾億人」的交易。約翰·雷文（John Levine）是密碼學清單上的訂戶，但最為人知的身分是《互聯網傻瓜》（*The Internet for Dummies*）的作者，他認為駭客終將成為中本聰系統的「殺手」，因為「好人的電腦運算火力遠遠不及壞人」。

中本聰沒有卻步。他知道這個系統比起先前的系統有兩大突破：一個不容破壞的共同總帳，他將它叫做「區塊鏈」，任何人都可以用來驗證交易的有效性；另外就是一套獨特的金錢獎勵，鼓勵網絡裡的電腦擁有人維護更新總帳。這樣就能維持系統誠實可信，同時擊退駭客。

中本聰已經架設一個新的網站bitcoin.org，這個網域的購買時間大約是在他公開白皮書的時候。但他知道系統要進展到下一個階段，就得加強軟體程式，而他也悄悄地開發並產生第一批比特幣。新年到來，他啟動計算機演算法，開始「挖礦」自己的新貨幣。我們將在第五章了解到，挖礦的用詞有些不當，因為這些連線的電腦「礦工」或節點（node）最重要的活動，就是確認交易。「挖掘」到的比特幣，其實只是獎勵第一個解決隨機產生的複雜數學難題的礦工，而這個難題必須在交易得以確認之前完成解題。隨著礦工在這個網絡投入更多運算能力，獎勵也愈來愈難獲得。

「節點一號」中本聰將軟體裝載到他的桌上型電腦，啟動程式，簡單的介面以網格呈現他的努力成果。網絡上除了他之外沒有別人，沒有巨大的第三方交易串需要完成並確認，其實這個時候根本沒有任何交易，他只能讓自己的個人電腦放在那裡，將比特幣傳遞到他給自己設立

的數位「錢包」。如今，構成這個網絡的使用者遍及全世界，挖礦的運算難度已經升高到需要在專用倉庫中，以龐大、昂貴的專用機器做這個工作才有利可圖。但是在2009年初的草創時期，給自己的帳戶製造比特幣，就像在桌上型電腦下載微軟的Outlook並開始執行一樣容易。

　　啟動軟體時，中本聰建立了創世區塊（Genesis Block），挖出第一批「區塊」的五十枚比特幣。在接下來的六天，他又挖掘了更多，如果軟體依照內建的時間表運作，每十分鐘產生一個區塊，那會多達四萬三千枚。到了2014年8月，這樣的規模大約價值2,100萬美元，但在當時價值就是零，因為中本聰沒有別人可以轉移，沒有地方可以「花用」。如果貨幣的特徵之一就是實用性，那比特幣在這個初期階段是完全沒有。他必須找別人加入。

　　於是在創世區塊出現的六天後，中本聰又回頭找那一份密碼學的郵寄名單，告訴收信者，程式已經完備：「宣布首次釋出比特幣，一個新的電子現金系統，使用點對點網絡以避免重複使用（double-spending）。」

　　然後是推銷廣告：「完全去中心化，沒有伺服器或中央管理機構。」

　　郵寄名單上的人以前就聽過類似的宣言，但沒有證據顯示中本聰已經克服令前人敗下陣來的挑戰，也就是在沒有中央管理機構負責驗證交易的情況下，避免詐騙交易，也就是所謂的重複使用問題。無論他們多不願意承認，但似乎真的需要一個類似銀行的中央管理機構來做這樣的事。

　　還是一樣，中本聰的主動宣告得到的回響平平淡淡。有些人立刻準

備拿後來常見的評論批評比特幣：獲取「比特元」所花的力氣，可能比它們的價值還多，更別說對環境造成災難。印地安納大學天文學教授強納森・宋伯格（Jonathan Thornburg）看到更大的政治難題：「沒有一個大國政府會容許比特幣以現在的形式大規模運作。」

即便是在這一小群人裡面，最初郵寄名單上的對象也是三教九流，有天文物理學家，軟體工程師，安全顧問，以及科幻小說作家。他們不是每個都對數位現金這個想法著迷。有些人著重在電腦安全問題。還有一群人企圖將電子郵件加密做到完美。大部分只是對一個似乎在複製失敗舊想法的東西沒興趣。

「我們都說，『嗯嗯，好，當然，不錯。』」五年後約翰・雷文笑道。「我們不知道比特幣會這麼了不起。」其實一直到我們請他細想那次交流之前，雷文根本忘了自己也在那份郵寄名單上，忘了比特幣問世的時候自己也在場，還忘了自己也曾被懷疑是身分依舊不明的傳奇人物中本聰的其中一員。不過，聊堪告慰的是他並非個例。從辯論中可以清楚知道，許多人覺得中本聰是在挖掘他們早已放棄尋找的骨頭。

沒有人知道中本聰是誰，就算知道了大概也沒什麼幫助。密碼龐客與密碼學社群的成員最關心的是匿名性，但他們在彼此眼裡卻不是無名氏。大部分的人都使用真實姓名，沒有用真名的人通常也是以暱稱為人熟知。跟真實世界一樣，在線上社群也是藉由持續參與而累積名聲。在2008年10月以前，沒有人聽說過中本聰，他只出現一天，這或許也是大家沒有太把他當回事的原因之一。「他只是郵寄名單上的一個名字。」克拉克森大學（Clarkson University）工程師拉斯・尼爾森

（Russ Nelson）提出這一點，他回想當時對比特幣究竟能否成功、或者會有什麼影響，並未留下什麼印象。

　　「萬一以後流行起來，先弄一點也說得過去。」中本聰對一個不太感興趣的觀察家這樣建議。就行銷來說，這種推銷手法太蒼白無力了，卻指出一個關鍵目標。中本聰的傑作除非有別人使用，否則等於完全作廢，必須找到突破點。中本聰已經是比特幣的第一個採用者。現在他需要第二個採用者。所幸，有人舉手了。

第二位採用者出現

　　當時五十三歲的哈爾·芬尼（Hal Finney）是PGP公司（PGP Corp.）的首席開發人員，這家公司是由著名的密碼學行動主義者（crypto-activist）齊默爾曼（Phil Zimmermann）創立，他開發的軟體不無嘲諷地命名為「非常良好隱私」（Pretty Good Privacy），卻有助於普及電子郵件的公開金鑰加密系統。芬尼是密碼龐客運動的早期重要成員，對密碼學的各項創新卓有貢獻，包括匿名轉信站，也就是在不透露來源之下轉寄電子郵件。2004年，芬尼推出自己的電子貨幣（electronic money）。跟比特幣一樣，芬尼採用英國密碼學家亞當·貝克（Adam Back）1997年提出的「工作量證明」（proof of work）編碼函數，為創造及支持數位貨幣價值所需的處理能力做驗證與量化。這個概念雖然相當複雜卻非常關鍵，由此才能了解電腦擁有者如何「挖礦」加密電子貨幣、產生電子貨幣，以及耗費資源創造貨幣而使貨幣充滿價

值——因此稱為「工作量證明」。目前只需要了解基本概念，要得到產生貨幣的重要特權，電腦必須執行一項任務，在這裡就是困難的運算工作。第五章探討加密電子貨幣如何運作時，我們還會回頭說明。

　　芬尼與密碼學的關係，讓他也名列比特幣及所有加密電子貨幣背後技術的中堅分子，並參與了哲學基礎。密碼學（cryptography，名稱取自希臘的「隱藏」與「書寫」）從古埃及發端以來，本質就在於將語言編碼以便保密訊息。密碼學系統大多是政府和軍方用來保護國家機密和欺騙敵人。但在數位時代，這門學科因為計算機器而呈指數般提升，能夠發展出精密的演算法，執行日趨複雜的加密任務，因而發現更廣泛的應用，演變成保護個人、企業，以及政府資訊的方法。在這個年代，密碼學專家們發展出的政治傾向，即便不至於背道而馳，也是各不相同。有些視之為商業成就，在企業及政府找到就業機會。但其他人似乎認為那是更崇高的使命，與爭取自由及個人權利的奮鬥有關。那些無政府主義、自由意志主義傾向的密碼龐客，就在這些較激進的行動主義者之列；其他人則較為溫和且合群。但是所有運用知識努力推動社會變革的人，都將密碼學視為提升個人隱私的工具，方便將權力從中央機構轉移給生活在自己軌道上的人。哈爾·芬尼就屬於這個傳統，他先前對加密電子貨幣的探索可說明這一點。中本聰也是，至少我們從他／她／他們的文件中看到的就是如此。比特幣亦然。

　　或許因為如此，芬尼自然對中本聰的系統感到好奇。他馬上透過中本聰提供的電子郵件位址，寫信給這個郵寄名單中的陌生新人（比特幣創立者至少公開使用過三個電子郵件位址；當然，全都經過加密而無法

追蹤到是誰建立的）。到了2009年1月10日，這兩人開始攜手進行為期兩週的密集計畫。他們合作並透過電子郵件分享筆記，努力讓比特幣通訊協定開始有效運作。根據創立者的指示，芬尼下載軟體，建立錢包，開始挖礦挖出一批五十枚比特幣。於是他成了節點二號。為了測試，中本聰也將十枚硬幣轉移到新朋友的錢包。芬尼成了從別人手上收到比特幣的第一人。

這兩人早期的電子郵件來往讓人一窺比特幣的神奇開端。另一方面，他們如同機械般毫無感情的互動往來也頗令人驚奇。他們從來不曾交換個人資訊，因此沒有任何細節可供人找出中本聰的真實身分。信件內容只是兩個經驗豐富也了解貨幣系統的軟體工程師，實事求是地來往互動。

芬尼開始嘗試下載比特幣軟體的0.1.0版本，結果當機了。對方很意外，因為他沒有遇過這種問題。不過中本聰在回信時表示，他回頭「複製程式錯誤」，找到錯誤的幾行程式碼。「這絕對是最後一個加進去的程式碼。」他寫道。「做過所有測試後，發表結果卻因為這個而搞砸了，實在令人沮喪。」

他們繼續進行0.1.2版本，卻遇到芬尼的「節點」不再回覆來自中本聰電腦訊息的問題，因此需要更多除錯的工作。兩人來來回回，重度使用電腦下，逼迫著新軟體找出自己的瑕疵。0.1.2版本當機了，0.1.3版本也當了。中本聰梳理程式碼，尋找問題，找到錯誤訊息，然後重新改寫整個編排程式。

「0.1.3版本看起來明明都解決了……」中本聰在又一次當機之後回

信。他接著做出頗堪玩味的評論，但若沒有他和芬尼提供來龍去脈，旁人難以解讀；不過這段評論意味深長地暗示，有其他人祕密下載軟體，也嘗試挖掘比特幣，只是沒有跟這兩位早期採用者溝通。「會變成這樣是因為有太多殭屍節點，我的訊息很難獲得回應。」中本聰說。之後系統再次當機。

芬尼讓自己的電腦持續挖礦比特幣約一個星期，最後累積了一千枚比特幣左右。但是這個軟體可不是微軟的 Word 程式，而是需要持續密集地處理數據，他擔心這樣會傷害電腦。此外，由於電腦使用到極限，風扇的噪音也讓他煩躁起來。於是他停止挖礦，再也不曾嘗試。

到了 2013 年 3 月，芬尼手上的比特幣價值約 6 萬美元，回頭看當時停止挖礦的決定：「現在回想，我希望自己能持續久一點，但是另一方面，我能夠一開始就參與，實在格外幸運。那就是杯子半滿或半空的事情……幸好那些硬幣對我的後代還算有些價值。」芬尼第一次和中本聰聯絡的十個月後，他的未來資產變得很重要，因為他被診斷出肌萎縮性脊髓側索硬化症（amyotrophic lateral sclerosis, ALS），或稱盧·賈里格症（Lou Gehrig's Disease），也就是漸凍人，這種退化性疾病會慢慢摧毀身體。在我們聯絡上芬尼時，他已經要依靠輪椅，且完全仰賴機器維持生命，日常生活需要妻子法蘭和兒子傑森幫忙。他在 2014 年 8 月過世。一位比特幣先驅走了。為了遵照他的遺願，而且法蘭·芬尼也形容丈夫「對未來永遠保持樂觀」，因此芬尼收藏的比特幣現在用來資助冷凍他的遺體，保存在亞利桑那，只希望哪一天漸凍人症若是可以根除，他或許就能復活了。

加密電子貨幣的起始

　　事實上，無論有多少人形容比特幣玩家做出「宇宙大爆炸」事件或「創世」的時刻，這個計畫並非憑空冒出來。就像任何偉大發明一樣，都是建立在前人的背上。顯而易見，加密電子貨幣的根源可以追溯到人類幾世紀以來，加強溝通與交換的各種創新，從印刷術到電報，再到網際網路。但是正如前面說過的，最直接的先驅就是密碼龐客。這個團體起源於 1990 年代初期，是一群密碼學高手組成的鬆散聯盟，同樣都擔心個人隱私在現代社會不知不覺地遭到侵蝕，以及個人權能削減（disempowerment）。這些擔憂早在有人使用大數據這個名稱之前，也是在人們聽過愛德華・史諾登[3]（Edward Snowden）之前，或是在美國國家安全局（National Security Agency, NSA）暗中監視所有人的蛛絲馬跡之前。這個團體最初的構想之一就是數位貨幣。

　　這個運動是在 1992 年 9 月發起，一群綁著馬尾的軟體工程師，受邀到密碼學愛好者艾瑞克・休斯（Eric Hughes）位於奧克蘭的家中。當時在美國，前阿肯色州州長柯林頓即將在 11 月的選舉擊敗布希總統，結束共和黨的十二年執政。在歐洲，馬斯垂克條約（Maastricht Treaty）正在爭執不斷的混亂審批過程，那一年所通過的條約，最後衍伸出 1993 年的歐盟（European Union）成立，以及六年後的歐元。密碼龐客的創立正值網際網路世代的交會點，這個團體的實際總部約莫也

---

3. 前美國中央情報局（CIA）職員，於 2013 年 6 月在香港將美國國家安全局關於稜鏡計畫監聽專案的祕密文牛披露給媒體，遭英、美兩國通緝。

在舊金山灣區，後來成為網路革命的中心。電子郵件和網站尚未進入主流社會，但蘋果及微軟正在奠定必要的基礎，設法進入美國家庭成為容易使用的新個人電腦。這個時候醞釀這場新運動時機成熟，該運動雖是由1960年代反主流文化衍生而來，但當時對於個人自由的關注更勝於那個年代的社會理想。

參與那場初次集會的軟體工程師由提姆‧梅伊（Tim May）出面招待，這個留著鬍子的無政府─自由意志主義者兼前英特爾物理學家，如果不是在看或寫科幻小說，大部分清醒的時間都在構思反抗用的新密碼學工具。梅伊對著眾人宣讀他的「加密無政府主義者宣言」（Crypto-Anarchist Manifesto），開宗明義就套用馬克思著名的宣言：「有個幽靈困擾著現代世界，加密無政府主義（crypto-anarchy）的幽靈。」這篇文章繼續預言，「就像印刷術改變中世紀同業公會的權力及社會權力結構，並減弱他們的力量，密碼邏輯術也將從根本改變企業的本質，以及政府對經濟交易的干涉。」這些在軟體工程師心中都是積極正面的。這將顛覆他們心目中央行與政府機構為了服務美國企業而存在的權力關係網。這將重新賦予公民權力。

梅伊的文章可能就成了密碼龐客的成立宗旨。儘管他們有共同的核心信念，成員卻是五花八門。有些人白天在美國的科技公司工作，用匿名的識別符號區別他們的線上人生。其他人如梅伊，則脫離主流就業型態。這個團體的名稱有部分是取自密碼（cipher），在密碼學裡指的是一種用來加密或解密的演算法，有部分則是套用賽博龐克（cyberpunk）這個當代科幻小說類別及廣為流行的主要人物角色。但是密碼龐客也

是刻意要聽起來顯得更微妙且略有差別，將這個團體幕後的運動和威廉·吉布森（William Gibson）小說中自以為是的駭客做區別，雖然他們意圖改變的激進程度不相上下。

密碼龐客的指導原則認為，在數位時代，保護隱私對維護開放社會至關重要；在此原則下，那些密碼龐客一心要創造可以維持匿名的工具。他們會透過共同的電子郵件寄送名單分享想法，而這些檔案現在是密碼學行動主義歷史的重要史料。他們開發的產品之一，就是密碼龐客版的匿名訊息轉信站，能隱藏寄送郵件者的個人身分，並避免收信者回信，全都是以阻止政府或企業窺伺眾人日常通訊的名義。其他作品則有更具顛覆性的目標，例如梅伊那個膽大包天的黑網（BlackNet）計畫，是維基解密的前身，承諾以加密和無法追查的數位貨幣支付酬勞，蒐集機密資訊。還有一些作品就更加駭人聽聞了。吉姆·貝爾（Jim Bell）和梅伊同樣都曾經受雇於英特爾，他計畫一個匿名暗殺市場。構想就是任何人可以匿名提供一筆賞金，付錢找人刺殺某個舉足輕重的人物，他的假設前提就是那些最濫用權柄者的人頭，在市場的標價會更高。

密碼龐客所有這些點子，無論是好是壞還是醜惡，都融入比特幣得以出現的智力大雜燴。這個貨幣及其支持者全心信奉匿名性，以及擺脫中央權威的自由意志主義原則，幾乎就是1990年代那場密碼龐客運動的原則再生。尤其是還會吸引散布在密碼龐客郵寄名單中一些陰暗、反社會的力量。2013年11月，有個化名為桑畑三十郎的人，架設了一個新暗殺市集加密網站，就以比特幣為內部交易單位。市集推出時，人頭賞金最高的公眾人物赫然是聯準會主席柏南克（Ben Bernanke）。

密碼龐客與數位貨幣

　　但至少在回想起來，意義最為重大的，卻是密碼龐客本身有部分也是加密電子貨幣這種概念最早的傳播者。那段時間在密碼龐客布告欄上的交流，就有各式各樣與這類構想相關的說法，以及偶然發展成熟的計畫。正如前面提到的，哈爾‧芬尼曾嘗試設計這樣的系統。另一個密碼龐客郵寄名單訂閱者也是，而中本聰也在幾年後找上他：戴偉（音譯，Wei Dai），密碼學專家及愛好者，興趣包含數學、密碼學到哲學。密碼龐客第一次聚會的六年後，戴偉發表b-money。如同比特幣，b-money強調匿名的點對點交易，網絡中每個參與者共有的總帳會記錄那些交易。大約在同時，另一個密碼龐客亞當‧貝克提出工作量證明系統，叫做雜湊現金（hashcash）。這個系統的設計目的是為了回應第一波網際網路垃圾郵件；諷刺的是，散播垃圾郵件的人正是以哈爾‧芬尼和其他人開發的匿名轉信站做掩護。這些垃圾郵件發信者開始用威而剛和陽具增大術的廣告，塞滿收信者的收件匣。貝克的解決辦法是強迫電腦付出昂貴代價，才允許電腦寄出資訊，若是企圖大量寄出訊息給群組網絡，就必須承擔沉重的作業成本，但完全不需要動用到金錢費用。

　　中本聰顯然是採用貝克的工作量證明系統，作為比特幣挖礦運算難度程式的基礎，並在他的白皮書提及戴偉的成果。這個比特幣創立者顯然對b-money印象深刻，但決定克服它的局限，包括它為堅持電腦使用者網絡的誠信而採取懲罰制度。以b-money的模式來說，網絡的每個貢獻者必須將錢存入一個特別帳戶，用來作為行為不端的罰款或舉證的獎

勵。不難想像這種辦法在激勵合作方面有缺點。一個社群若沒有中央執行單位，要如何施予懲罰？誰能做裁決？比特幣的解決辦法是以獎勵代替懲罰。

不過，中本聰沒有提到另一個由尼克・薩博（Nick Szabo）開發的加密電子貨幣「比特金幣」（bit-gold）；薩博是電腦科學家、法學學者，全方位博學多才的人，他的廣泛的興趣就展現在部落格「不及備載」（*Unenumerated*）中，裡面的文章五花八門，有經濟學、電腦科學、政治、人類學和法律。戴偉和薩博曾交流通信，並互相幫忙彼此的構想。儘管戴偉表示自己曾向中本聰說起薩博的計畫，但比特幣的白皮書卻始終不曾提到薩博，中本聰後來的電子郵件及聊天室訊息也不曾提起。再加上一些語言學鑑定（linguistic forensic）結果發現，薩博和中本聰的寫作風格有類似之處，因此有些人猜測這兩人或許是同一個人。塑造薩博想法的自由意志主義傾向是比特幣次文化中共有的，無論他的構想是否在哪方面與中本聰直接連結，在奠定第一個真正成功加密電子貨幣的廣大智慧中，都值得肯定。

第三次工業革命的貨幣實驗

比特幣之前的電子貨幣計畫中，沒有一個比大衛・喬姆（David Chaum）的計畫更接近實踐；喬姆是極有創新精神且舉足輕重的密碼學專家，幾乎是密碼龐客在 1980 年代與 1990 年代全盛時期的領導人，只不過他沒有其他人的無政府主義傾向。早在密碼龐客成立之前，這位前

紐約大學教授暨加州大學聖塔巴巴拉分校教授，就申請了至少十七種專利，著有幾十篇開創性的論文，講述利用數位科技和密碼學，革新從貨幣到選舉投票的所有事物，同時還是國際密碼研究學會（International Association for Cryptologic Research）創辦人。喬姆的世界觀在這段時間的演變，結合了典型密碼學專家對集中式制度的不信任，加上務實評估改變世界的唯一途徑，就是應對當權者。比特幣全體共用總帳、加密帳戶與防止重複使用制度，大部分的概念都能從喬姆的研究成果中找到最初的痕跡。但他最為人所熟知的是在 1990 年創立 DigiCash，這家公司差點就將匿名的加密電子貨幣帶入主流。

DigiCash 公司總部位於阿姆斯特丹，擷取喬姆一些開創性的概念，包括如何分享貨幣資訊、無線傳輸資訊，以及不同人的身分可以加密到何種程度。該公司提出一套數位貨幣系統，一度似乎就要革新歐洲的貨幣了。喬姆的妙計是以密碼學結構保護付款人的身分，同時讓付款人在需要時，毫無錯誤地辨識受款人。喬姆在一次訪談中向我們說明這種貨幣形式的遠大前景，他向政府官員、央行總裁、商業銀行總裁、科技領袖，以及財政金融決策者，任何願意聆聽的人推廣這個概念。這是終結貪腐、組織性犯罪、綁架、勒索，及賄賂的方法。「明知以後會被人恐嚇勒索，有什麼政治人物還會接受賄賂？」喬姆解釋道。DigiCash 繞過中間人的特質，也出現在後來的比特幣設計上，同樣都是不需要第三方中介的點對點支付。但這個比特幣的前輩對匿名性有獨到的處理方式，更別說喬姆理直氣壯的政治態度，使得他的計畫從根本上就迥異於中本聰十年後帶給世界的模式。相對於 DigiCash 的匿名權限不對稱，

比特幣則是對稱式的，讓交易的雙方可以將身分隱藏在由數字與字母組成的字串之後。這讓比特幣有「海盜貨幣」的功能，喬姆如是說。

1990年代逐漸發展構想期間，喬姆也伺機向政府及央行推廣；這種做法可能令一些自許為喬姆門徒的無政府主義密碼龐客感到不安。但這個滿懷雄心壯志的密碼學家不在乎。他的理由是，中央銀行或中央監管的商業銀行，可以提供必要的效率及官方許可，將DigiCash變成名符其實的開創性科技。此外，他可因此獲利。他能將DigiCash的執照賣給那些機構，讓那些機構發行這種新的數位形式貨幣，並以國家貨幣計價。這些中央機構，也就是受信任的第三方，他們的伺服器能確認交易，避免重複使用，並維持系統誠實無欺。他希望藉由讓這些機構接受這種模式，孕育出更誠實的貨幣系統，並減少諸如信用卡手續費之類的中介成本。這種以政府及銀行為重心的做法，使得他不同於1990年代無政府主義傾向的密碼龐客，也不同於我們這個年代的自由意志主義比特幣玩家。那也是何以我們會說，推論大衛‧喬姆是中本聰的猜測，與事實相去十萬八千里。

DigiCash出現時，正值電腦革命剛起步之際。網際網路還不夠壯大，但企業網絡日益茁壯，企業設計鋪設相互連結的電纜，將內部與外部的電腦網絡連接起來。在這樣的環境下，銀行又推出國際自動出納機（ATM）網絡和綜合會計制度，許多科技業與金融業的領袖人物認為，支付界出現可在這些連線之間傳遞的數位形式貨幣，時機已經成熟。他們預見有一種轉換價值的新方式，能夠兼具現金的隱私與直接，又能克服幾百年來的系統安全和犯罪風險。政府與中央銀行以及大型商

業銀行與企業，都看到這種新系統的希望，所以喬姆很快就引起他們的注意。他和荷蘭政府簽訂合約，讓駕駛人以無法追蹤的DigiCash支付收費道路的費用；並在一些大型銀行取得執照，包括德國的德意志銀行（Deutsche Bank）、澳洲先進銀行（Advance Bank）、瑞士的瑞士信貸（Credit Suisse），以及日本的住友銀行（Sumitomo），前兩者甚至開始試驗性發行DigiCash。喬姆洽談過微軟、威士（Visa）和其他諸多好奇如何利用這套新支付系統、甚至策略參股的大公司。一個稱為「歐洲條件性使用」（Conditional Access for Europe, CAFE）、致力於創造加強隱私電子支付方式的非營利團體，就參與喬姆的公司，研究能在全歐洲達成這個目標的系統──這幾乎比歐元問世還早十年。到後來，投資銀行瑞士信貸第一波士頓（Credit Suisse First Boston）在曼哈頓中城的辦公大樓頂樓，提供一個大辦公室給喬姆的團隊，讓他可以定期出差到紐約，討論如何包裝DigiCash的股份賣給投資人。1990年代中期這段期間，「首次公開發行」（initial public offering, IPO）成為代表創業家成就的主要徽章。許多人認為DigiCash會走上IPO這條路線。

但是接著呢，就如同當初崛起時的快速，DigiCash迅速土崩瓦解。IPO始終沒有出現；跟微軟與威士的洽談也偃旗息鼓；銀行不再發行DigiCash，任由執照悄無聲息失效。背後沒有一個正常運作的銀行系統，DigiCash對荷蘭的駕駛人來說，不再具備收費道路匿名支付工具的功能。最後，這個收費道路非現金支付辦法，變成由中央控制的預付服務模式，例如美國東北的E-ZPass系統。這又給警察創造了新的監視工具。

為什麼這樣有前景的計畫會土崩瓦解？「我真的不知道。」喬姆現在被問起時如此回答。不過，他認為1997年接手的新管理團隊是造成衰退的原因。當時有一組創投投資人任命前威士資深經理邁可・納許（Michael Nash）為新執行長，而將喬姆甩到一邊。十八個月後，喬姆為公司爭取到的業務機會不知不覺脫離了公司的掌握，納許被迫走人。六個月後，DigiCash申請破產保護。荷蘭雜誌《未來！》（Next!）在1999年的一篇報導則表達另外一種看法，指喬姆是非常執著的微觀管理者，無法完成交易，就創辦人及主要經營者來說，實在太難搞了。喬姆說這種看法是他的敵人捏造的，他在管理階層變動之前的交易記錄就能說明一切。

　　不過這樣追究個人的過錯就忽略了更大的重點。DigiCash不單是電子支付辦法，使用密碼學的特色更是先進。這種特色能保護使用者隱私，移除了支付處理的中介角色以及隨之而來的成本；甚至有望打亂權力結構並終止貪腐。這些概念在在領先時代。社會還沒有準備好接受這些，或者更準確地說，銀行和其他管理金融體系的利益團體還沒有準備好。他們有準備好的那一天嗎？這些機構並不認為大衛・喬姆處理的問題是當務之急。其實，我們可以很有把握地說，銀行或政治人物也從DigiCash的一些特色中，看到一些顛覆性的威脅，會危及他們功成名就的體系。

　　當時最令銀行及企業界人士感興趣的，就是找個有效率的方式從事電子商務，那是網際網路勢必帶來的最大破壞性創新商業模式。DigiCash為這個問題提供解決辦法，但絕非唯一的選項。其他還有

Mondex，這是一家英國公司開發的智慧卡技術，可以將類似現金的單位儲存於嵌入信用卡或記帳卡（debit card）的數位晶片。不過大通銀行與花旗銀行在紐約上西城試推行時卻反應冷淡，之後就徹底放棄了。信用卡公司也組成聯盟，稱為安全電子交易（Secure Electronic Transactions, SET），設法讓線上信用卡購物免受駭客之害。而到了1998年，馬斯克（Elon Musk）推出PayPal；這位達成多項成就的創業家現在最為人知的成果就是特斯拉電動車（Tesla）。PayPal這項服務讓人以等值的數位金額註冊線上帳戶，再轉寄到其他PayPal用戶，包括利用eBay等電子市集、經常費用較低的新興賣家族群。但這些支付系統都做不到DigiCash可做到的功能，但也不需要。至少在由控制金融體系的銀行定義下的市場，只想把現有的支付及金融體系轉入電子商務環境。隱私權和個人再度賦權（re-empower）不在考慮之列；再說，他們也不曾這樣做。

這場電子商務解決辦法的爭辯，同樣還是由那些喬姆交涉過的大銀行經營的支付模式勝出。換句話說，到頭來他們用不到喬姆。有了新的網站安全解決方案及第三方評等給予消費者信心，信用卡支付網絡的基礎架構，連同伴隨而來的中介費用與交易成本，也就在網際網路上固定了。有些替代方案如PayPal，能為那些無法接受信用卡支付的零售業者搭橋牽線，但時間久了，大多會轉移到使用信用卡。這給兩大銀行信用卡發行組織，威士與萬事達卡（MasterCard），帶來巨大的新業務衝擊。而擁有它們的銀行[4]藉由處理支付業務及循環信用業務，就能坐享

4.兩大信用卡公司當時是由不同的銀行聯盟控制。

大筆新收入。

花旗銀行的數位美元計畫

　　許多人期待，由銀行控制這個系統，能讓線上支付安全又快速。比較不為人知的是，即使在這些機構內部，1990年代期間也一直存在競爭，為決定貨幣在數位時代的未來較勁。事情的結局構成了2008大危機的基礎，結果挑起大眾的強烈反感，這種反感又奠定了比特幣崛起的基礎。那場內部鬥爭的最佳例子，就出現在一家最典型的「大到不能倒」的銀行，其問題正巧能定義那場終極危機的龐大機構：花旗銀行。

　　1990年代期間，花旗銀行的控股公司花旗公司（Citicorp），彼時尚未與旅行家集團（Travelers Corp.）合併，組成一個頗具爭議的多功能銀行花旗集團（Citigroup）；當時的花旗銀行由麻省理工學院畢業且愛好科技的約翰·里德（John Reed）領導。在里德的領導下，花旗銀行率先推出ATM，並建立最先進的電子資訊服務，連結遍及全球的分行網絡與顧客帳戶。這些創新大多是由內部的研究實驗室主導，而實驗室的經理是科技高手保羅·葛拉瑟（Paul Glaser），直屬里德。1990年，葛拉瑟被柯林·庫魯克（Colin Crook）取而代之；庫魯克是英國人，為人所知的就是開發出摩托羅拉（Motorola）68000微晶片，用在蘋果的麥金塔（Macintosh）。這個先進的實驗室為了體現創意發明精神，後來著手開發可能是該實驗室有史以來最大膽的計畫：重新創造貨幣。

推動這項計畫的是休隆・羅森（Sholom Rosen），一個對密碼學懷抱熱切渴望的技術專家，曾經受雇於葛拉瑟。羅森和當時許多有金融背景的科技迷一樣，著迷於如何將貨幣導入由惠普、微軟、英特爾、蘋果及昇陽（Sun Microsystems）等公司以消費者為中心建立的數位領域。網際網路當時尚未完全普及，而類似Napster、iTunes及Kindle等應用更是遙不可及，但羅森已經在想像一個時代，眾人在電腦上購買並使用數位化的音樂檔案和其他形式的娛樂。那麼，如何將貨幣數位化就成了挑戰。

羅森帶著一份企畫案找上庫魯克，這份企畫案的廣度可以從霸氣十足的名稱一窺究竟：電子貨幣系統（Electronic Monetary System）。這個計畫並非只是為花旗銀行創造新的工具，而是為美國、甚至是全世界創造一種新的貨幣形式。庫魯克驚為天人。里德似乎也是，還保證會有充裕的預算。來自麻省理工學院、柏克萊以及史丹佛的頂尖科技界學術人才簽約協助，包括公開加密（public encryption）先驅李維斯特（Ron Rivest），也就是由麻省理工學院育成的傳奇公司RSA的「R」。他們做了諮詢也和主要科技公司敲定協議，包括美國的英特爾及昇陽，英國的艾康電腦（Acorn Computers）。羅森甚至前往阿姆斯特丹拜訪大衛・喬姆，但認定無法與之共事，結果反而更激勵羅森從無到有，發展自己的電子現金系統。

和DigiCash及後來的比特幣一樣，花旗的電子現金模式是由獨立的貨幣單位組成。使用者不單可以在像Paypal這樣的封閉系統內，轉移帳戶之間的餘額，還可以在任何地方與任何人，像交換現金一樣交換

完全發展成熟的數位美元。另外一個類似比特幣及其他加密電子貨幣的地方，就是羅森的計畫會產生一份永久性的交易總帳，並讓數位美元切割成更小單位，這樣無論交易需要什麼樣的面額都能產生。花旗的電子現金在這方面是破壞性創新、去中介的點對點貨幣。不需要像支援信用卡支付的龐大通訊網絡，交易成本就能壓得很低，為消費者與企業雙方提供利潤，小額支付也變得可行。

但這並不是說羅森想跟中本聰一樣，將銀行排除在這個體系之外。完全不是。銀行穩坐體系的核心，反映出他在閱讀傅利曼（Milton Friedman）之流及十九世紀財經記者白芝浩之後有深刻體會，發展出自己的貨幣理論。「銀行業和貨幣不可能分手，特別是現代貨幣。」羅森在接受本書專訪時說：「真正創造貨幣是由銀行體系完成，在聯準會的引導及控制之下進行。當你向銀行借 1,000 美元，是銀行創造出那 1,000 美元，不是聯準會。」

事實上，羅森將現有的模式往前推進一步。商業銀行不光是靠借出存款來創造次級貨幣（secondary money），還擔負發行實際貨幣的主要角色，美國過去一百年就是聯準會透過十二個聯邦儲備銀行發行。羅森的系統「就像南北戰爭時期的模式，先由政府建立全國性的銀行體系，讓每一家銀行發行貨幣。」羅森說。差別在於二十世紀末的這個版本，銀行會發行數位美元，而不是紙鈔。

羅森和大約七個手下在 1990 年代持續改善他們的模式，工作主要都是在花旗銀行紐約辦公室守衛森嚴的房間進行，團隊成員都拿到可拆卸的硬碟，下班時鎖進保險箱。他們用生物辨識裝置開門，並在可攜式

電腦上安裝紅外線通信裝置。這個團隊有些穿著風格像是當時叛逆的駭客，對照共用電梯的那些保守老派的銀行員，簡直像一隊怪咖的組合。但是對這個志同道合的團隊來說，那是一段令人振奮的時光。「我覺得自己在做轟轟烈烈的大事。」山迪普‧邁拉（Sundeep Maira）說。他在康乃爾大學拿到電腦科學學位之後，沒多久就加入羅森的團隊。

一段時間後，他們開發了二十八項專利。這些特色可以說明花旗的電子現金迥異於DigiCash，以及後來出現的加密電子貨幣。例如，數位美元在一段時間之後期滿失效，持有人必須和銀行聯繫以取回餘額，這個做法是為了避免洗錢。而為了保持系統安全，使用電子現金的電腦會安裝特別晶片，記錄貨幣系統。

羅森的大好機會在1997年出現，當時美國財政部同意測試這個系統。身為美國支出最大戶，美國政府和羅森及他的雇主銀行同樣急切，想知道在這個日新月異的電子商務環境，支付科技能走多遠。這項研究有部分涉及特殊電子商務部門主管蓋瑞‧葛里波（Gary Grippo）主導的程序，財政部執行一次大範圍的試行方案，直到2001年為止。就我們所知，這項方案至今仍未有報告公布。方案執行期間，政府向戴爾購買約三萬台個人電腦，並接受菸草公司布朗威廉森（Brown & Williamson）幾百萬美元的消費稅，完成大約3.5億美元的交易，全都以花旗的電子現金完成。對參與其中的部分人士來說，感覺彷彿美國正在走向數位美元的路上。

但是緊接著，就像DigiCash一樣，羅森的尖端計畫驟然終止，肇因於花旗集團成立。這個美國銀行業史上的里程碑事件，預言了十年之

後的金融災難，並為比特幣的到來做好準備。

一宗美國企業史上最大合併案的影響

1998年，約翰‧里德和當時的金融集團旅行家執行長桑福德‧魏爾（Sanford Weill）達成協議，將旅行家和花旗大部分的商業銀行業務合併，組成一個全方位的銀行——一個金融超市，當時的支持者如此稱呼這個概念。這個集團將結合花旗公司的全球銀行勢力、旅行家旗下所羅門美邦（Salomon Smith Barney）的投資銀行實力，再加上旅行家完整的保險產品。

但有一個問題：這個交易基本上是不合法的。怎麼看都與大蕭條時代的格拉斯—史蒂格爾法案有衝突，該法案明文規定商業銀行與投資銀行必須分開。這條法令的用意是，不應該讓存款戶的資金承擔風險，任由投資銀行將存款戶的資金拿去支應投機性投資，而不是只投資在一般商業銀行從事的、更為可靠的房貸或商業貸款。但魏爾和里德說服國會和柯林頓政府，認為美國需要更大、更全面的銀行，才能在全球化的年代競爭。

因此，1999年11月12日，柯林頓總統簽署由三位共和黨議員提出的法案，讓格拉斯—史蒂格爾法案正式宣告終止；這三人分別是德州參議員葛蘭姆（Phil Gramm），愛荷華州眾議員李奇（Jim Leach），以及維吉尼亞州眾議員布利雷（Thomas Bliley）。這個「歷史性的立法，」柯林頓當時說：「將使我們的金融服務法令與時俱進，刺激金融服務產

業更多偉大的創新與競爭。美國的消費者、普羅大眾，以及美國經濟將從中獲益。」柯林頓的簽署，為全世界八十年來僅見的最大金融危機埋下伏筆。

九年之後，花旗集團需要美國政府450億美元的紓困時，代表失敗的象徵。但在1999年時，魏爾一手掌握的就算不是全世界最有權勢的銀行，也是美國最頂尖的銀行。而他的權勢才剛開始。華爾街那些盛氣凌人的交易商，和同意共同擔任主席、熱愛科技的鬼才里德有所衝突。因此在2000年2月，也是國會祝福他們合併的四個月後，魏爾發動內部突襲。里德被迫出局，而必要的管理階層重組也蓄勢待發。

隨著里德離開，魏爾開始鞏固自己的勢力範圍，並設法節流，支付合併產生的700億美元股東費用，因該合併案是美國企業史上最大的一宗。在這樣的背景下，停止里德留下的古怪電子貨幣實驗無傷大雅，尤其此時信用卡支付廣泛用在網路上，似乎否定了電子現金的需求。到了2001年下半年，「電子貨幣系統」計畫悄然消失。當時六十歲的羅森提早退休。庫魯克轉而以研究員身分在華頓商學院從事學術研究。花旗的電子現金構想宣告凋謝。

羅森團隊的成員形容，結束「電子貨幣系統」計畫的決定，主要出於官僚決策，還有就是拿這個魏爾根本不感興趣的計畫來節省開支。但這也反映出，企圖憑藉最先以削減成本的新業務模式進入市場獲利的創新計畫信徒，和以魏爾為代表的華爾街主流精神信徒，兩者之間的哲學性差異。

不說別的，華爾街銀行業就是種競租行為。這個產業傾向保存並

強化集中式收入來源，如信用卡交易手續費，才不願意去除這種收入來源。隨著格拉斯—史蒂格爾法案廢止，花旗集團帶頭掀起一波波商業—投資銀行合併：大通（Chase Manhattan）與摩根（J.P. Morgan），波士頓銀行（Bank Boston）與富利銀行（Fleet Bank）合併、後來又併入美國銀行（Bank of America）；這種風氣如今完全主宰美國金融體系。這是假設什麼亂七八糟的東西，都能跟腦力賺一樣多的錢。

當然，這些新的大型超市銀行在接下來幾年雇用了大批數學怪才，但不是企圖讓金融體系更有效率，他們的創新思維是用來壟斷資訊，從對自己買什麼一無所知的客戶身上榨取過高的利益。這些具有數學背景的「股市分析師」，將匯集在雇主資產負債表上的大量房貸，重新包裝為極端複雜、晦澀艱深又難以估價的證券，當成穩賺不賠的產品賣出去。隨著愈來愈多這種風險證券賣給退休基金、保險公司以及其他全球大眾存款保管業者，那些股市分析師的證券化機器需要更多貸款，這又導致大幅擴張借貸給低收入美國家庭的不可靠貸款。

剩下的已經過去。一旦看出實際抵押資產的品質，遠不如重新包裝後的證券隱含價值，搖搖欲墜的紙牌屋轟然倒塌。因為銀行已經變得非常、非常大，而且全球金融體系盤根錯節，世界各地的政府都不得不忍痛掏出幾兆納稅人的錢，不管是美元、英鎊還是歐元，以免拖垮整個體系。只有在這類災難性大變動的對照下，才能正確了解加密電子貨幣的崛起。

信任破裂的世界，比特幣登場

2008年9月15日雷曼兄弟倒閉的那個星期三，時任大型資產管理公司太平洋投資管理公司（Pacific Investment Management Co., PIMCO）共同執行長的埃里安（Mohamed El-Erian），正沒日沒夜地努力將公司從紛亂的金融大漩渦中撈出來，但還是抽時間從加州的PIMCO總部打電話給妻子，告訴她應該去找個ATM，能提多少錢就提領多少。她不明白為什麼。因為，他告訴她，美國的銀行隔天可能不會開門。

全世界最重要的金融體系完全癱瘓──如此駭人聽聞的可能性，就是我們放任華爾街加深集中式競租能力的模式所付出的代價。最後的社會代價依然在累積當中，但是成本卻超出了任何以金錢單位計算的範圍。感受到這種滋味的地方，就是被迫支援這些銀行的公民口中殘留的苦澀。而這又轉變成對那些機構普遍失去信任，包括華爾街及華府。

這個信任破裂的世界，正是中本聰提出比特幣計畫的地方，就在雷曼兄弟倒閉的一個月後。

他選擇這個時間發表是因為那些事件？這一點我們不得而知。他的公開書面文字相當謹慎。他在一個論壇貼文中提到，他從2007年就一直在琢磨比特幣。不過，有些線索顯示，最起碼他從這場倒閉風潮中，看到突顯比特幣系統優點的機會。

2009年2月11日，他在給開發人員的論壇貼文寫道：「傳統貨幣的根本問題，在於運作的必要條件完全靠信任。中央銀行必須讓人相信他

們不會讓貨幣貶值，但法定貨幣的歷史充滿了破壞這種信任的例子。銀行必須讓人相信，他們會保留我們的錢並以電子方式轉移，但他們卻在一波波的信貸泡沫中把錢借出去，幾乎沒有保留多少儲備。」這有如他對現有制度的直接控訴。在另外一篇貼文中，他的筆下帶著罕見的激動：「逃離中央控制貨幣專斷的通膨風險！」

另外一個線索隱藏在創世區塊的代碼中。為了驗證這個作品的時間戳記，中本聰提到2009年1月4日倫敦《泰晤士報》（*The Times*）的頭條：「大臣即將同意第二次銀行紓困」。

這裡提到的大臣是英國當時的財政大臣達林（Alistair Darling），正焦頭爛額地防止英國銀行體系徹底崩潰。彼時英國政府已經在銀行投進5,000億英鎊的貸款和擔保品，包括以500億英鎊收購三家搖搖欲墜的大型銀行主要股份：蘇格蘭皇家銀行（The Royal Bank of Scotland）、駿懋銀行（Lloyds），以及哈利法克斯蘇格蘭銀行（HBOS）。但這還不夠。到了1月19日，英國政府宣布另一項500億英鎊的紓困配套。

那是段黑暗歲月。除了雷曼兄弟破產，美林（Merrill Lynch）也在同一個週末獲得美國銀行解救。幾天後，保險業者美國國際集團（American International Group, AIG）又爆出問題，導致政府紓困金額爆增到1,820億美元。西方經濟體開始大量縮減工作機會，股市崩盤，全球貿易停擺。如果有人想伺機推出另外一種貨幣系統，再也挑不出比這更好的時機。

我們也別忘了，中本聰推出計畫時也提醒了，他的新貨幣不需要政

府、銀行，也不需要金融中介者，「不用受信任的第三方」。這與當時的核心問題正好成為對照。而就受雇於華爾街的那些科技與法律奇才、以及華爾街銀行家從事的那些金融創新作為而言，信任是資本市場最重要的元素——信任對方能夠支付抵押的金額；信任市場價格確實反映當時所能掌握的全部資訊；信任一項資產在資產負債表上列出的金額是多少。雷曼兄弟和AIG破產將那些信任全都粉碎了。沒有人相信資產估值；沒有人相信報價；沒有人相信銀行的資產負債表。整個全球資本市場機制失靈，舉步維艱，最終痛苦不幸地嘎然而止，因為大家都再也不相信任何人了。

之後的幾個月、幾年，愈來愈多人認為，中本聰的構想或許是取代那一切更好的選擇。

一個真正去中心化的機制

雖然我們沒有證據證明，1990年代由營利公司領導的現金開發計畫及2008年的銀行業危機，塑造了中本聰的想法，但兩者都強調了加密電子貨幣設計者急於改變的理由。每個例子所傳達的訊息，都顯示出集中式結構是有害的，而且企圖從內部改變終將失敗。解決辦法唯有真正的去中心化，而方法就是提出一個全新、反抗性的貨幣系統。在那些有自由意志主義傾向、又篤信這些模式的科技迷心中，光是喬姆所創造的那種匿名功能是不夠的。加密電子貨幣需要一個完全獨立的模式。但是在比特幣出現之前，沒有人想到要如何建立，主要是因為一個可以從

上而下、強制施行規則的集中式企業結構，很難用一個名義上沒有人負責的去中心化社群取而代之。缺乏中央管理機構的話，怎麼讓網絡中的所有人配合？而且如果沒有建立集體管理機構，怎麼阻止別人拿比特幣這個體系冒險博弈、阻止別人花用自己並未擁有的比特幣？

中本聰提出的解決辦法包含兩部分。一部分是他首開先例的區塊鏈總帳。根據設計，交易是以按照時間順序排列的區塊來安排，讓礦工得以比對過去總帳的帳戶餘額，驗證區塊的內容。覺得滿意了，他們會表示驗證通過，繼續創造下個區塊，並鏈結到已經通過驗證的區塊後面。驗證並鏈結區塊，並接受新區塊為合法基礎，繼續建立接下來的區塊，這個過程其實就是對基礎交易的合法性形成共識。這樣一來，個人實際上就不可能「重複使用」錢幣。數位偽造終於可以排除。

第二個解決辦法在於挖礦的獎勵演算法，創造出正好符合必要的激勵條件，讓參與網絡的電腦主人投入所需的電力和計算資源，讓他們的電腦協助維持區塊鏈總帳。這些特色合起來，就形成一個真正去中心化信任機制的基礎。

但還是有一個問題，中本聰給比特幣創造了一種深具價值的感覺，這又牽涉到找出適當的供需力度。他的處理方法是從未來釋出錢幣的時間表著手。最初四年，通訊協定設定大約每十分鐘固定發出五十枚錢幣。到了2012年底時，發行的數量就降為二十五枚，之後每四年減半，直到供應量在2140年減少至零為止，屆時總計將發出兩千一百萬枚硬幣。這樣預先設定逐步遞減、釋出數量有限的貨幣供給，能製造稀缺感，為比特幣的價格建立支撐基礎，激勵礦工持續努力。他知道比特

幣的供應量不斷稀少，最後將需要另一種誘因吸引礦工持續參與，於是加入一個適度交易手續費的制度，補償礦工貢獻的資源。這些手續費會隨著時間日久及礦工的報酬減少而開始啟動。總而言之，這是個簡潔明瞭的自由市場解決方法，能應付困擾社會幾世紀的困境：如何調和眾人對自身利益的追求和社會的需求。

這樣的成就從哲學和實用動機來說都相當重要。以一個替代由政府控制、銀行經營的主流體系自許的另類貨幣系統來說，去中心化確實能帶來好處。由於沒有單一控制點，沒有中央伺服器協調散布在全球的電腦網絡，也就無從關閉這個另類系統。中國政府或許會阻止他們的銀行處理比特幣相關交易服務，或宣稱中國境內只能使用人民幣，但是無法禁止無所不在卻又無影無蹤的比特幣。所有政府都面臨同樣的挑戰。這點頗能吸引藏身在非主流但又不容小覷的次文化中，熱情又十分積極的行動主義者，他們對中央銀行管理的法定貨幣心存懷疑。更廣泛來說，這點符合整體經濟中趨向去中心化及個人賦權的趨勢，在這個世界裡，可以將沙發出租給付費的客人，將太陽能產生的電力賣回給電力公司，從推特之類的去中心化論壇擷取新聞。

在這樣的環境下面臨中本聰的提議，有愈來愈多人相信他的系統可行。許多人認定，信任這個不容破壞、以演算法為基礎的系統，好過信任由容易犯錯和虛偽欺騙的人類掌管核心大型機構的舊式貨幣系統。

數位掘金熱潮

　　哈爾‧芬尼離開由他和中本聰在2009年1月組成的二人網絡，證明並非比特幣的挫敗，因為其他腦筋清楚又漸漸看出比特幣重要性的人，很快就開始感到興趣。那一年期間，有新用戶被吸引下載軟體成為新節點，管理網絡並挖礦比特幣。為了方便溝通，許多人使用中本聰在bitcoin.org網站架設的IRC聊天頻道。到了10月，一個以軟體工程師為主的新IRC聊天室，以#bitcoin-dev的名稱成立上線，第二個月，就正式定名為比特幣論壇（Bitcoin Forum）。一個比特幣玩家的社群就此形成。

　　每次有新人電腦註冊加入網絡，就增加了用來獵取比特幣的加總計算能力和消耗的總電力，這是比特幣挖礦的主要輸入變數。也代表系統設定釋出的每一批五十枚硬幣，競爭變得更為激烈；意思就是每個電腦節點贏得比特幣的機率會降低。久而久之，整個網絡的計算能力增加，也會導致核心程式自動逐步提高數學難題的難度。因此，整體的解題能力提高，卻也不會太快找出解答而迫使比特幣提早釋出。如此一來，十分鐘釋出一批的時間表就能長久堅持。

　　不過，比特幣若要發展，需要有挖礦以外的取得方式。必須要能以美元或其他法定貨幣購買。但是以什麼價格？因此到了2009年10月，這個社群就有人決定提出以美元為主的匯率報價，並公布在稱為「新自由標準」（New Liberty Standard）的新網站。根據挖礦耗費的電力計算，第一次報價為1,309.03比特幣兌1.00美元。換句話說，1比特幣價

值0.08美分。有些人認為新自由標準的定價過高，但至少他們現在有個地方可以買賣這種實驗性虛擬資產。而成為比特幣在接下來幾年交易特色的波動性，立刻就顯現出來了，報價在11月13日跳升70％到0.14美分，第二個月又重挫到0.06美分。不過交易這些小錢幣很有意思。由於這個社群還相對較小，也沒有人想到設法加快電腦速度，在解數學謎題時打敗其他人，因此釋出的金額相對平均地分配給所有礦工。一切都非常和睦。

這一點到了新的一年就會改變，由於佛羅里達一位軟體工程師拉斯洛・漢耶茲（Laszlo Hanyecz）想到，他可以寫個程式指示電腦顯示卡或GPU（圖形處理器，graphics processing unit），接手在此之前都是靠每個礦工的CPU（中央處理器，central processing unit）完成的挖礦任務。用上這種焦點更集中、效能更高的工具，漢耶茲可用來解決數學難題的計算能力得以提升，而他從中獲得五十枚比特幣作為報酬的機率，也呈幾何級數增加。

這引起很多人注意。即使每一枚比特幣的價值渺小，但這個持續擴大的社群開始相信，不斷上漲的價值預示未來的獲利。正好比特幣核心軟體發布更健全的0.2版本，又成立了第二個匯兌交易所「比特幣市場」（Bitcoin Market），漢耶茲這傢伙獲取那麼多比特幣的消息，就像1848年在薩特鋸木廠（Sutter's Mill）發現金礦的消息一樣。新的業餘愛好者迅速加入競逐。軍備競賽接踵而至，因為眾人將裝載顯示卡的家用電腦，變成迷你數位貨幣鑄造廠。一旦這些大量消耗電力的機器啟動，網絡開始充滿能量而火熱。

隨著情勢愈來愈瘋狂，比特幣慢慢走出科技迷社群的怪客圈，並擁抱新一個層級的早期數位掘金客，中本聰肯定是瞠目結舌地看著事態發展。他對自己造成的這一切，究竟是慶幸還是哀嘆？我們永遠也無法得知。一年後，他將從比特幣的世界消失。

第三章

由社群推動的貨幣

「金錢就像糞土，只有撒在大地才是有用之物。」
—— 培根（Francis Bacon）

　　2010年12月12日，比特幣論壇出現了這樣一篇貼文：「Dos（阻絕服務，denial of service）仍有待努力，但我正快速組合目前手上所有，以備不時之需，之後再大膽挺進更複雜的概念。組裝的成果就是0.3.19版本。」這大概是中本聰最後一個訊息。

　　就這樣。沒有任何告別訊息，沒有華麗的詞藻。他就這樣不再發表任何貼文。這位創辦人持續和部分幫忙改善並維護比特幣系統的軟體開發人員聯絡，但是2011年4月，他也寄給他們最後一封電子郵件。就我們所知，最後一封信是寄給位於麻州的軟體工程師蓋文·安德列森，他在一年前加入這個團隊，並獲得中本聰授予領導人的角色。就像中本聰在比特幣論壇的最後一封貼文，也確實就像他寫過的一切，最後這一封電子郵件也是公事公辦、開門見山，幾乎不帶任何感情。

　　但如果比特幣創辦人的寫作傳統就是不帶感情、實用主義的文字，另一個他遺留的重大資產，就是他離開後留下的虔誠狂熱信徒社群。這

個狂熱的團體圍繞著中本聰建立的概念及他執行的程式碼而擴大。這可以說是他最偉大的創作，因為正如我們說過的，貨幣不可能脫離社會大眾而存在。以去中心化的獨立貨幣來說，沒有中央管理機構對貨幣系統發號施令，界定這個社群的人脈關係就加倍重要。

這個社群的標誌倒不是完全出現在成員彼此寄送比特幣，或集體挖礦及維護區塊鏈總帳的意願上。而是埋藏在獨樹一格的「比特幣文化」中，一種彼此之間、以及和圈外人的言語思考與相處的方式。這種文化由種種現象磨礪雕琢，與支撐地位更為穩固的文化現象頗為類似。就像文化符碼，如國旗、國歌及開國元勳的激勵演說，有助於眾人想像抽象的國家認同，而偶像及文化模因（meme）也能鼓勵團體成員認同自己是比特幣玩家，以及某種定義不明的信仰體系的追隨者。比特幣也有自己的象徵符號──比特幣的「B」是最為常見的，只是社群成員一直在爭辯，它究竟應該更像貨幣符號（例如美元的$）還是行銷的商標。和其他文化一樣，比特幣也有自己的藝術、音樂，甚至詩歌。比特幣也培養出與眾不同的名人，被視為「社群領袖」。

神出鬼沒的創造者

誠然，這些名人通常被形容為「傳道者」。類似宗教性的潛藏含意，在比特幣的相關語言及概念隨處可見：中本聰挖到的第一批硬幣貼上「創世區塊」的標籤；該社群目前最重要的代表人物羅傑·維爾，綽號為「比特幣耶穌」；「信徒」（believer）的概念；以及一旦比特幣

比特幣的兩種符號版本「B」

──（左）來源：維基百科／（右）來源：bitcoinsymbol.org

解決方案的「真理」（truth）揭露，會讓人「頓悟」的說法。不過這些類宗教的概念中，最重要的核心文化基礎，其實是中本聰2008年在加密電子貨幣世界的神祕現身，三年後又同樣神祕地消失。無論中本聰是誰，都給了比特幣一個創世神話。

　　最經典的創世神話就是創世紀，還能從中看出猶太教及基督教可追溯到多久以前。而在不那麼精神性靈的脈絡，行銷人員也知道創世神話與敘事的力量。若是哪個企業可以說出一套排除萬難、實現驚人巧思而誕生產品的故事，勢必有助於將產品個人化並提升吸引力。這類比喻在商業界隨處可見：福特汽車的Model T，可口可樂的祕密配方，比爾‧惠利特與大衛‧普克德（David Packard）的車庫，賈伯斯和第一

台蘋果電腦。

「在企業界，創世故事強化個人為社會變革原動力的角色，並能召喚核心顧客觀眾。」經紀公司ConvergEx首席市場策略師尼可拉斯·柯拉斯（Nicolas Colas）在一篇研究報告寫道，該報告探討有關比特幣創辦人之謎的重要性。「他們是行銷人員稱為『品牌』的基石，也是華爾街『股東價值』的活水源頭。」

比特幣的「品牌」無疑繫於創辦人以及圍繞此人的謎團。比特幣文化中對中本聰的致敬無所不在：比特幣最小的面額單位稱為「聰」（Satoshi），許多聚會舉行的地點就稱為「聰廣場」（Satoshi Square），各式各樣的比特幣事業都用上了創辦人的名字，包括備受矚目的賭博網站「中本聰骰子」（SatoshiDice）。

假若中本聰是一個人，可以說他／她身為公眾人物不再保持「人」的型態，而是完全演變成神話故事。沒有一個真人站在我們面前，或是可以從YouTube的影片看到這個人。沒有人坐在查理·羅斯[1]（Charlie Rose）對面，接受新聞頻道採訪。沒有人寫書，或是簽約授權將自己的故事改編成電影。我們所有的只是一個遁世天才的幽靈，比特幣創造者的一點蛛絲馬跡。

謎樣人物：中本聰

中本聰是誰？不管科技迷、業餘偵探，或是新聞記者都無法忽視這

---

1. 美國主播和著名脫口秀主持人。從1991年開始主持同名訪談節目，以內容專業和語言親切著稱。

個令人心癢難耐的問題。在追求答案之際，他們也幫著進一步雕琢比特幣的創世神話，因而讓這個社群的文化核心充滿一種奇異、天才與理想遠大的色彩。

除了所有與中本聰相關的文字，所有他寫過的一切，所有百般刺探、企圖將他挖掘出來的調查，我們對他的了解少得驚人。他透過迄今證實仍無法追蹤的加密管道與人溝通。他的公開文字十分謹慎小心；不管什麼時候，他都沒有透露任何個人資訊；他極少提出任何像是個人意見的事。偶爾，他在貼文中無意間露出英式拼字，導致有些人以為他是英國人。但是他的拼字並不一致，因此又讓某些人懷疑那不只一人所寫，懷疑中本聰根本不是一個人，而是一群人。企圖透過文字找出這個人，就像企圖抓鰻魚一樣。有個主體在，卻無從下手。

當記者開始尋找中本聰，比特幣玩家不免會叫我們別去煩他，要尊重對方對隱私的渴望。這樣的姿態在意識形態上與密碼龐客的創立原則暨相符又有矛盾。密碼龐客運動的觀點是完全尊重隱私，但是也預料到身分會被人找出來，這也是為什麼一開始就設計加密。

如果中本聰的身分最後揭露了，說不定對比特幣更好。一開始，沒有一個可確認身分的創辦人，意味著執法單位無法找到中本聰，並在引起注意之前關閉他剛萌芽的計畫。但現在階段不同了，比特幣存在超過六年，有個全球性的經濟根據它而形成，這個計畫期望進行擴展社群的最終任務，並擁抱包羅萬象的「主流」。就這個任務而言，比特幣的創立不夠透明就是阻礙。這會讓政府官員及立法官員滋生疑慮，使得為加密電子貨幣關說的團體更難推銷有助於比特幣發展順遂的有利規範。對

一般大眾來說也是如此，和盤托出可以打消比特幣是中央情報局、國家安全局（NSA）或國際貨幣基金（IMF）設立的陰謀論，又或者整件事是精心策畫的騙局。中本聰在比特幣早期保持匿名，或許有助於轉移外界對領導人的注意，關注計畫本身，但現在保密的做法本身就會轉移焦點。然而一開始的問題是，早期採用者可能會質疑創辦人在為自己的貨幣吸金；現在的問題卻是，比特幣支持者鎖定的一般大眾認為，神祕謎團是令人不能信任的原因。「以貨幣這個例子來說，神祕沒有那麼好，」比特幣金融公司Circle創辦人傑瑞米·阿萊爾（Jeremy Allaire）說。

此外，中本聰本身也進退兩難。一般認為他擁有約100萬比特幣，在本書寫作當下價值約5億美元。這個估計值是密碼學專家賽吉奧·萊納（Sergio Lerner）從創世區塊辨識出中本聰的位址，分析位址的動態，及之後約兩年參與比特幣網絡挖礦的數量推斷而得。自從萊納辨識出那些位址後，全世界都像禿鷹一般緊盯著那些位址不放。雖然位址的擁有者無法辨認，但使用追蹤區塊鏈的工具，硬幣所在的錢包位址輕易看得見，其他所有比特幣位址也是。以未上市交易平台第二市場（SecondMarket）執行長巴瑞·席爾伯特形容的來說，現在或許就是中本聰實現他個人「比特幣夢想」的時機：中本聰揭露自己的身分，並高調捐出他持有的大筆比特幣給極具價值的理想目標。

無論這個問題的透明度對比特幣有什麼意義，眾人還是會繼續追查中本聰。比特幣玩家可能會抗議，但他們無法平息眾人求知的欲望。身為新聞記者，我們對這種本能的體驗或許比多數人都強烈，但大部分的人天生就好奇。從我們自己的孩子身上就能看到這點，我們兩人共

有三個小孩，全都非常好奇想知道自己的父親在做什麼。其中一個是五年級女生，因為一直聽到爸爸說起而對比特幣的故事感到好奇。「你找出中本聰是誰了嗎，爸爸？」她不時就會問上一問，似乎把這個問題當成廣受歡迎的兒童電玩《神偷卡門》（*Where in the World Is Carmen Sandiego?*）。

誰能找到中本聰？

自從中本聰在 2010 年銷聲匿跡，有幾十個人名被提出來當成候選人，從密碼龐客與密碼學社群中，曾涉獵加密電子貨幣、目標最明顯的人選開始：例如戴偉、哈爾・芬尼、大衛・喬姆，以及被認為最有可能的尼克・薩博，鑑識語言學家告訴我們，薩博的書寫和比特幣創辦人的遣詞用字非常接近。但所有人都在不同的論壇否認自己是中本聰。

其他研究調查的人都走上了有趣但同樣徒勞無功的歧路。為《紐約客》（*The New Yorker*）撰稿的約書亞・戴維斯（Joshua Davis）執著於中本聰文字的部分英式拼字，還前往不列顛群島尋找作者。他瞄準都柏林的電腦科學學生邁可・柯利爾（Michael Clear）；柯利爾在愛爾蘭聯合銀行（Allied Irish Bank）從事點對點技術，而他回應戴維斯的詢問頗耐人尋味，「我不是中本聰，但就算我是，我也不會告訴你。」戴維斯的努力並沒有確切的結果，而柯利爾後來雖然表示那段話只是個無傷大雅的玩笑，但他的說法意味著他將被電子郵件給淹沒了。他此後便非常激烈地否認自己創造了比特幣，並拜託大家別再找他。

紐約大學新聞系教授亞當・潘納伯格（Adam Penenberg）深信，戴維斯是被比特幣創辦人故意散播的似是而非的假訊息給誤導了，如中本聰的英式用語以及引用《泰晤士報》，都是在故布疑陣；於是潘納伯格將注意力轉到別的地方。他在財經雜誌《快速企業》（*Fast Company*）的一篇文章中提出三個人名，這三人約莫在比特幣發表的同一時期，共同申請加密電子貨幣相關的加密專利，分別是住在德國的尼爾・金（Neal King）與查爾斯・布萊（Charles Bry），以及住在美國的弗拉基米爾・奧克斯曼（Vladimir Oksman）。但這三人明確否認，金在否認之際還批評比特幣「沒有內在價值」。潘納伯格並未因此受挫，反而猜測金的說法可能是刻意掩人耳目，但潘納伯格自己也承認，他只有間接證據，不具說服力。

　　接著就是泰德・尼爾森（Ted Nelson），1960年代以創造出超文本（hypertext）這個名詞而出名的資訊理論學家。他在一段獨白漫談影片中，故意用英國腔模仿福爾摩斯，宣稱比特幣的發明者是日本數學家望月新一，並放言對方不敢否認。尼爾森表示，望月新一不僅有設計這樣一套方案的能耐，還有個令人費解的習慣，會將自己在數學上的發現悄悄地放在網際網路，留待別人發現。望月新一沒有公開回應尼爾森的挑戰，但別人卻從他的論點中找出漏洞，指望月新一並不是密碼學家，而且似乎沒有太多寫程式的經驗。

　　之後，到了2014年3月6日，美國《新聞週刊》（*Newsweek*）重新推出紙本雜誌，封面故事就是個大獨家。標題是「比特幣的面貌」，配上一個人隱身在黑暗之中的藝術圖像，臉上有個比特幣「B」貨幣符號

形狀的面具正要掀開。撰稿記者古德曼（Leah McGrath Goodman）宣稱她發現中本聰就藏在眼前，有個住在洛杉磯郊區的日裔美籍男子，名字原本是中本聰，後來改為多利安‧中本（Dorian Nakamoto）。如果用「洛陽紙貴」形容這篇報導引來的狂潮，還算輕描淡寫了。

有好幾個小時都是由《新聞週刊》獨家掌握這則報導，但這在各地都是頭條新聞，有線電視、Reddit、推特、比特幣論壇，《華爾街日報》等報紙。大家都對這個故事驚嘆不已，所有人都很驚訝《新聞週刊》竟然成功逼出了真正的中本聰。好大一個獨家！真是天外飛來一筆！古德曼上遍了媒體，說明雜誌如何完成壯舉。報導引來的熱烈回應，說明了中本聰神話在大眾眼中有多大的吸引力。但後來就變得很微妙了。

多利安‧中本終於在雜誌送上書報攤的幾個小時後出現了，親身面對一群在他家門前草坪占好位置的記者。他否認和比特幣有任何關聯，而且表現方式十分怪異，顯示他並不符合比特幣創辦人的個性形象。他站在前門旁邊，承諾接受第一個請他吃免費午餐的記者獨家專訪。一位美聯社（AP）記者立刻答應請客，並迅速帶他上車前往一家壽司店。其他記者尾隨而至，至少有一位記者，即《洛杉磯時報》（*Los Angeles Times*）的布魯諾（Joe Bel Bruno）在推特上現場轉述這場「追逐」，這一幕詭異地令人想起當年追逐惡名昭彰的辛普森（O. J. Simpson）一幕。

最令人玩味的是當天後來有一篇貼文，貼在點對點基金會（P2P Foundation）旗下一個不怎麼有名的線上留言板；該基金會為非營利團體，企圖透過密碼學及軟體工具建立點對點的應用。這篇貼文的留言串

最早可追溯到2009年2月12日，但已經靜止多年，而這個留言串正是中本聰在傳播比特幣消息時所留下的。新的訊息很簡單，卻是繼中本聰銷聲匿跡以來，大家再一次聽到他的消息。訊息簡單寫道：「我不是多利安·中本。」

《新聞週刊》的報導頂多就是無法令人信服，最壞的情況就是被批評做新聞草率馬虎。不過，鬧出這場媒體大戲，證明比特幣此時進入大眾意識的程度有多高，以及中本聰之謎大大刺激了眾人的想像，這種想像說明的，與其說是與好奇想像的源頭有關，倒不如說是跟對此緊追不捨的人有關。

我們怎麼看呢？這個嘛，比特幣的創辦人幾乎可以確定不是多利安·中本。在我們看來至少一開始，最有可能是單一個人發想出來的。看看戴偉、薩博、芬尼，以及喬姆，全都各自想出自己的數位貨幣系統，我們似乎可以很合理地假設，比特幣也是某一個人的計畫。其實數位貨幣的要素大多已經奠定；基本上，中本聰是拿起一個既有的拼圖，找出缺少的幾片，然後拼湊在一起。我們還認為這個人極有可能出自密碼龐客運動，才有可能構想一出來，中本聰就能馬上號召其他密碼龐客協助計畫。寫作風格的不一致，例如偶爾加入英式拼字，這些都給背後有一小群人的說法增添分量。那樣的話，比特幣創辦人或創辦小組最有可能位於舊金山／矽谷地區。這大概就是我們竭盡全力所能做到的了。可能是一個人，也很有可能是一群人。

中本聰是一群人的說法對我們來說很有吸引力，部分原因是像那樣的約定，讓每個成員都可以做出貌似可信的推諉否認，能夠在愛打探的

記者四處窺伺刺探時，說出「我不是比特幣的創辦人」。只不過重要的是，就算是單一個人有了去中心化網絡型態貨幣的原創概念，這個概念的發展終究必須靠眾人，如我們討論過的，需要擴大成一個社群。與這種見解相應的說法，是有時候比特幣玩家提及創辦人身分之謎時提到的。這有幾分像眾人的召喚，而且在比特幣與整個社群的共生關係中，似乎是其中一方強化另外一方，這確實就能解釋神話背後的事實——「我們都是中本聰。」

任何人都能參與：開放原始碼

在某種程度上，比特幣社群最初的發展，是電腦原始碼去中心化與開源本質的自然產物。開放原始碼（open-source）計畫的著名傳統，就是吸引聰明人加入社群，努力加以完善並宣傳，就像幾十年來支持開源 Linux 作業系統的社群。同樣，比特幣的開放原始碼軟體對擴大社群也是不可或缺的。

你不用像購買其他產品一樣購買比特幣軟體，意思就是你並非只是個顧客。此外，這個軟體沒有主人，不像 PayPal 是屬於 eBay 旗下。因此，所有使用比特幣軟體的人，和比特幣計畫都有明確的關係。雖然 eBay 賣的是服務，但它擁有這項產品。終端用戶始終不曾擁有這項產品。但比特幣消除了這種差別。

任何人都可以上網，免費下載程式，開始運作當礦工。恭喜，你現在是「節點」了，靠著確認交易並產生硬幣負責維繫網絡運作的幾千人

之一，成為運作比特幣的社群。每個投資時間和計算能力的人，其實就是這個系統。這讓你有份參與它的未來；有助於建立忠實使用者社群。

這個社群一開始擴展的速度緩慢，靠著密碼學圈子以及各種線上論壇的口耳相傳。2009年期間，每次只有少數人下載程式。中本聰在bitcoin.org設立的論壇每個月吸引幾十個新用戶。有些是態度認真的電腦程式設計師及軟體工程師，是那種會不斷受新奇有趣概念吸引的人。其中之一就是蓋文·安德列森，他在2010年5月碰巧看到一篇文章討論有趣的開源軟體計畫，裡面就提到比特幣。「這勾起我的興趣……」安德列森說，但多疑的天性促使他做了些繁重的審核調查。「起初，我認為不可能做到，但我讀了中本聰的白皮書，基本上也看了當時所有寫到比特幣的東西。然後我看原始碼……說服自己，如果我安裝執行了，沒有什麼麻煩的病毒感染電腦，那就能判斷確實可行。」5月28日，他在比特幣論壇註冊為用戶。

為了「大展拳腳」，安德列森開始他稱之為「比特幣龍頭」（Bitcoin Faucet）的計畫，其實就是個贈送方案。他以50美元在最早的比特幣交易所之一「比特幣市場」買了1萬比特幣，全部送出去，打算推廣使用，擴大社群，並逐步強化比特幣。安德列森認為，如果要鼓勵開發人員以比特幣開發有用的工具，那就需要有人使用並加以傳播。從這方面來看，他將「比特幣龍頭」視為比特幣生態系統「成功建立基礎架構的關鍵」。安德列森透過比特幣聊天室進入這個社群後，冷靜縝密的行事風格很快就引起中本聰的注意。當時比特幣的創造者在社群中依然活躍，依然與人合作也還會回答問題。安德列森成了中本聰在發展期間的

重要夥伴;如今,隨著創辦人從公共領域消失,安德列森就成了比特幣的主要開發人員。

不過,安德列森一開始只是個旁觀者。他在2010年5月首次發現比特幣時,中本聰以外的早期採用者對這個社群的發展更有影響力。尤其是有個人改變了比特幣的軌跡

虛擬貨幣邁向真正貨幣的第一步

我們在前一章提到了拉斯洛‧漢耶茲。他是發現了以GPU挖礦的程式設計師,結果迅速改變比特幣最重要的挖礦網絡運作方式。漢耶茲對比特幣發展的貢獻,尤其是在改善社群名聲及文化方面,遠遠超過他在這個社群草創故事中的關鍵地位。

2010年5月21日,漢耶茲吃了一份棒約翰的起司披薩。這份披薩本身沒有什麼特別之處。特別的是付款方式。

比特幣存在一年多之後,這位住在佛羅里達州傑克遜維爾的程式設計師,已經透過挖礦挖到不少比特幣。他發明顯示卡的應用,使得挖礦的計算能力爆增超過八百倍,讓他幾乎獨霸比特幣通訊協定當時付出的獎勵;所有挖礦得到的比特幣,他拿到了將近一半。「我有很多。」他說,多到他的麻煩是不知拿那些比特幣怎麼辦。「如果沒有人接受,它們就一文不值。」於是他想出一個點子。

「我付1萬比特幣買幾個披薩,像是買兩個大的,我就可以留一些隔天吃,」他5月18日在比特幣論壇上寫道,該論壇當時只有約兩百三

十名成員。他想不出會有什麼人接受這個提議。真實世界中沒有人真正使用過比特幣。而他居住的那個地區，當然也沒有披薩店接受以比特幣支付。漢耶茲需要有個中間人，於是根據當時剛起步的比特幣市場報價，計算出價值約41美元的1萬比特幣，可以買到兩片披薩並酬謝中間人的勞心費力。

三天之後，一個在聊天論壇叫傑寇斯（jercos）的英國比特幣玩家出面接下提議。傑寇斯在線上向傑克遜維爾的棒約翰下訂單，以信用卡在網路上付帳。漢耶茲將比特幣從自己的錢包轉到在英國的對方。沒多久，一個茫然的送貨員帶著兩片披薩到漢耶茲家，滿臉困惑不解。他說：「新鮮披薩……來自倫敦。」這是比特幣邁向真正貨幣的第一步，而且確實走了很長一段路。如果根據2014年8月的市價估算漢耶茲花用的比特幣價值，那兩片披薩花了他500萬美元。

在中本聰首次釋出風向球的一年半後，比特幣社群始終成長緩慢。回顧當時，漢耶茲說就像是「業餘無線電火腿族」。他們志趣相投，靠著對比特幣的興趣而結合，但對比特幣的未來沒有把握。例如在2010年3月，論壇最早的成員之一、綽號叫「菸抽太多」（SmokeTooMuch）的玩家，提出要拍賣1萬比特幣。起標價為50美元。沒有人接受。

新成員通常不清楚自己在做什麼，也容易犯錯，但他們發現這是個友好熱情的團體。「於是我終於讓自己的電腦連線開始生產了。」一個叫AgoraMutual的使用者將軟體下載到筆記型電腦後寫道：「我的第一筆交易完成，增加了五十枚硬幣。耶！」但他不確定自己的電腦是否還在產生硬幣。程式似乎就停止運作了。他立刻獲得解答。他把軟體看錯

了。他還在產生硬幣。回答的人是誰？中本聰。「當時有很多人互相幫忙。」漢耶茲說，其中一個就是中本聰。

　　漢耶茲描述的社群是大家相互扶持，克服在理解這項新科技時伴隨而來的技術障礙。而隨著他們了解更多，新人也成了幫手，開始拿比特幣程式碼做實驗。漢耶茲的其他早期貢獻之一，就包括寫了一個可在Mac電腦運作的版本。

拉斯洛・漢耶茲用比特幣付帳的披薩

——由拉斯洛・漢耶茲提供

買披薩跟GPU挖礦的興起，很快就改變這項體驗。漢耶茲就留著那個提議沒有更動或刪除，想著如果挖到的比特幣足夠一星期買一片披薩，他也覺得很好。一開始，以他自己說的「運作時聲音就像吸塵器」的高性能新機器，輕輕鬆鬆就達到目標。他又做了好幾次披薩的交易，但後來就發現一個問題：挖到的比特幣沒有以前多了。那項披薩的提議讓外界知道比特幣有實際價值，引起線上世界的注意。結果引來挖礦競爭，所有新來的人都設定漢耶茲率先採用的GPU策略，用上了更多、更快的顯示卡。中本聰的演算法每天只釋出數量有限的比特幣；有更多人用上更強大的硬體，提高了數學謎題的難度，使得挖礦更加耗時，報酬卻變少了。

「一個星期後難度驟升，一般人根本無法挖礦。」漢耶茲說。原本以前一個月他可以得到1萬比特幣，很快一天就只剩下1比特幣了，而且存貨都用來買棒約翰的披薩了。他說這個披薩交易他做了四、五次，總共花了4萬比特幣左右。

漢耶茲說，回想中本聰在聊天室中的互動，發現比特幣創辦人對這種改變不太高興。這位創辦人想要的體系，是一般人以普通設備就能使用的。現在卻變成沒有藉助強大的電腦就無法挖礦。儘管兩個星期前，標準電腦上的CPU就能給電腦主人帶來幾百枚比特幣，現在能夠賺到一、兩個就算走運了。不用多久，挖礦就變得更加昂貴，因為能源成本急速升高。這不再是業餘火腿族不花錢的事業。以成本來說，用買的似乎比較明智。後來他們也開始這樣做，這也是為什麼漢耶茲剩下的比特幣最後還是值上不少錢。

這個披薩的奇妙故事不只證明了漢耶茲原本的想法，也激發對比特幣新的興趣，而且用戶群開始擴大。到了6月，有五十五人註冊加入比特幣論壇。7月有三百七十人。價格也跟著變動。五天期間，比特幣的匯率跳升九倍，從0.008美元升至7月18日的0.08美元。1比特幣的價值首次超過1美分。到了2010年夏天，漢耶茲漸漸停下披薩交易，這股快速擴增的興趣卻引起其他會大幅擴展社群的冒險活動，只不過也引來很大的爭議。同樣是在7月18日比特幣創下價格週期高點的那一天，比特幣論壇出現一個新的使用者。「嗨，大家好！」他寫道，「我剛成立了一個新的比特幣交易所。」這個使用者的名稱是mtgox。

第一個大型比特幣交易所

這個論壇使用者是個失業的程式設計師，名叫杰德・麥卡列博（Jed McCaleb）。早期的比特幣玩家是業餘愛好者或有實驗精神的人，麥卡列博卻是不同類型。他是最早迅速被比特幣吸引的新成員族群：創業家。隨著他們的到來，也帶來大幅擴張以及擴張下產生的新問題。

2007年，麥卡列博創辦一個線上平台，交換跟「魔法風雲會」（Magic: The Gathering）相關的卡片，該遊戲本身就是卡片交換遊戲，玩家達數百萬人。他將平台取名為Mt. Gox，取自「魔法：風雲會線上交易所」（Magic: The Gathering Online Exchange）的字母縮寫。這個卡片交換平台並沒有如期望般成功，但麥卡列博並未放棄這個網域名稱。2010年時，他得知比特幣，並發現比特幣缺乏一個容易使用的直

覺式交易應用程式，讓人買賣這種加密電子貨幣。於是他設計了一個應用程式，放在舊的 Mt. Gox 網域名稱底下，並讓新的交易所也承接這個名字。這吸引了許多人注意，並引來一些有意涉足這個刺激新市場的重大新投資者目光。交易量迅速增加。交易的第一天 7 月 17 日，交易量為 20 比特幣。到了 10 月 10 日，達到 18.7 萬比特幣。交易量並不穩定，但是到了秋天，該交易所的量衝高到 20 萬比特幣，一天 5 萬比特幣更是稀鬆平常。到了 2011 年 11 月，平均一天的交易量有 27,541 比特幣。

這樣的成長令人振奮，但麥卡列博過去就有做事三分鐘熱度的前科。這次也不例外。2011 年 3 月，他在論壇上告知，雖然「玩票性質」地設立 Mt. Gox，並看著它成長「好玩有趣」，但他已經沒有足夠的時間管理，所以將它賣給「更有能力將網站帶上另一個層次的人」。而那個人就是法國程式設計師馬克・卡佩雷（Mark Karpeles），在比特幣聊天論壇中以「MagicalTux」為部分人所知。熱愛日本漫畫和角色扮演遊戲的卡佩雷，立刻將 Mt. Gox 的總部遷往東京。

Mt. Gox 是第一個大型比特幣交易所，在早期幾乎就是唯一交易比特幣的地方。以比特幣世界中第一個實際可見的事業體來說，Mt. Gox 進一步證實，比特幣這種數位貨幣不只是科技迷的玩具。它可以將許多新的比特幣玩家帶入這個社群。比特幣論壇成立的前八個月，以平均每個月增加三十六名新成員的速度，讓會員總數在 2010 年 6 月累計達兩百八十六人，而從 7 月麥卡列博推出網站以後，論壇每個月都增加好幾百個新用戶，而且速度不斷加快。到了 2011 年 2 月，每月增加人數首次超過一千人，同年 6 月，隨著卡佩雷接掌 Mt. Gox，又有一萬四千四

百八十三人加入，比特幣論壇的會員總數達三萬一千兩百四十七人。

對大多數顧客來說，Mt. Gox是他們接觸比特幣的第一道門戶，是他們與加密電子貨幣的第一次接觸。但這個交易所是倉促成立的遊戲之作，裝備設施不足以應付全球貨幣交易平台的艱鉅挑戰。隨著比特幣從4月的1美元飆高到6月的30美元，卡佩雷發現很難讓平台跟上速度；而同一時期，Mt. Gox的帳戶數從六千增加到六萬。6月也給比特幣的生死存亡帶來第一次重大挑戰。

大約在2011年6月13日左右，許多人開始注意到他們Mt. Gox帳戶中的比特幣消失了。似乎有駭客侵入交易所的系統，並偷走大量的比特幣——報導說的數量從兩千到五十萬枚硬幣不等；卡佩雷則說是一千枚。沒多久，那些硬幣開始出現在交易所待售，只要1美分。那些賣單都有人接手，結果呢？比特幣的價格因此重挫，從17美元跌到只有幾分錢。雪上加霜的是，密碼和其他客戶資訊開始流傳，顯示遭到駭客入侵的帳戶不是只有一、兩個。

情況最後終於穩定下來。但在那之前，卡佩雷必須採取前所未有的手段，關閉交易所並減少交易。此舉平定情勢，但其實大家沒有太多選擇，只能相信網站。到了2011年7月，所有比特幣交易有80％由Mt. Gox經手。Mt. Gox這第一場危機（三年後還會有一場更大的危機）暴露了比特幣世界快速成長可能伴隨的弱點。

這個事件也揭露我們不斷提及、貨幣發展一個關鍵要素的重要性：信任。儘管卡佩雷的名字如今已經如雷貫耳，但在2011年，軟體程式社群外沒有幾人知道是誰在經營Mt. Gox。這個交易所的顧客服務惡劣

得令人髮指。令人深感諷刺的是，基於無信任交換而產生的貨幣，現在卻必須讓不受信任的交易所控制。

用比特幣交易的匿名線上市集

Mt. Gox這一場醜聞宣告比特幣拓荒時期的開始。這個社群已經從早期一票科技迷怪客，漸漸變成從中看出各種快速致富門道的新種類冒險家，而且全都是在看似不合法的安全地帶內。這種概念最為極端的明證，就在論壇另一個新成員於2011年3月1日貼出公告時出現：「『絲路』問世進入第三週，我對成績非常滿意。」站長稱這個新網站為「匿名線上市集」，並問社群成員對這個網站有什麼想法。Bitcointalk論壇此時號稱有五千三百四十三名會員，而絲路的貼文引來幾百個回覆。有些人喜歡這個構想，有的人厭惡，還有些人立刻明白其中的暗示，開玩笑說回覆了會被警察逮捕。

絲路允許買賣雙方掩飾身分，經營者使用的名稱是「恐怖海盜羅伯茲」[2]（Dread Pirate Roberts）。該網站採用Tor網路（The Onion Router的縮寫，又稱洋蔥路由）這種成熟複雜的加密系統，以及幾乎無法追蹤網路流量的網路瀏覽器，藉此隱藏買賣雙方的身分。而我們認為最重要的是，絲路使用比特幣為交換工具。

雖然絲路看似容許銷售任何東西，但主要產品很快就變成毒品。所有想像得到的毒品都能向世界各地的賣方取得，還有許多其他的違禁品

---

2. 小說與電影《公主新娘》（*The Princess Bride*）裡的角色。

和服務。網站Gawker在2011年6月將絲路比擬為亞馬遜：「如果亞馬遜販賣迷幻藥的話」。事實上，絲路更像eBay，可以媒合買賣雙方。無論如何，它的名聲如野火燎原。

「這個網站進入主流的速度比我們預期還快，而我們還沒有準備好迎接這樣的流量。」一個用絲路為名的人在論壇上貼文說道。「我們真的沒有料到那些媒體報導這麼快就流傳開來，應該準備個半封閉系統的。我們將盡力遠離公眾的注意，並衷心期望比特幣的優點能成為焦點。」但事與願違。其他新聞網站報導這個消息，有些甚至說明怎樣找到這個網站。這下注意到的不單單是一般的癮君子了，還有執法單位及政治人物。紐約州參議員查克・舒默（Chuck Schumer）稱之為「我們所見過最囂張無恥的線上兜售毒品行為」，並呼籲關閉網站。

比特幣論壇上的反應兩極。有些人擔心緝毒局（DEA）探員滲透進絲路網站。其他人則持續觀察網站是否依然存在。有些人想要聯合起來，他們認為，絲路和Mt. Gox是兩個最重要的比特幣企業。「傷害其中一個，就是傷害全部。」一篇貼文這樣說。但其他人則擔心事件的不良影響。有一篇貼文就以慣有的冷嘲熱諷語氣調侃：「我猜那些探員現在正要爬進我們的窗戶！」

儘管有來自聯邦政府的壓力，絲路在那之後還是以加密、阻擋，且完全公開的方式又運作了兩年多，刊登了幾千項毒品、駭客服務、盜版媒體，甚至還有偽造服務。網站有將近一百萬個帳戶，銷售額估計值卻說法各異。2012年8月，《富比士》（*Forbes*）的葛林伯格（Andy Greenberg）估計年營收有2,200萬美元，是六個月前的兩倍。美國聯邦

絲路網站

——來源：企業內幕（Business Insider）

調查局（FBI）估計在2011年2月6日到2013年7月23日期間，該網站有一百二十萬筆交易，創造的營收有950萬比特幣。（由於那段期間的價格波動十分劇烈，很難以美元推斷價值。）

　　事情在2013年10月告一段落，當時FBI在舊金山的一座圖書館逮捕一名叫羅斯・烏布利希（Ross Ulbricht）的德州人。FBI指控他洗錢及密謀非法買賣毒品。有關這些指控，直到我們寫作之際，烏布利希仍辯稱無罪；他的律師說他並不是「恐怖海盜羅伯茲」。FBI還說他徵求六起買兇殺人，只是沒有證據證明有人被殺。這次也扣押了幾萬比特幣，價值數百萬美元，讓FBI變成比特幣錢包持有人，還是比特幣「社群」最大、也是最令人不敢置信的新成員。這些後續事件給比特幣的發展帶來另一個轉折點，宣告政府規範的時代來臨。但我們在此關注的是早年期間，絲路盡管聲名狼藉，在發展比特幣方面卻扮演擴大使用者範圍的關鍵角色。就像網路色情也是網際網路初期，第一個獲利豐厚的事業，也由此證明了一種商業模式，絲路是第一個具規模的比特幣事業。因此，盡管這個網站的產品或許像色情產業一樣，在道德上讓許多人反感，卻證明比特幣可以像合法貨幣一樣運作。加上Mt. Gox在同一時期同樣證明，有人對這個貨幣有投機和投資興趣，有助於讓數以千計的新加入者接受比特幣，其中有許多人正期待用比特幣做些毒品交易以外的事情。在這個社群形成過程尤其快速的階段，絲路是關鍵催化劑。

5,000%的投資報酬率

即使整個社群快速擴大，比特幣在2011年到2012年間依然不是家喻戶曉的名詞。華爾街與華府大多視若無睹。只是那樣的擴張引來其他創業家追隨麥卡列博與恐怖海盜羅伯茲的腳步。新的創業構想開始冒出來，帶動財務、科技與社群的基礎架構，以維持比特幣的成長。最重要的是，這是全球性的活動。

在這段期間，新交易所如雨後春筍般出現，和Mt. Gox競爭，最早也是最重要的幾間交易所是由賈瑞德·肯納（Jered Kenna）在美國成立的Tradehill，以及倫敦的Britcoin。其他交易所緊跟在後。比特幣的交易平台開始出現從波蘭茲羅提（zloty）到巴西里爾（real）等各種貨幣。要成為主流就需要簡單一點的介面。正如微軟的Outlook與Hotmail讓一般人都能輕易接觸電子郵件，比特幣同樣也需要容易使用的數位錢包。果然，就有新創事業提供，最為人注意的就是2011年8月，總部位於倫敦的Blockchain.info成立，目前該公司是頗受矚目的錢包及數據分析公司。中本聰設計的錢包雖笨重卻不容易被外人破解，但Blockchain更為賞心悅目的介面，能幫助新加入者更容易以自己口袋裡的實質錢包，想像出一個數位版的錢包。

另外一個需要解決的問題依然遙遙無期，就是讓傳統的法定貨幣進出比特幣交易所，並在這些交易所之間流動。為了解決這個問題，住在紐約布魯克林、有電子商務背景的二十歲大四學生查理·施瑞姆，和英國的比特幣交易商朋友葛瑞斯·奈爾森（Gareth Nelson）合作，

在2011年8月創立比特幣轉帳服務BitInstant。這項收取費用的服務以信貸方式轉帳，以加快交易所之間的資金轉移。專業的支付處理服務也在這個時期出現，有BitPay及Coinbase問世，期待能提供簡單介面，方便商家收取比特幣，如果商家願意，還可以將比特幣轉換成美元。另一方面，線上比特幣賭博服務「中本聰骰子」也大受歡迎，該網站利用比特幣技術提供「公平可證」的下注模式，讓使用者能夠信賴由電腦驅動的博弈機率遊戲不會設局作弊。到了2012年中，內部系統需要產生幾千筆小型交易的「中本聰骰子」，即使總交易價值不到比特幣總數的一半，也約占比特幣總交易量的一半。隨著這些新事業的發展和機會興起，早期投資者開始籌畫鼓勵更多創新。最早的例子之一就是彼得・瓦賽納斯（Peter Vessenes），他在2011年夏末成立的CoinLab，是位於西雅圖的育成中心，培養致力比特幣產品的新人才和新創公司。

代表這個社群發展成熟的其他象徵也一一顯現。第一篇觸及比特幣的媒體報導出現，2011年由米海・阿利希（Mihai Alisie）及維塔利克・布特林（Vitalik Buterin）創立的《比特幣雜誌》（*Bitcoin Magazine*），也在2012年5月開始發行印刷版，成為第一份專門報導加密電子貨幣的嚴肅出版物。比特幣研討會愈來愈普遍，早期的巡迴路線以紐約、倫敦，及布拉格為主。2012年9月，比特幣基金會（Bitcoin Foundation）在西雅圖成立。參與成立的人有比特幣首席開發人員安德列森、BitInstant的施瑞姆、Mt. Gox的卡佩雷、CoinLab的瓦賽納斯，投資者及「傳道者」羅傑・維爾，以及律師派屈克・穆克（Patrick Murck），主要目的是代表全世界不斷擴大的比特幣社群，而創立文獻

也指出，該基金會是為了協助「標準化、保護並推廣比特幣加密貨幣的使用，造福全世界的使用者。」

當時，比特幣論壇約有六萬八千名會員，遠高於2010年底時的三千一百餘人。但這個社群不僅在網路空間成長。世界各地的比特幣「聚會」現象突然風行一時，加密電子貨幣愛好者組成非正式團體，從布宜諾斯艾利斯到北京的酒吧和咖啡廳聚會。如此一來，比特幣社群就有了實體基地，但是很重要的中央根據地卻付之闕如。

還有更多不祥的預兆，挑戰這個發展中社群的決心和團結。有人舉報第一宗比特幣重大竊案。從2012年3月開始，Bitcoinica發生總額超過50萬美元的竊案，該公司允許投資人以衍生性合約對比特幣做投機性買賣。這家公司表示它在Mt. Gox的帳戶遭到駭客入侵。比特幣的核心軟體未受影響，但公司卻出現弱點。另一方面，許多新創公司開始面臨難題，尤其是銀行及支付處理服務公司的不情願態度，導致雙方關係不佳，拒絕讓他們連線到法定貨幣的世界，也突顯未來幾年不斷要面對的問題。肯納的Tradehill交易所被迫在2012年2月關門大吉，僅成立十一個月。

然而比特幣的價格卻在這段時間一路往上衝。中間確實有些小波折，尤其是2011年中Mt. Gox的駭客事件，但是從2011年起到2012年結束之間，任何人只要投資，都有5,000％的報酬，價格也從2011年底的0.25美元升至6美元，一年後到達13美元。儘管2012年11月28日當天，比特幣的核心軟體依照原本設定，將發給礦工的比特幣減半為每一批二十五枚，比特幣挖礦的興致卻持續高漲。眾人準備在隔年1月

開始啟動以ASIC（特定應用積體電路，application specific integrated circuit的縮寫）晶片執行、專門用來挖礦的高功率設備。這是繁盛時期。整個社群的營區愈來愈遼闊。

社群召喚：各式各樣的山寨幣

其實，這個社群以不同又令人困惑的方式在擴大。到了2011年，比特幣鼓舞了其他模仿者；有些是完全抄襲、有些明顯是企圖去除一些比特幣看似瑕疵的問題。這些被稱為山寨幣（Altcoin）的數位貨幣，採用的是與比特幣大同小異的系統，能夠這樣做是因為比特幣是開源協定，沒有所有權人。任何人都可以下載軟體，複製，再據此建立新的東西。沒有著作權或侵犯專利的問題。

在我們寫作的當下，已存在幾百種數位硬幣，大多規模太小而不值一提，但有幾個的擁護者相當可觀。但它們的地位都遠遠不如比特幣。萊特幣（Litecoin）是山寨幣中最早、也最大的一種，在我們寫作時，市值約有1.5億美元；而比特幣則約為65億美元。有些計畫看上去就很可疑，擺明了是哄抬價格、高檔出貨的騙局。有些則根本算不上比特幣的競爭對手，因為它們存在的目的，是透過區塊鏈技術創造新的去中心化商務，我們將在第九章探討其中部分案例。但有很多是正正當當、試圖建立另一種形式的加密電子貨幣，甚至可能是更好的形式。

其中有些已經培養出忠誠的追隨者，有助於營造加密電子貨幣社群的多元印象。許多比特幣玩家欣然接受這些計畫，視之為加入加密電子

貨幣革命的新元素。但其他人則公然抵制他們眼中的闖入者，擔心圍繞他們發展起來的新興運動會脫離遠大的改變使命。

另一方面，一些山寨幣的社群發展，對於加密電子貨幣社群如何發展的這個大哉問，具有啟發性。比特幣玩家可從一些山寨幣激發熱情的方式獲得靈感。例證之一：山寨幣之一的狗狗幣（dogecoin），原本是比利・馬庫斯（Billy Markus）和傑克森・帕爾默（Jackson Palmer）在2013年12月推出的遊戲之作，卻迅速自己發展了起來。狗狗幣的「doge」是挪用2005年開始在網路上爆紅的現象，起因是YouTube上的一個玩偶秀，其中一隻玩偶把狗 dog 誤拼為 doge，另外一隻則念錯成「dohj」。這個名字後來被人拿來用在一張露出微笑的柴犬照片。狗狗幣的軟體借用萊特幣創立者李啟威（Charlie Lee）的部分概念，李啟威稍微改進萊特幣的挖礦系統，讓礦工不至於因為獎勵而像比特幣那樣，太過積極建立消耗能源的計算能力彼此競爭。但以狗狗幣的吸引力來說，很重要的是這個新興社群給自己設定的兩大目標：狗狗幣要有趣，而且成員要用手上的貨幣行善事。狗狗幣帶有慈善目的。

世人對這種貨幣的興趣升高，在加密電子貨幣市場的價格也跟著上揚，也就是先在加密電子貨幣市場兌換成加密電子貨幣，之後再賣出換成美元。意思就是狗狗幣有真正的價值，而且可以用來為理想目標籌資。狗狗幣基金會（Dogecoin Foundation）一名成員看到牙買加雪橇隊沒有錢參加2014年的索契冬季奧運，於是提案為他們籌募旅費。透過在Reddit和其他地方發起的活動，指示將狗狗幣寄送到哪個錢包，他們迅速籌募到2.5萬美元等值的狗狗幣。接著，有人提議在肯

亞挖掘潔淨水水井。他們為肯亞的水井籌募到 3 萬美元。他們為英國曼徹斯特一家咖啡店募款。只不過，我們最喜歡的狗狗幣成就，比較偏向行銷意義而非慈善事業。有人聽說有個 NASCAR（美國全球運動汽車競賽協會）賽車手喬許・魏斯（Josh Wise）沒有廠商贊助，於是建議——同樣又是出於好玩——大家募資贊助魏斯，以便散播這個訊息。沒多久，狗狗幣玩家團結起來，將錢幣轉到指定的錢包，募集到超過 5.5 萬美元（約 6,700 萬狗狗幣），足以讓他們鍾愛的柴犬圖案印在魏斯的 98 號 Moonrocket 賽車上，並於 2014 年 5 月在塔拉迪加超級賽車道（Telladega Superspeedway）初次亮相。

「狗狗幣是網際網路加密電子貨幣。」福斯（Fox）電視主播在全國性節目中報導。「狗狗幣不是以美元交易，但如果這次獲勝，可獲得 596,664,147 狗狗幣。」

大約四個月的時間，一個幾千人的社群具體成形了。他們對品牌的熱情與熱忱，讓狗狗幣從一個趁著爆紅熱潮而起的玩笑，迅速變成可能相對合法的加密電子貨幣。當 GoCoin 決定開始提供狗狗幣和比特幣與萊特幣的支付處理服務，該公司董事長布羅克・皮爾斯（Brock Pierce）解釋，那是因為受到社群的力量驅動。「社群對貨幣來說就是一切。」他說。

問題在於像這樣的山寨幣社群興起，究竟是削弱還是有利整體的比特幣社群。有些人猜想，這些模仿者是否奪走比特幣的市場占有率；只不過比特幣的市值，是排名在後的九十九大山寨幣加總總值的十倍，因此截至 2014 年 9 月，仍未有這樣的威脅。也有人認為，山寨幣同時擴

大科技創新和加密電子貨幣相關的品牌與文化產出，那些山寨幣社群有助於壯大加密電子貨幣社群，實現更偉大的共同目標。

不只是一種貨幣和一種科技

狗狗幣的慈善成分，在以行善培養支持度的影響力方面，提供比特幣玩家珍貴的經驗。在比特幣社群內部也培養出類似的風氣。許多比特幣玩家試圖實踐前輩的期望，讓加密電子貨幣可以發揮作用，建立一個沒那麼而尖銳且更具人性的社會。電子錢包業者Blockchain.info的資安長安德烈・安東諾普洛斯也是比特幣的重要人物，透過比特幣籌募約2.1萬美元給多利安・中本的專用基金，也就是2014年3月被《新聞週刊》指為中本聰的人，只是週刊似乎推測錯誤。《富比士》撰稿記者葛林伯格開始為哈爾・芬尼籌募比特幣，芬尼是協助中本聰建立比特幣的程式設計師，因為逐漸衰弱的漸凍人症而面臨龐大的醫療費用。西恩邊鎮（Sean's Outpost）是佛羅里達州彭薩科拉一個遊民收容所，幾乎完全由比特幣捐款資助。這些付出與其他類似的努力，在在展現早期比特幣玩家的明確特點，都是希望他們的貨幣能當成工具，賦予社會權力並協助社會中不幸的人。但這些也是在建立社群時有意識加入的部分。如果這樣的努力可以幫改善比特幣的形象，贏得更多擁護者，也代表假以時日，比特幣遲早可以真正轉變成貨幣。

慈善事業有助於實際推廣比特幣，並為比特幣建立正面形象，這些全都直接反映在社群擴張。但同樣重要的是，那些加入成為核心信徒的

人要維持他們的熱情。在社群的形成與再次肯定方面，那些創造文化產品的人可以有發揮的空間。就像足球比賽中唱的歌、畫在吉普車後面的星條旗，以及朗誦獨立宣言激勵人心，都有助於擦亮美國人對偉大國家的信心，文化產品同樣有助於強化其他社群，即使是根據一種貨幣形成的社群。於是我們發現有比特幣文學、比特幣詩歌、比特幣藝術品、比特幣攝影，以及比特幣歌曲。這些皆強烈證明這個概念多麼吸引眾人的想像。畢竟，就沒有人為PayPal寫歌。

「噢，比特幣，我知道你將主宰世界，主宰世界！」約翰・巴瑞特（John Barrett）以美國傳統鄉村音樂藍草音樂唱出〈中本聰之頌〉（Ode to Satoshi），並在田納西州東納許維爾的錄音室錄製。「直到所有人都知道，所有人都知道，直到所有人都知道你的名字。」選擇以歌曲為主題的並非只有他；〈一萬比特幣〉（10,000 Bitcoins）是蘿拉・薩格斯（Laura Saggers）的情歌；〈比特幣大亨〉（Bitcoin Barons）是YTCrackers唱的饒舌音樂；其他例子族繁不及備載。另一方面，德國畫家Kuno Goda畫了一幅《200 比

戴維・金的《免費午餐》
——戴維・金提供

特幣》（*200 Bitcoins*），在畫布上將比特幣的符號重複兩百次，戲仿安迪·沃荷（Andy Warhol）的《兩百張一元美金》（*200 One Dollar Bills*）。洛杉磯攝影師梅根·米勒（Megan Miller）完成了一系列的作品，展現日常生活中的比特幣。加州奧克蘭的藝術家戴維·金（Dave Kim）對多利安·中本的故事大為著迷，於是選擇他當作畫作《免費午餐》（*Free Lunch*）的主角。

這一切都涉及比特幣代表的另一個層面。比特幣不僅是一種貨幣和一種科技，還是反傳統文化運動。但是就跟所有反傳統文化運動一樣，除非比特幣超越自身的那些定義，並在大眾文化、主流社會中找到立足點，否則作為社會變革的力量是不會有進展的。而要做到這些，需要的不只是歌曲創作者和詩人歌頌新概念，還需要普羅大眾發現其中有吸引人之處，並透過他們與其他人的接觸，將這個概念散播出去。

靠比特幣生活

雖然去中心化社群可以沒有核心領導人，但社群要成長依然需要有人帶頭。沒有先行者，就不可能有社群。我們已經看過一些早期採用者，如對比特幣產生興趣而加以推廣的軟體工程師、創業家，以及傳道者。但是社群的成長還是有賴那些不引人注目、只想使用加密電子貨幣的個人，將比特幣變成日常生活運作的基本要素。就像猶他州普若佛的奧斯汀·克雷格（Austin Craig）與貝琪·克雷格（Beccy Craig）夫婦。

克雷格夫婦不太像是會改變信仰的人。貝琪‧克雷格是平面美術設計師，奧斯汀‧克雷格則拍攝企業短片。兩人都不是程式設計師，也不是創業家。他們都不是密碼龐客。但奧斯汀是有自由意志主義傾向的年輕人，具有影片製作的背景，在2011年聽說比特幣後，對其中的民主化潛力感到好奇，還突發奇想要將比特幣的旗幟植入大眾文化中。

在向貝琪求婚之後，他提了另一個計畫，蜜月之後進行一場實驗——九十天只用比特幣生活，並將整個過程拍攝為記錄片。很像是只有年輕人會做的好玩嘗試，而令他意外的是，貝琪立刻接受挑戰。彷彿這樣的挑戰性還不夠，克雷格夫婦又加了一道難題：他們要開車橫越美國，飛往歐洲、飛往亞洲，再飛回猶他州。而且這一趟環球旅程，每個階段都用比特幣支付。

他們在Kickstarter網站提出計畫為影片集資，籌得7.2萬美元，也為自己贏得一點名氣，並雇用了一個攝影團隊。雖然三個月只用比特幣不用別的，在2015年看來相當可行，但當時是2013年中，是在許多知名企業宣布接受比特幣之前，這點我們下一章會討論。當時克雷格夫婦的追求似乎只能說是異想天開。很少有企業接受比特幣，且大多數的商家聽都沒聽過。他們必須說服鎮上的一大群人接受這個貨幣——房東、雇主，還有當地的食品雜貨店。那個經營洛洛生鮮食品貨棧（LoLo's Fresh Food Warehouse）的食品雜貨商，在克雷格夫婦解釋比特幣與信用卡的手續費差異後，改變想法了。他們每停留一站，就推銷得愈發純熟，儼然成為比特幣的傳道者。他們的實驗從2013年7月25日開始。

靠比特幣生活在普若佛最困難的地方，竟然是找加油站。「最初

兩個星期，」奧斯汀說，「我們找不到地方加油。」於是他們幾乎不用車。所幸有個夜班加油站員工傑瑞米・佛畢許（Jeremy Furbish）也是比特幣狂熱愛好者，在社群以Furb為名，聽說了他們的計畫。他邀請克雷格夫婦到他的加油站。「星期五晚上十點鐘開一個小時的車到那裡，成了我們的例行工作。」貝琪說。10月初，他們上路了。

我們那個月在布魯克林福爾頓街一家叫Lean Crust的披薩店，跟克雷格夫婦碰面。那是個天氣異常溫暖的日子，外面的福爾頓街道是繁華喧囂的紐約熱鬧榮景。餐廳老闆丹恩・李（Dan Lee）是比特幣的狂熱愛好者，Lean Crust不久前才開始接受比特幣，他在附近的另外兩家店也是。但商家接受比特幣，不代表裡面的員工就知道如何受理。

奧斯汀站在櫃檯前等著付錢。他手裡拿著的不是錢包，而是手機。

「金額是34美元。」櫃檯後面的年輕女子說。

「好，」奧斯汀說。「我們可以用比特幣付款嗎？」

「用什麼？」

「比特幣。我們可以用比特幣支付嗎？」

「比特⋯⋯什麼？」

最後，奧斯汀得以用比特幣支付餐費，只不過是由櫃檯的那個女孩打電話給丹恩・李，再由丹恩・李從另一家商店派員工前來處理交易。事情從這裡開始就很順利了。奧斯汀拿到Lean Crust的比特幣帳號，輸進自己的帳號，輸入金額，然後按下送出鍵。交易作業花了大約五秒鐘。

這場交易總結了很多比特幣的重點：對比特幣的困惑不解；一開始

使用的困難；接著是系統設定之後的簡單明快。我們在人行道上吃披薩時，那個櫃檯收銀員從旁經過，顯然對剛剛看到的東西很感興趣。她停下來和我們聊了一會兒，對自己先前的誤解道歉，並問克雷格夫婦是否還有什麼需要，她可以幫忙。

　　幾個星期後，為了蒐集克雷格夫婦的故事，我們回頭聯繫那位收銀員娜迪亞・阿蘭吉爾（Nadia Alamgir），發現她的想法已經轉變。那次與比特幣的邂逅勾起她的興趣，於是著手做了些研究，卻引起她更大的興趣，還沒有回過神來，就去參加布魯克林的比特幣聚會了。

　　這就是比特幣發展的方式，藉由口耳相傳和巧遇邂逅。對一個不是由營利事業經營的去中心化系統來說，沒有人會花一毛錢做行銷或廣告，那是社群得以發展的唯一方式。以克雷格夫婦的例子來說，有關他們計畫的消息慢慢傳了開來，在論壇上散播，也有透過聚會的鬆散聯盟。而他們在旅程的每一站，不管是美國還是海外，都跟至少一個想要伸出援手的比特幣玩家見面。「我們能成功，很大部分是靠比特幣社群。」奧斯汀說。

　　最後，克雷格夫婦在那一百多天就只花用比特幣。他們證明了這樣做就算不實際，但仍是可行的。整個社群欣然接受他們，甚至在影片發表前，他們就成了小有名氣的比特幣名人。一年後，迪許網路公司（Dish Network）在尋找「比特幣之臉」協助推出的比特幣支付選項，就選中了克雷格夫婦。雖然他們的旅程真正展現的，是一個將近五年前開始、只有一名成員中本聰的計畫，卻已經迅速發展成全球性的社群，成員可以在沒有中央管理機構的協助之下形成強大的聯繫。

第四章

暴漲暴跌如雲霄飛車

「金錢與愛同樣最受人喜愛。但也與死亡同樣是焦慮的最大來源。」
—— 高伯瑞（John Kenneth Galbraith）

　　如果社群是發展一種貨幣的重要一環，另一個環節就是相對優勢；必須從根本上比打算取代的貨幣更有用。接下來的章節，我們將探索加密電子貨幣在寄送金錢給彼此之外，未來可能重塑全球經濟的各種方式。但最重要的宣傳重點，特別是對已開發世界的使用者，目前必須著重在可以讓電子支付更便宜、也更有效率。要了解為何如此，我們得先看看傳統支付系統如何運作，以及因此產生的許多成本。所以，我們先出門買杯咖啡。

　　你到紐約的一家星巴克，那裡一杯大杯拿鐵要4.30美元。這個價錢可能讓你猶豫片刻（除非你來自奧斯陸，那裡同樣大小的價格要9.83美元），但一旦決定要買，你會毫不遲疑地遞出信用卡給收銀員（愈來愈過時的職務頭銜）。幾秒鐘不到，甚至不用簽名，你的卡片就刷好並回到錢包裡面，而你也正準備走出店門口，輕啜一杯有奶泡的咖啡。試問，誰還需要帶現金？誰需要冒著二十元鈔票可能遺失的風險，或者費

事地頻頻跑 ATM？難道就為了那個荒謬的拿鐵價格！如果使用信用卡付款與使用現金不會有什麼差別，這樣格外方便的現代電子支付方式，似乎不需要你花費額外的成本⋯⋯或者說，看似如此。

看不見的成本

現在我們仔細看看收銀員刷卡時，究竟發生什麼事。藉著刷卡這個動作，磁條內包含的個人資訊：你的帳號，到期日，帳單地址的郵遞區號，以及信用卡檢查碼（credit-card validation value, CVV），會送到一個叫做**前端處理業者**（front-end processor）的地方。這個機構是幾百家在全球各地運作的公司之一，專門代表商家客戶（以這個例子來說就是星巴克）處理支付資訊，還要寄送給星巴克存放銷售單據的銀行，在這個交易業務鏈中稱為**收單銀行**（acquiring bank）。這時候，星巴克和銀行只需要知道你的信用卡上所附的帳號，有沒有足夠的資金支付這次的款項。（他們稍後會再處理這究竟是不是你的卡片和帳號。）前端處理業者的工作就是檢查這些，而且要迅速，這樣就能連同卡片上附帶的資訊轉送給相關的**發卡機構**（card association）網絡，如萬事達卡、威士、美國運通（American Express），或其他機構，由對方查出你的卡片出自哪家**發卡銀行**（issuing bank）。在多個資料庫留下印記之後，你的個人資訊接著就要繼續交給代表發卡銀行的不同**支付處理業者**（payment processor），發卡銀行也就是名稱列在信用卡上、並管理你的帳戶的銀行。一旦你的銀行證實資訊正確並檢查有足夠的信用餘

額，信號會往回傳。銀行告訴處理公司通知發卡機構繼續處理，發卡機構又將訊息傳回給前端處理機構，於是星巴克和收單銀行都滿意了，嗯……暫時滿意。收銀員藉由顯示在讀卡裝置上的「授權通過」訊息，收到交易批准的通知。這一長串電子通訊全都發生在幾秒鐘之內。

你現在走在街上，一杯在手。但無論是你這邊還是星巴克，整個支付系統都還沒有處理完。例如，咖啡店還沒有得到完成咖啡的報酬。就這件事來說，星巴克必須送出後續的要求給收單銀行，通常是在一天結束時整批發出。收單銀行會依照單據支付給商家，但還需要向發卡銀行提出請款，利用的是由地區性**聯邦儲備銀行**或**清算所支付公司**（Clearing House Payments Co.）電子支付網路（Electronic Payments Network）管理的自動清算系統（automatic clearing house, ACH）；清算所支付公司是由全球最大的十八家商業銀行掌管。不過，你的銀行如果不相信真的是你買了那杯拿鐵，還是不會把錢交出去。所以在拿到付款要求之前，銀行的反詐騙團隊已經在認真分析最初的交易，尋找危險信號和超出你平常活動的行為模式。如果這個團隊不確定是誰刷卡，會打你的手機和家裡電話、發簡訊，以及寄送電子郵件，試圖要你確認在紐約的那個人真的是你。畢竟，多年來你的帳戶交易活動顯示，你通常是早上在家鄉西雅圖的一家餐廳買咖啡，除非是每月到舊金山參加老闆召開的團隊會議，這一點有信用卡應用程式可茲為證。等到你的銀行很滿意一切都光明正大，就會釋出ACH結清款項，並在你的信用卡帳戶登記一筆出帳。這筆錢之後會流向星巴克的收單銀行，再記入星巴克的帳戶。這個流程通常要三個工作天完成。

如果計算前面粗體字的數量，就知道除了你和咖啡店，還有七個不同的機構參與這項交易，而在星巴克之外，其中五個能接觸到你的卡片上能辨認身分的資訊（帳號，郵遞區號，信用卡檢查碼）。每一個都要求作業之中屬於自己的那一部分費用，使得總交易手續費加起來占每筆銷售的1%到3%，端看使用的是記帳卡還是信用卡。這塊餅最大的一塊是給銀行，而銀行近幾年來已經將支付處理變成重要的獲利來源之一，有時候甚至是最重要的來源。那些手續費是由商家支付。萬一有顧客對某項收費提出異議，收單銀行會要求商家撤回款項和商品，並另行要求扣款。如果發生詐騙行為，可能還要徵收其他罰款及費用償還給銀行。

在美國，大部分商家乾脆自行吸收所有交易成本，只有極少數會在以信用卡代替現金交易時收取溢價，例如一些加油站；大多數銀行會退還顧客詐騙交易的金額。不過，如果以為這些自己都不用花錢，那是你的錯覺。那些成本都包裹在各式各樣的銀行收費之中：發卡費、ATM手續費、查詢費，當然還有對幾百萬沒有每月全額繳清費用的顧客加收的利息。所以才有一杯拿鐵4.30美元的恐怖價格。畢竟星巴克總得支付那些成本。

想像你的那杯拿鐵是在巴黎的咖啡廳、或墨西哥坎昆的度假飯店買的。如果是這樣，還要拉進許多其他中介角色，協助完成美元兌歐元或披索：外匯交易銀行與經紀商，外匯結算與清算業者，以及匯率訊息傳遞服務如SWIFT（Society for Worldwide Interbank Financial Telecommunication，環球同業銀行金融電訊協會）。這一次，直接成本

就透過海外交易手續費直接加在你身上，另外的隱藏成本就是對你不利的外匯「價差」，存在於你購買美元時的價格，和銀行取得美元時花費成本之間的差距。這些大多隱而未顯的成本加總起來，單筆交易可能達8％，這些是在向法國咖啡廳老闆或墨西哥飯店老闆徵收費用之外，從你的口袋掏出來的。

如果這對個人來說像是煩人的累贅，想想對整個經濟又是何等負擔。從信用卡和記帳卡付費平均估計2％的手續費推斷，再根據約占全球市場87％的威士及萬事達卡，於2013年處理的支付金額高達11兆美元估算，我們判斷這些營運成本這一年要花掉商家2,500億美元。受益於全球電子商務爆發，預測這個數字在2013年到2017年將增加一倍，整體支付卡金額每年將增加約10％。加上詐騙成本，可以看出這個全球支付系統「齒輪裡的細沙」對發展、效率及進步代表什麼樣的妨礙。

1.5%的GDP，只為保護現金系統

當然，有幾十萬人受雇於世界各地的銀行、支付處理業者與信用卡公司，以便維持這個體系運轉。我們需要這些中間人，因為世界經濟仍舊依賴這個系統，要以數位方式將資金從一個人寄送給另外一個人，就不可能不借助獨立第三方驗證顧客身分，並確認他們有權利動用帳戶裡的資金。他們協助建立對制度的信任，而這正是價值交換賴以維繫的基礎。如果我們能找到方式執行這些交易，又不用信任那些中介機構，那將有大批人失業。那麼廢除這個體系，就不是對社會的每個成員都毫無

代價了。但更重要的一點是，藉由移除這些體系及他們為自己勞力付出收取的費用，改由個人報酬其他人提供的商品或服務，而無須讓一大堆金融機構分一杯羹，我們也能騰出資金投資新事業、新產品，以及新工作。

　　為了讓現有體系發展，我們允許威士和萬事達卡形成實質的雙頭壟斷，任由兩大機構及其銀行夥伴的力量操縱市場，韋德布希證券（Wedbush Securities）負責支付系統的分析師魯利亞（Gil Luria）如此說。那些卡片相關公司「不但為自己榨取非常可觀的費用，還建立了一個市場，讓銀行也能自行多收取費用。」他說。除了美國運通是獨立銀行運作，全球前十大信用卡發卡公司都是大型跨國銀行，如巴克萊銀行（Barclays）、匯豐銀行（HSBC）、富國銀行（Wells Fargo），以及花旗銀行，均根據聯盟以及授權協議，透過威士或萬事達卡發卡。同樣這些銀行，也在收單銀行的許可之下和發卡公司合作，以便處理如星巴克等商家收到的款項。這就是兩大公司與銀行業夥伴壟斷全球支付系統的方式。也是他們為自己的運作制定規則的方式。

　　整個電子支付的結構建立在一項假設，銀行應該放在全球資金流動的中段。就我們所知，經濟學家將銀行創造的借款視為創造私人財富的基礎；他們說，沒有這些借款，現金就只是在經濟體內流通，不會有創造信貸的倍增效應。每當你在購物時刷信用卡，就是參與那樣的財富創造。問題不在借款本身，信貸是經濟不可或缺的潤滑劑；問題在於清算債務的系統太複雜。把信用卡交給星巴克，與其說是將錢轉出去，倒不如說是在你、你的銀行、星巴克的銀行，與星巴克之間，建立一連串的

借條。要是再加上支票與電匯轉帳,信貸與借款接連不斷的分攤與抵銷,就讓銀行每天都有龐大的餘額可以核對和結算。而這些業務又會牽涉到更多服務供應商;票據交換所,清算機構,看管用於保證貸款的擔保品的保管銀行,以及兜售短期投資與貸款的貨幣市場交易員。在美國,這種連結成網的流程是由聯準會的聯邦調撥系統(FedWire)協調,每天處理的銀行間電匯金額有3.5兆美元。

而支持這些交易業務的基礎,是傳統經濟支柱與國家權力的象徵:鈔票和硬幣。監管單位如美國的聯準會、歐元區的歐洲央行、英國的金融監理總署(Prudential Regulation Authority),要求銀行維持最低比例的現金存款儲備,以防存戶要求索回資金。銀行部分準備金讓銀行得以再借出資金,並「創造」由信貸帶動的私人財富,意思就是經濟中的債權金額其實是那些現金餘額的許多倍。不過,法令要求金融體系內要有一定比例的現金維持不動,以承擔那些借款。

總而言之,我們的高科技「電子」支付系統仰賴的是最低數量的紙鈔,而那些紙鈔必須保存在有警報系統、安全警衛、裝甲車等配備的金庫。萬事達卡執行長亞傑・班加(Ajay Banga)表示,保存及分送這些現金需要國家付出0.5%至1.5%的GDP。他也估算若是推及全世界,金額將高達1.4兆美元。班加丟出這些龐大的數字,力爭進一步發展電子支付,而且想必是在萬事達卡網絡之中運作的電子支付。但我們已經看到,目前設計的那個笨重系統,和向來要求分一杯羹的傳統銀行體系密不可分。

打破以銀行為中心的支付模式

隨著時間推進過了2013年，逐漸有零售業的先鋒發現加密電子貨幣成本較低、支付系統更快速的優點，開始簽約加入由矽谷資助的比特幣新創公司提供的支付處理服務，如BitPay、Coinbase及GoCoin。這些公司推銷新的模式，打破商家對前述以銀行為中心的支付系統模式的依賴。這些服務向商家收取的月費占交易成本的比例，遠低於信用卡交易收取的費用，而且能提供迅速有效率的線上或站上支付。

在這些新案例中，顧客使用比特幣付款，但商家可以選擇接受美元或是本地貨幣。這樣的做法之所以可行，是因為那些較大型的比特幣支付處理業者吸收比特幣，之後靠著在數位貨幣交易所積極交易來管理風險。

因為有這樣的選項，所以不乏商家接受。省錢的是他們而不是顧客；到現在還是很少有商家選擇將省下來的成本轉讓給購物者。很多人認為反正沒什麼可損失的，因為顧客還是可以自由選擇以信用卡、記帳卡、現金，以及所有其他與傳統體系相關的支付方式。因此有些知名的美國企業現在將比特幣加入支付選項。從2013年底到2014年夏天，線上零售商Overstock.com、美國職籃沙加緬度國王隊、有線電視公司迪許網路、戴爾電腦，以及旅遊網站智遊網（Expedia）等公司，都加入接受比特幣的商家名單，根據新聞網站*CoinDesk*計算，這樣的商家到了2014年6月底已經達六萬七千萬家。

比特幣推銷員現在的挑戰，不在是說服商家接受加密電子貨幣的好

處，而是說服顧客。截至目前為止，成果有好有壞。好消息是數位錢包的採用狀況，也就是收發比特幣所需的軟體，呈穩定擴大；在我們寫作之際，兩大供應者 Blockchain 及 Coinbase 的用戶數各自逐步突破兩百萬。Blockchain 的共同創辦人彼得・史密斯（Peter Smith）表示，被歸類為「活躍」的帳戶數量大得驚人——「比你想像的要多很多。」他的語氣神祕。壞消息是其他數字，特別是整個網絡的交易量疲弱不振，顯示許多用戶只是在邊緣摸索。以 2014 年的前八個月來說，每天約有 5,000 萬美元在比特幣網絡中流動（有部分只是比特幣交易為了會計計算而設計的「變化」），相較之下，威士與萬事達卡 2013 年每天總計處理 300 億美元。以交易數量來說，比特幣的每日中值大約為 6.5 萬，雖然已經是兩年前的十倍，但從比特幣兌美元價格暴漲至高點，走勢似乎也從驟增至 10 萬美元以上的高點進入高原期。再說，這個數字比起信用卡交易只是九牛一毛。此外，還不清楚這些往來業務有多少是交易，多少是真正的商務。前者的交易主要是投機性質，而且我們很快就會看到，這種交易相當具有破壞性。唯有真正的商務交易能清楚證明比特幣被當成貨幣使用。

我們已經討論過，設計讓比特幣作為貨幣更有吸引力、也更方便使用的創業活動略有增加，這點將在第七章更深入探討。他們努力的成果有些已經推出，並不斷更新，比如：以智慧型手機為載體，更方便使用的錢包讓支付更容易；更好也更值得信賴的線上交易所，可進行比特幣買賣；比特幣 ATM 方便一般人用當地的貨幣兌換；禮物儲值卡以及其他花招，供比特幣持有人向不接受加密電子貨幣的大型商家購買商品，

如亞馬遜；以及儲入比特幣的記帳卡等工具，可用在一般銷售點的刷卡機和銀行的 ATM。

但如果新興科技的誘因不夠強烈，是無法驅使眾人加入的。目前那些優點對美國或歐洲等地的人還不夠顯著。除非他們仔細思考前面描述的所有隱藏成本，並認為自己是行動主義者，試圖領導世界走向對所有人更有效率、更公平的體系，否則一般顧客無法體會比特幣節省的成本。因為那些成本至少是直接由商家承擔。有些聰明的支付處理業者，例如加州克魯茲的 PayStand，就找出幾種方法供商家選擇，將交易成本省下的部分轉讓給比特幣顧客。如果這種做法盛行，成了有競爭力的工具，就能刺激更多人使用比特幣支付。不過目前終端使用者還看不出使用加密電子貨幣有明顯優於信用卡的地方。他們反倒更關注風險，而這方面則有兩大主要風險。

「真的安全嗎？」

第一是安全性。別忘了，比特幣的作用非常類似現金。一旦寄送出去，就是送出去了，沒有辦法要回來，沒有像信用卡公司發現商家把東西賣給盜刷的人時，強制要商家退單。和現金一樣的是，如果你的比特幣被偷了，那就是被偷了。你沒有辦法要回來，當然，除非那個小偷被抓到了。

怎麼會弄丟？如果將開啟指定給你的比特幣位址最重要的「私密金鑰」或密碼洩漏給別人，那就有可能。如果你將比特幣放在「熱錢包」

（hot wallet），也就是置放在連結網際網路的電腦上，駭客可以透過連線進入，取得你的私密金鑰，並偷走比特幣。更重要的是，如果失去解開離線存放在「冷錢包」（cold wallet）比特幣所需的私密金鑰，或是忘了熱錢包的密碼，而你又是唯一擁有這些資訊的人，那也無從找回你的比特幣，這跟丟了也差不多。如果你使用的服務是只由你獨自保管密碼，例如比特幣核心發展團隊提供的一般錢包，或是Blockchain.info的產品，就有這種危險。

這些聽來十分嚇人，尤其是比特幣錢包能夠存放的價值，遠比塞進一般錢包的現金高出許多。但也別忘了，駭客和盜用身分在信用卡系統也是司空見慣，詐騙的數量加總起來遠高於比特幣。此外，只要幾個簡單的預防措施，別人要駭進你的比特幣數位錢包就難上加難了。你應該用字母加數字的密碼，並加上透過智慧型手機或手機簡訊的雙參數驗證服務。如果持有的比特幣相當多，可以將大部分轉到「冷錢包」，並將私密金鑰記在紙上，放在安全的地方，日常使用的少量錢幣則放在「熱錢包」，並將方便取得的金鑰儲存在電腦裡。

所幸，比這些更精密複雜的解決方案一直在開發中，能加強保護但又方便使用，且減少遺失金鑰的風險。其中包括多重簽章（multiple signature）錢包，就是在至少三個由不同個人或機構持有的可能金鑰中，至少需要用到兩個金鑰才能發出比特幣。有些新事業也提供高度保全和保險。最著名的以Circle Financial及Xapo為代表，這些新創公司提供的是結合錢包與相當純熟的保管服務。目前這些公司並未收費支應保險與保安的成本，寄望能吸引到足夠的顧客，並在其他地方支付費

用，例如買賣比特幣；或者隨著使用人口愈來愈多，他們也將得以發展出有利可圖的商家付費服務。但整體而言，這些嘗試必定會將成本加回到比特幣經濟中，更別說對「受信任第三方」有一定的依賴。那是比特幣諸多發展領域中，部分商人提倡以務實做法鞏固大眾信心的領域之一，另外一個則是監管，然而這樣勢必要犧牲去中心化模式背後的一些哲學性原則。當然，這不為比特幣純粹主義者所接受。

不過，在安全問題解決之前，比特幣遭駭的故事仍將持續傷害比特幣的形象。一個月似乎至少會出現一次新的報導，指出價值幾千美元的比特幣被盜。Bitcoinica兩次遭駭客入侵而損失將近50萬美元的比特幣之後，其他地方的竊案也層出不窮：有駭客劫持網際網路服務供應商的電腦，偷走礦工價值8.3萬美元的比特幣；有個希臘的殭屍電腦網路利用臉書，以惡意軟體感染二十五萬台電腦，偷走比特幣；Mt. Gox自稱三年遭到兩次駭客攻擊，最後損失65萬比特幣。2014年8月，幾十位名人的裸照被公諸於世的駭客攻擊事件，比特幣也受到牽連。雖然這次是蘋果iCloud服務的帳戶安全防護遭到破壞，但是駭客要求以比特幣買回那些照片，也讓人對比特幣這個數位貨幣產生負面聯想。大眾原本就對不熟悉的科技心存警惕，這又是另一個危險訊號。

不過，我們需要換個觀點。你大可以解釋說，傳統支付系統確實較比特幣容易有詐騙。那是因為信用卡網絡與銀行系統需要分享個資，這就滋生身分盜用，有時候甚至是大規模的盜竊，例如2013年12月標靶百貨（Target）遭竊1.48億美元，以及後來家飾零售商家得寶（Home Depot）遭駭客入侵，初步估計2014年8月有五千六百萬筆信用卡盜

刷。規模小一點的類似竊盜屢見不鮮。不同於比特幣的是，傳統體系一開始的收費是由商家承擔。除了遺失信用卡的不便，消費者不會注意到這筆負擔。只是正如我們前面討論過的，最後這些是以較高的價格和利率轉嫁到消費者身上。比特幣玩家如果打算適度鼓勵一般人使用比特幣，那在教育眾人認識那些隱藏成本，就必須做得更好。

顯而易見的疑慮：價格波動

另外一個重大疑慮則是價格波動。沒有人願意每個星期去雜貨店，卻看著帳單的變動達10％甚至更多，只因為計價基礎的比特幣匯率波動起伏。我們生活在以比特幣為主的經濟之前，意即以比特幣為報價的記帳單位之前，這種匯率波動對使用比特幣付款及收款的人來說，是日常生活中不可避免的。就拿美國一加侖汽油的平均美元價格，和2013年9月到2014年3月底止的七個月期間的比特幣價格相比。這段期間的最初三個月，看到以比特幣計價加油帳單重跌90％，但是接下來的四個月卻又跳漲50％。相反地，同期間以美元計價的汽油價格，漲跌幅度不超過12％。

從第二章提到的「金錢貨幣」教科書三段式定義推斷，貨幣若是要正常發揮交換工具（medium of exchange）的作用，必須表現出價格穩定度——另外兩點是證明自己是可靠的價值儲藏（store of value）及公認的記帳單位（unit of account）。目前的比特幣很難跟必要的價格穩定扯上邊。那是比特幣兌其他貨幣波動造成的直接結果。紐約大學教授大

衛・葉麥克（David Yermack）就比特幣兌其他各種貨幣與資產的價格表現進行廣泛研究，總結出將比特幣視為商品要比視為貨幣更恰當。他發現，比特幣不僅兌美元的價格波動劇烈，兌其他主要貨幣如歐元、日圓、或瑞士法郎，甚至是黃金價格，也沒有顯示強烈的正相關或負相關。兌其他價值衡量標準缺乏可預測的模式，使得商人或投資人更難設計出有效的避險策略，以免有損手中的比特幣部位價值。雖然擁有黃金可以規避美元下跌的風險，但我們還不清楚買什麼可以保護自己不受比

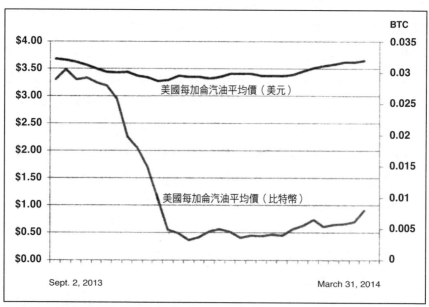

加侖汽油每週美元及比特幣價格變化

——來源：美國能源資訊局（EIA），CoinDesk

THE AGE OF CRYPTOCURRENCY

特幣下跌的風險。

這不過是換個說法表示比特幣是變動無常的資產。只消看看2013年9月起的十二個月，以美元計算的價格變化表就知道。最開始的三個月，比特幣從129.46美元上漲800％到11月30日的高點1,165.89美元，因美國的監管官員對數位貨幣科技發表友好的評論，加上中國爆出大量投機性買盤。在這個階段，任何持有比特幣的人都會額手稱慶。但若是有人在9月當時出脫比特幣，比如拿錢去買了輛車，可能就會大感失望。市場走揚時，投資股票或其他波動大的資產，出現賣家懊悔是很正常的情況；但是以貨幣來說，你會希望交易的雙方都因為沒有犧牲太多而覺得滿意。說到貨幣，悔恨並非建設性的情緒，因為貨幣畢竟不該被視為投資，而是支付工具。無論如何，在11月高點之後的四個多月，隨著Mt. Gox倒閉及4月初中國當局打壓的消息，價格下挫到344.24美元的低點。情勢到了夏天有些回穩，但不時出現的震盪走勢，即使放在其他貨幣市場，也依然算得上急劇波動。其中包括8月中只在保加利亞交易所BTC-e發生的悲慘「閃電崩盤」，價格在短短三分鐘從500美元重挫到309美元，隨後又反彈到幾乎回到原點。

我們可以解釋說，比特幣的波動暫時無法避免。短時間內很難贏得尊重並獲得廣泛採用為貨幣，這是一段過程，不可能一夕之間完成。隨著過程逐漸推進，比特幣的擁護者表示，只要吸引到的人數夠多，接受比特幣未來可能成為遊走全世界的有效新貨幣，價格也會跟著穩定。值得注意的是，在比特幣出現的這六年期間，無論價格起伏多大，以投資來說，表現都極為出色，因為有愈來愈多人接受這個概念。「貨幣蜜

獾」（the Honey Badger of Money）是粉絲用來形容比特幣從逆境中反彈回升的堅強韌性。即使在2014年初的大幅拋售之後，比特幣依然比2012年底時高了將近四十倍，是2011年12月31日水準的一百倍，也幾乎是早一年之前的一千七百倍。

潛藏價值

批評者如波士頓大學經濟學家馬克・威廉斯（Mark Williams），對比特幣前景抱持強烈懷疑，就是從負面角度看待上漲走勢。威廉斯在一

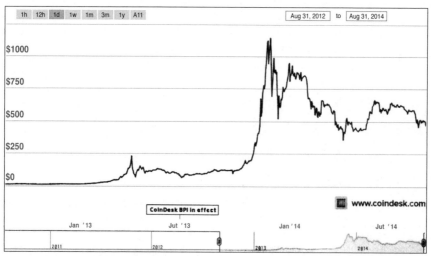

CoinDesk的比特幣價格指數

——來源：CoinDesk

THE AGE OF CRYPTOCURRENCY

次對紐約金融管理局（New York Department of Financial Services）措辭嚴厲的報告中說那是「極度囤積」的跡象，否決了比特幣成為「有用的交易性貨幣」的可能性。但擁護者表示，你不能阻止狂熱愛好者購買並持有比特幣，而且這種投資心態是過渡時期無法避免、也確實有必要的一環。「我不會說囤積是壞事⋯⋯」比特幣中國（BTC China）執行長李啟元說，李啟元親眼見證中國投資人對比特幣極度投機的態度。「一旦價格升得夠高，比特幣也證明是一種價值儲藏，大家就會開始拿它當貨幣使用。」

　　韋德布希分析師魯利亞甚至主張波動起伏是好事，並以這個理由吸引逐利的交易商進入市場。他們的存在有利於發展純熟的交易所和更可靠的機制，用以交換比特幣和法定貨幣；魯利亞表示，注意那些規模較大、較高科技、管理更完善的營業交易所，都是在 2014 年上線，服務日益龐大的華爾街客戶群。理由是這樣的培植累積將導向穩定 —— 這是最後的結果。要了解這個論點，我們必須認清交易商在市場扮演的角色，這一類特殊的投資人是在短期內買賣資產，從價格漲跌中獲利。在做出這些短期賭注的同時，交易商給市場提供特別需要的「流動性」，就是投資人為自己想出售的資產找到買家，或為自己想買的資產找到賣家的容易程度。隨著有更多交易商進入市場，創造更多可能的買家與賣家，流動性提升了，價格也穩定了。只是諷刺的是，最先吸引交易商進場的並非價格上揚，而是波動趨勢，因為這才能創造獲利。如果價格來回波動，交易商可以靠著漲跌賺到更多錢。我們在 1970 年代就見識過這種情況，當時布列頓森林體系宣告失敗，匯率走勢失控，銀行趕緊成

立獲利可觀的外匯交易平台。這些平台漸漸擴張，並發展出愈來愈多複雜的交易工具，提供的流動性豐富到使匯率變得相對穩定。魯利亞想像比特幣會有類似的軌跡。他說比特幣玩家應該「擁抱波動性」，因為波動性有助於「建立支付網絡基本結構與貨幣基礎」，這是比特幣未來需要的。

又有論點說，比特幣要發揮真正的潛力（這裡我們說的是比特幣科技，而非比特幣貨幣），匯率本身並不重要。這種意見是指，將來有一天消費者和企業不會在帳戶中持有比特幣，而是在每當要進行支付時，不知不覺地進入比特幣網絡。比特幣支付處理業者如BitPay及Coinbase，已經藉由將收入的比特幣立刻轉換成美元，為商家規避匯率風險。預料未來將有其他人模仿類似的做法，幫消費者將美元轉換為比特幣，然後立刻送給商家。到最後，我們可能都察覺不到所有交易中段發生的比特幣轉換過程。

不過，還是要有人吸收匯率風險，如果不是支付處理業者，就是參與交易的投資人。在波動走勢平穩下來之前，那些參與者會被收取交易費用，無論是直接收取手續費，還是他們購買比特幣或美元的折價。沒有靈丹妙藥。為了成為大眾低成本、有效率的交換貨幣方式，比特幣的波動性最終必定受到控制，如此才能實現承諾。

直到此時，我們還不清楚情況會如何發展。不難想像比特幣和其他加密電子貨幣會成為這種不穩定的受害者，永遠無法逃脫波動性這個雞生蛋、蛋生雞的問題。此外，隨著2008年倒閉潮的記憶消退，尋找另一種支付模式的必要性也跟著消退，特別是看似如此無法預測的模式。

另一方面，加密電子貨幣顯然有潛力推翻一個龐大笨重的集中式支付系統。

種種分析的問題在於，我們沒有最新的歷史模型，可衡量獨立發行的貨幣該如何演變，更別說這個貨幣還有獨一無二的支付處理系統功能，是去中心化社會關係的通訊協定。大家用來讚美及批評比特幣的標準，諸如「貨幣」、「商品」、「支付協定」沒有一個完全合適。那些特色比特幣都有，但又並非全部。因此，雖然似乎不夠令人滿意，但是有關加密電子貨幣能否挑戰威士與萬事達卡的雙頭壟斷，我們最好的答案就是「也許可以，也許不可以」。

狂飆猛漲的起點：賽普勒斯金融危機

比特幣在2013年到2014年間的價格波動闖進了世人的眼中。諷刺的是，這股上升到新階段的狂熱，甚至超過比特幣問世的前四年，最後卻迫使比特幣的支持者正面遭遇拓荒時期的挑戰，並思考究竟該如何發展成熟。

這股狂熱的起點是在2013年3月，從我們稱為賽普勒斯大跟頭（Cypriot bump）開始。賽普勒斯這個小島國被希臘與土耳其分裂成兩部分，當時因為俄羅斯富人尋找避稅天堂，存款湧入使得銀行現金爆增，於是大舉投資鄰國希臘的債券，卻又因而陷入金融危機。希臘已經成為歐盟中神仙難救的國家，雅典政府才剛被歐盟強迫「修理」投資者，或明文規定損失。歐盟這樣做，是要確保對希臘做風險投資的民間

投資人，也承擔起德國與其他歐元區納稅人承受的部分紓困負擔。過度槓桿操作的賽普勒斯銀行則是遭到池魚之殃，此時又面臨一家由俄羅斯存款大戶經營的銀行恐嚇威脅。

同樣不願意紓困俄羅斯寡頭政治集團的德國及歐盟夥伴，公開支持一項神奇的解決辦法，就是讓賽普勒斯政府凍結存款，並徵收10％支應銀行紓困。這個史無前例的措施引起全世界嘩然。「如果他們能在那裡做這種事，在任何地方也都做得出來。」一個以髒話連篇的YouTube影片出名的倫敦計程車司機馬克·麥高文（Mark McGowan）怒吼道，他以chunkymark的綽號在影片中就時事話題大發議論，全都是在他的計程車上發表。有關賽普勒斯的這番批評更是他的經典之一。如果他們能在那裡做這種事，在任何地方也都做得出來。他不是唯一這樣想的人。

突然間，比特幣的「價值主張」清楚了。政府或許可以從當地的銀行帳戶拿出你的錢，但碰不到你的比特幣。賽普勒斯危機引發資金爭相湧向比特幣，此時比特幣被視為可免除各地政府徵收威脅的避風港。比特幣的價格從2月底的33美元升至4月9日的230美元，總市值首次突破10億美元，但也開啟所有金融資產都未曾見過、長達一整年的瘋狂走勢。

後來就是一些壞消息了。麻煩不斷的Mt. Gox出現新的技術問題，這次迫使它在4月11日暫停交易兩天，之後又演變成更大的法律問題。比特幣價格在4月16日重挫到68美元，似乎探到底部；只不過一個月後，美國政府凍結Mt. Gox的美國銀行帳戶，初露華府有意管制這個毫

無法紀新數位貨幣的端倪。整個夏天，價格略有回穩，「只」在65到130美元的區間內擺蕩。

而後，美國執法機關第一次出現在加密電子貨幣的事件中。2013年6月底有報導指稱，在一場外界看來最初是針對絲路的「誘捕」行動中，FBI從毒販手中扣押11比特幣（當時價值800美元）。一個月後，證券交易委員會（Securities and Exchange Commission）對一個名叫夏佛斯（Trendon Shavers）的德州人提告，指控他以pirateat40為名，進行比特幣龐氏騙局。聯邦政府此時認真看待比特幣的態度，令比特幣玩家既驚恐又感到振奮，而這些玩家又分成希望繼續不受法律約束的一群，與另外一群認為比特幣的發展有賴管理規章賦予的合法性，以及打擊犯罪的執法行動。

吸引投資人關注

雖然掃毒以及龐氏騙局的消息，引起主流社會對這個不熟悉的匿名貨幣心生猜忌，但也讓一些還未領會到比特幣可能性的人產生好奇。究竟是在吵什麼？追問導致發現，進而又導向投資。矽谷投資人開始將資金投入新的交易所和數位錢包供應商，還有些名人宣稱自己是信徒。有錢的投資人進場，追隨卡麥隆與泰勒·溫克萊沃斯（Cameron and Tyler Winklevoss）的腳步，這對雙胞胎兄弟因為和臉書創辦人馬克·祖克柏（Mark Zuckerberg）對簿公堂而出名；他們4月時宣稱取得大筆比特幣，當時價值1,100萬美元。隨著比特幣價格一路上漲，溫氏兄弟的

投資讓人覺得時機確實正好。甚至10月2日爆出消息說，FBI逮捕疑似絲路網站的幕後主腦，化名恐怖海盜羅伯茲的羅斯‧烏布利希，並扣押當時價值360萬美元的2.6萬比特幣，也沒有讓熱潮退燒太多。價格從9月底的125美元升到一個月後的198美元，雖然10月26日有傳言說，FBI從絲路的行動中另外又繳獲14.4萬比特幣（當時價值2,800萬美元）。

但之後到了11月，在翹首以待的參議院聽證會結果刺激之下，情況變得十分瘋狂。雖然財政部金融犯罪執法局（Financial Crimes Enforcement Network, FinCEN）主管珍妮佛‧夏斯基‧卡爾維利（Jennifer Shasky Calvery）就比特幣產業需要遵循的規則宣布新指導方針，但她說她的部門「意識到虛擬貨幣提供的創新，以及可能給社會帶來的益處」。她基本上傳達了華府的善意祝福，這是比特幣國度歡欣慶祝的理由。歡樂慶祝最明顯的表現莫過於價格，在11月30日突破1,150美元。

這些對於持續在電腦累積比特幣的礦工都是好消息。但他們的活動正在改變，迅速變得工業化。2013年1月，人稱南瓜張和郭義夫的兩名學生創立一家叫做阿瓦隆（Avalon）的中國公司，開始供應採用ASIC晶片、專門用來挖礦的新電腦主機。接下來的幾個月，更快、更耗費能源的ASIC機器問世，激起礦工間無止盡的軍備競賽，追逐數量有限的新發行比特幣；到了那一年年底，贏得競賽且維持有利可圖的唯一方式，就是建立數據中心式的龐大礦場。比特幣演變成全球性事業，它的擴張是由價格上漲帶動的。

價格上揚產生「比特幣大亨」（bitcoin barons），這些人很多都是二十多歲，躍身為這個乍然興起產業的代表人物。在這關鍵時刻，《彭博商業週刊》（*Bloomberg Businessweek*）在2013年4月10日刊登一則報導，文章標題為〈認識比特幣百萬富翁〉（Meet the Bitcoin Millionaires），搭配的照片有比特幣交易所Tradehill的創辦人肯納、BitInstant的施瑞姆，以及阿瓦隆的郭義夫，全都三十歲不到。其他乍富的比特幣玩家也開始在新聞出現：例如比特幣耶穌羅傑‧維爾，之所以會有這樣的綽號，是因為他熱衷於發送比特幣做推廣；還有馬克‧卡佩雷，這個法國人主導的Mt. Gox發展成雖然逐漸崩毀、但實質為壟斷的事業。另外還有一些地位更為顯赫的比特幣支持者，包括溫氏兄弟及網際網路先驅傑瑞米‧阿萊爾。這些人有的成為比特幣研討會的常客，而那些研討會已經從早年的低成本活動，變成在拉斯維加斯、阿姆斯特丹，以及多倫多等會議中心濟濟一堂的盛大活動。

各國政府開始干預

到了12月，1比特幣超過1,100美元，總市值接近140億美元。但是就在那高峰頂端之際，狂歡派對曲終人散的信號從中國傳來。中國的投機客在推升比特幣價格中扮演關鍵角色，主要是透過李啟元的比特幣中國（BTC China）交易所，該交易所的交易量甚至一度超越Mt. Gox。比特幣玩家對中國寄予厚望。對一個有超過十億公民，依然只對自由市場部分開放，且政府嚴格控管寄往海外資金數量的經濟體，比特

幣或許可提供變通方法。中國官員似乎不在意；他們不曾說過什麼。然後突然間傳出消息，中國媒體也適時報導，指中國人民銀行不滿銀行和中國的比特幣交易所打交道。規定的含意曖昧不明，但足以把人嚇跑。比特幣的價格開始下跌。

到了2014年1月，價格跌到770美元。從二十九天前的高點下跌超過35％，這個幅度如果是美元兌日圓，可算是歷史性的跌幅了。但是對11月中或更早之前買進比特幣的人來說，他們的身家沒有受到太大影響。所以當這個社群1月底在邁阿密召開比特幣研討會時，氣氛依然熱烈。只是情況隨即生變。

研討會的隔天，《彭博商業週刊》上「比特幣百萬富翁」之一的查理·施瑞姆，也是西雅圖企業團體比特幣基金會的副總裁，在阿姆斯特丹參加支付研討會後，返回紐約時遭到逮捕。這位備受矚目又敢言的二十四歲青年，被指控協助絲路的毒販透過他的BitInstant服務洗錢。施瑞姆起初不認有罪，但七個月後同意，就協助教唆無照轉帳這一項較輕微的指控認罪。在本文寫作之時，他仍未判刑。雖然施瑞姆被軟禁在布魯克林的雙親家中期間，繼續在社群裡扮演大膽敢言的角色，但是對一個曾被視為社群發言人提出指控，還是給比特幣留下另一道汙點。

情況雪上加霜。Mt. Gox自從美國的銀行帳戶被扣押之後，財務陷入窘境，也不再讓人提領美元，等到宣布也不再讓顧客將比特幣寄往海外時，那就觸到底線了。Mt. Gox責怪比特幣的核心軟體有漏洞，但這項指控遭到開發人員駁斥，對方懷疑是Mt. Gox的執行長卡佩雷在推卸責任，結果卻發現確實有漏洞，讓駭客有機可乘，在他們企圖以數千筆

偽造交易取得詐騙付款時，幾乎讓整個網絡陷入停擺。另一方面，Mt. Gox漸漸失控。無論問題出在哪裡，它都無力解決，於是在2月28日宣布申請破產；另外又披露令人震驚的消息，表示該公司遺失的85萬比特幣，其中為數65萬為顧客所有——沒了[1]，就是這樣。這筆數量在當時價值約為5億美元。客戶又驚又怒。一般大眾茫然不解。投資人則一窩蜂拋售比特幣。

世界各地有更多政府開始制定程度不一的法律，其中包括俄羅斯和澳洲。除了最教條主義的比特幣玩家，對大部分的人來說，問題不在於是否應該有管制，多數人都看出承認比特幣的重要性有正面效益，認為極有可能打消使用者的疑懼；問題在於管制過度是否會限制創新。中國在4月頒布更為正式的規定，禁止銀行跟比特幣業務有任何關係，又強化了原先的疑慮。除此之外，美國的比特幣交易所不容易在銀行開立帳戶，因為銀行對於跟他們打交道戒慎恐懼，使得產業中一些重要參與者少了關鍵的財務救生圈。4月11日，比特幣價格觸及盤中低點344.24美元，還不到四個月前高點的三分之一。有些人在猜，這就結束了嗎？

遠比中國更大的隱憂或許是在華府或紐約，那些監管人員有絕對的權威可宰制加密電子貨幣的發展。因為美元具有全世界主要儲備及商務貨幣的功能，使得美國的金融體系成為一切的中心。美國國稅局（Internal Revenue Service, IRS）提出眾所期待的規定，宣稱比特幣並非貨幣而是資產，因此要課徵資本利得稅。雖然這對加密電子貨幣狂熱愛好者不是最糟糕的宣告，但確實讓使用者傷腦筋，因為根據國稅

1. 後來Mt. Gox管理階層宣布找回屬於自己的20萬比特幣，遺失總數下修為65萬。

局的初步方針，使用者必須記錄他們花費的每一個比特幣，以判斷他們購買之後究竟是賺還是賠。許多人擔心這又給主流使用者提供藉口，對比特幣敬謝不敏。另一方面，紐約州金融服務管理局（New York Department of Financial Services, NYDFS）擬建立 BitLicense，管理數位貨幣業務並解決有關資金撥付執照一些模稜兩可的問題。雖然金融服務管理局主管班傑明‧勞斯基（Benjamin Lawsky）在 2 月聽證會期間，形容這項計畫是管制比特幣、但不打擊創新的積極做法，但他在 7 月公布的草案卻令比特幣玩家大失所望。草案似乎比預期更加嚴苛，立刻引發比特幣社群一致的強烈反彈。勞斯基表示他願意改變部分條款，而且有些地方是遭人誤解了，但是在我們寫作之際，還不清楚會有什麼樣的改變。

對這一長串壞消息提出解方，將比特幣混亂的無政府狀態加以控制的，並非只有管理單位。許多更有商業傾向的創業家，也想盡快走出 Mt. Gox 年代。這讓那些將比特幣視為個人理想目標的激進反政府人士無法接受，但確實如魯利亞的預測，激發一些在商業交易領域的創新。有華爾街背景的各類公司著手建立高科技交易所，配合一些如避險基金之類的精明投資者，而這就嚴格要求遵守傳統的法規程序了。他們認為，這些或許能解決因 Mt. Gox 引發的信心流失。但是一直到上了線，交易情況依然清淡；也就是說，這些引進比特幣交易的創新，有些原本可能有助於促進買賣雙方的雙向流量，但在恐慌時期會可能只會誇大單向的動態。其中包括一些中國交易所使用的高頻率、自動化交易「機器人程式」，香港交易所 Bitfinex 引進的保證金交易工具，供顧客融資購

買比特幣、期貨工具，以及做空比特幣。勞斯基不得人心的BitLicense提案引發的憂慮氣氛中，那些急切的交易策略加上流動不佳的市場，以及8月市場多次暴漲暴跌，重新引發眾人對波動性的疑慮；直到夏季結束前，價格回穩到500美元左右為止。

歷經種種高低起伏、歡喜焦慮，比特幣繼續發展自己的生態系統。許多商家舉手接受比特幣。有愈來愈多人開了錢包（在我們寫作之時，已超過五百萬組）。採用率擴大的故事，給占據2014年主流媒體版面的犯罪、不稱職，以及監管機構打壓的印象，提供令人印象深刻的對比。

另一方面，加密電子貨幣技術的創新動力不減。真要說的話，腳步甚至加快了，因為全世界的開發人員日益著迷於這種徹底破壞經濟的創新前景，以及未來獲利的預期。開發人員不僅投入開發許多新服務，讓人更方便以比特幣買賣和交易，科技迷還發想出新的「比特幣2.0」計畫，期望將經濟的每個角落都去中心化。這不過是標誌著許多人對中本聰的核心發明「區塊鏈」，及其無數潛力逐漸萌生的崇高敬意。區塊鏈是比特幣機器內部的機器。下一章，我們將深入內部。

第五章

足以改變世界的發明──區塊鏈

> 「對金錢的熱愛會隨著金錢增長而擴大。」
> ──尤維諾（D. J. Javenal）

前面曾提到，有個大問題困擾早期的加密電子貨幣發展：我怎麼知道寄來電子貨幣的人，沒有也同時寄給別人？我沒有辦法像檢查紙鈔一樣，檢查浮水印、磁條，或紙張的纖維。這裡面潛藏的「重複使用」威脅，是數位貨幣的一大弱點。中本聰解決了這個問題，他不是加強貨幣的安全性，而是借用在社群科技、國家貨幣論者認為是貨幣真正本質的信用、借記和餘額等系統的真正突破。區塊鏈，是充當比特幣中樞神經系統最重要的總帳，也是中本聰的傑出成就。雖然本質屬於科技，但反映了對金錢與社群心理的重要洞見，以及需要創造何種規則，讓個人的行為能從團體的利益出發。

建立信任感的中樞系統

我們暗示過加密電子貨幣的最大優點之一，就是去中心化。什麼意

思？這就歸結到使用完全公開的共同總帳了。

　　貨幣系統至今都是建立在集中式的保存總帳，不管是由銀行還是由央行以超級經濟體的總帳運作。這就給無從信任彼此究竟誰欠誰多少的社會，提供效率和安全性。不過問題一直都在於，這個模式賦予那些中央記錄保存者太多權力和太多利益。難題就在於找出折衷解決辦法，以值得信賴的去中心化系統記錄社會的帳款進出，以免失去集中化所能達到的效率及安全。

　　為了建立一個比較不集中的系統，必須設法將共同分擔的維護記錄工作，指派給一群互相聯繫的個人或機構，並給他們一些履行責任的獎勵。還需要確定他們管理共同總帳的方式，不會被個別保存記錄者竄改並引入難以察覺的錯誤。最後，必須灌輸整個團體對規定的信任感，或者至少相信設下的障礙足以防止不良行為發生。

　　預先警告：這一切如何運作的核心本質可能有些複雜。選用的數學概念是大多數人並不熟悉的。解決方法之一，就是承認你真的不需要了解加密電子貨幣的運作。我們也都不了解內燃機究竟是怎樣運作，但還是會開車並將家人交託給汽車的機械作用。很有可能你無法正確解釋美國銀行體系的運作，但你還是把自己的錢交付給銀行。即使如此，如果這個未經測試的新貨幣制度潛在使用者，願意了解內部結構系統，那也無可厚非，甚至值得嘉許。這正是我們選擇寫這本書的主要原因，或許也是你拿起這本書的原因之一。所以，我們趕緊繼續吧。我們會慢慢來，盡量做到最深入淺出的解釋。來吧。

完全公開的公共總帳

　　首先，為了了解中本聰設立的基準模式，我們借用軟體工程師布里克曼（Yevgeniy Brikman）提出的概念。這個概念源自第二章提到的故事，有關十九世紀密克羅尼西亞的雅浦社會，怎樣用費石頭追蹤和清算債務。布里克曼寫道，想像隨著貿易與交易業務擴大，雅浦部落已經難以追蹤誰擁有費、誰又欠了費。這下無法判斷一個宣稱有充裕石頭貨幣儲存的人，是否真有足夠的石頭結算債務。在爆發爭執且緊張情勢升高後，部落長老指派一個人負責管理費持有部位及交易的共同書面記錄。但是負責記錄的人開始就登記每一筆交易收費，隨自己高興地偏袒部落哪個成員，犒勞自己的親朋好友。而且他不是唯一利用這個制度為自己牟利的人：首領很快就施壓要他竄改帳簿。

　　最後，一群憂心忡忡的部落成員主動接手處理。他們廢除記錄登記人和他的總帳。改由每個家庭維護自己的帳本。每次有費轉移，付款人就到村子中心向所有人宣布完成一項轉讓；事實上，宣布這個行為就構成支付。每個人會更新自己的帳本，在付款人的帳戶登記一筆出帳，並在受款人的帳戶記上等值的入帳。如果大多數的家庭認同這筆交易合法，其他人也必須服從這項裁決。

　　一直到不久前，要在全球經濟大規模建立這種去中心化系統，仍然無法做到。但是後來網際網路建立了全球即時通訊網路，解決了大部分的問題。接下來的步驟：（一）建立機制，公開展示每個維持記錄者的成果，並維護眾人都認同正確的總帳完整公正；（二）提供適當的獎勵

制度，以便有足夠的個人或公司奉獻資源維護總帳。比特幣巧妙地處理這兩大挑戰。

我們提到過，比特幣的軟體預先設定了，在一百三十年期間持續產生固定數量的新比特幣，發給被稱為礦工的電腦主人，獎勵他們確認交易。當然，這並不表示大家就無法持續使用比特幣，那些比特幣每個都能分割成許多細小的部分。它們還是可以在彼此之間往來分享，價值會隨著市場對它們購買的商品及服務的定價而變動。但是目前發出的這些獎勵，是確認比特幣的公共總帳「區塊鏈」的狀態是最新，且經過維護與保存的。久而久之，隨著新比特幣產生的速度放慢，獎勵制度將轉變成向進行支付的人收取適度手續費酬謝礦工。

比特幣的區塊鏈總帳是一長串的區塊，或是大約同時間發生的交易群組。只要系統持續運轉，這個鏈會無限增長。這種依照時間順序排列的結構非常重要，因為它賦予最早的交易合法性，重點則是在這之後，使用者若企圖重新使用同樣的比特幣餘額，會被視為不合法。藉由將比特幣經濟體每個參與者的花費與收入，建立有時間印記的順序，系統追蹤記錄任何時刻每個人的餘額狀況，以及附屬在每一枚比特幣（甚至每一更小部分的比特幣）創造、花用，或收入的識別資訊。如果詹姆斯用智慧型手機的比特幣錢包應用程式，在帕羅奧圖的Coupa Café買了一杯咖啡，網絡就會接到通知，要求從專屬於他的錢包位址送出0.008比特幣，到一個由Coupa Café的數位錢包控制的位址。這個時候，這筆採購就是等待確認的「待完成交易」（pending transaction）。但是等礦工完成必要的任務，安排新的交易區塊並插入區塊鏈，詹姆斯的這筆交

易和許多同樣在這十分鐘發生的其他交易，就永遠記入總帳了。這就確定他買咖啡的這一筆交易驗證有效且不能取消[1]。

現在我們想像詹姆斯是個高明的專業程式設計師，也知道如何覆蓋電腦用來進入比特幣網絡的軟體指令。他阮囊羞澀又疲憊不堪，於是利用電腦端從他支付咖啡店的帳號竊取資訊，稍後從Overstock.com買了一個枕頭，其實就是打算用自己已不再擁有的比特幣付錢。做完這件事之後，區塊鏈上依照時間順序排列的總帳就會顯示這筆錢已經用過。不行，維持記錄的人會宣稱，他們查證詹姆斯的新交易之舉與永久性記錄相悖，他之前已經用掉那些比特幣了。

在不斷延長的區塊鏈總帳添加的每一筆交易，都會對照現有的總帳查核，之後才給予合法的印記。根據礦工之間對哪一筆交易合法、哪一筆不合法的一致看法，總帳提供不容置疑的證據，證明誰擁有多少、以及收了多少和花了多少。

區塊鏈就是比特幣的一切

為了方便解釋，我們將著重在比特幣的區塊鏈、貨幣創造，以及交易確認系統的運作，只是加密電子貨幣世界存在許多區塊鏈的不同變化。

詹姆斯的那一杯咖啡代表一次交易。系統還必須處理更多工作。

我們提到過，區塊鏈是由比特幣核心軟體協定管理。比特幣網絡中

1.區塊鏈其實不知道、甚至也不在乎那筆交易的用途是用來買咖啡，或者參與其中的是詹姆斯和Coupa Café；區塊鏈需要的，只是和詹姆斯及Coupa Café的錢包相關的特別密碼及識別位址。

的每個使用者從中本聰迄今，都以一、兩套下載的程式指令，告訴電腦或智慧型手機如何與網絡中的其他人互動、對話和合作。區塊鏈並非存在於單一電腦或伺服器，而是像雅浦的總帳保管人一樣，是由電腦擁有人社群，或稱節點，所共有。那些節點包括執行比特幣錢包的機器，錢包是一種軟體形式，提供消費者與企業特別密碼，用來在分配給他們的有限區塊鏈部分，提出改變比特幣餘額的要求（也就是啟動支付）。節點也包括比特幣礦工用來建立區塊鏈及賺取比特幣獎勵的個人電腦，或者以現在來說，更可能是專用的挖礦機（mining rig）。這些節點根據預定的系統共同運作，集體確認總帳的內容合法正當，而且不受惡劣行為破壞。

區塊鏈就是比特幣的一切。事實上，這樣不斷變動的出入帳帳目構成了貨幣本身。比特幣本身並不存在，不是凝視著某種電子容器，就能從中分離出完整的硬幣。比特幣只有在指派價值到一個比特幣位址時存在，這位址就是僅供使用一次的迷你帳號，供個人和企業收發貨幣到其他個人和公司的位址。比特幣並不包含文件或其他數位檔案。在錢包看到的餘額，只是根據進出交易的帳目結算出的購買力淨值。這種模式延伸到區塊鏈，涵蓋所有和每一個比特幣位址相關的出帳、入帳及餘額。這是很重要的區別，因為代表沒有實際的貨幣檔案或文件可以複製或遺失。你對比特幣的權益，是以總帳承認歸你所有的餘額而定。假使你遺失了釋出比特幣所需的密碼，你可能會失去使用那些餘額及轉移餘額給別人的能力，但並非真的失去比特幣，因為它們其實並不存在。

另外很重要的一點：區塊鏈不斷加長的已確認交易記錄是公開的。

這又區隔出比特幣和封閉式電子貨幣系統如Paypal的不同，封閉式系統的總帳是嚴格保密的。利用特別設計的軟體，可以看到進行過的每一筆比特幣交易，最常見的是由和區塊鏈同名的倫敦公司Blockchain提供的免費工具。你只能改變，或要求改變你能用自己的特別密碼進入的部分，但無論何時，你都可以看到其他每一筆交易和比特幣位址。

看著區塊鏈上的那些位址，我們無從辨認它們的所有者。它們看上去就只是一串介於二十六個到三十四個字元的字母和數字。每當有一筆交易發生，就會產生一個位址，而這些位址每個都代表密碼學家所說的公開金鑰。身為這個位址的所有者，你可以自由和圈外人分享並邀請對方在那裡存款。但只有你有權提款，而這需要錢包的協助。你可以這樣做，開一個智慧型手機應用程式連結到你的線上錢包，然後用內建的QR碼掃描，將商家的位址輸入到交易視窗中的對象。接著輸入想要支付的款項金額，按下「送出」，藉此指示錢包軟體從你原先就有的一個或多個位址中，找出足夠的比特幣餘額，並寄給商家[2]。這樣做，錢包的程式能進入我們稱之為私密金鑰的內嵌密碼；每一個私密金鑰只和一個位址連結。利用數學方式結合公開金鑰與私密金鑰（或者以密碼學的術語來說，藉由簽署前者與後者）釋出資訊，這樣一來就等於指示將比特幣餘額，從一個區塊鏈位址轉移到另外一個位址[3]。

這個公開金鑰加密系統類似線上銀行帳號，給沒那麼機密的用戶名

---

2. 有時候比特幣位址網絡的結構是這樣，錢包通常無法一次將正確的金額寄出，而是送出比指定數額更高的金額，同時從收款人那裡扣除一筆較小的金額作為「找零」，再轉帳回給寄款人。

3. 為了有進一步保護，複雜的「多重簽名」(multi-sig) 新錢包需要用到一個以上的私密金鑰，才能釋出比特幣，通常也是由不止一方控制不同的金鑰。但除此之外，這裡描述的結構機制大致相同。

稱用上機密的密碼；這種做法廣泛用在網際網路和金融應用軟體，包括線上銀行及電子郵件；如此一來，大家可以分享特定的資料，卻又不會讓人接觸到所有資訊。這個系統的一個重要特色就是，以目前的計算技術，基本上不可能反向推測公開─私密金鑰而發現私人密碼[4]。但這並不表示外人無法發現私密金鑰，例如對方進入存放金鑰的電腦或智慧型手機。這也是個人與機構防護錢包並保護比特幣之所以重要了。Mt. Gox的遭遇就是沒有做到這一點，至少以他們對遺失65萬比特幣的說法來看。

這種交易記錄的可追蹤性，有助於建立社群對貨幣體系的信任。但是比特幣的這個特色也被執法部門拿來利用，最著名的就是FBI在2013年打擊絲路毒品網路市集時扣押比特幣[5]。不同於信用卡交易是連結到個人的姓名，不但此人的銀行知道，任何能接觸到此人帳戶記錄的人也都知道；比特幣的位址則無法連結到個人。這也是何以有些人會轉用比特幣做些不欲人知的尷尬交易。另一方面，如果公開讓人知道哪個比特幣位址是他們的，那誰都能看到那個位址進出的每一筆交易。因為只出現數字與字母並用的辨識碼而沒有姓名，執法機構無法輕易在這個系統摸索調查。不過可追蹤性讓人有機會順藤摸瓜，追查出用現金時會陷入僵局的情況，再利用傳訊的權力，調查人員理論上可以強迫任何提

---

4. 這裡的「不可能」是指，目前電腦要以「蠻力」（brute force）透過嘗試錯誤的方式發現私密金鑰，得花上幾百年。不過，量子計算（quantum computing）如果執行成功，需要的時間就會大幅減少，如此一來，整個銀行業與資訊系統界大概就得想出另外一套公開金鑰加密方法了。

5. 我們不清楚FBI究竟如何執行任務，但有可能是在絲路網站挑選交易，追蹤那些付款流向，找到用來累積網站服務費的錢包位址。之後透過其他調查方法，FBI可能就宣稱這些位址和主嫌羅斯‧烏布利希有關。這些事件顯示，比特幣並非如中本聰和其他地下商業所想的是匿名的避風港。

供比特幣錢包的機構洩露錢包擁有人的身分。這是為什麼有些人將比特幣視為檢察官更有力的工具，而不是罪犯的掩飾。

這就引來重要的問題。維護個人隱私和允許政府接觸資訊以保護我們，這兩個目標之間一直存在張力。如同網際網路的其他角落，比特幣如果變成主流，它的挑戰將是找出這中間的平衡。它需要保持匿名性的積極面，並對抗惡意行為者用來牟利的威脅。持續讓阿富汗的女性部落客得以在不受干擾下，收到自己投稿的報酬，或者是個人有權利以自己喜歡的形式，合法追求快樂

區塊鏈的運作方式

回頭再說區塊鏈的運作方式。詹姆斯的錢包執行了私密—公開金鑰的簽章，並通知比特幣網絡，他想將0.008比特幣送到一個由Coupa Café控制的位址；但在這個階段，這還是待完成交易。稍後，如果一切按部就班進行，而且詹姆斯的購買行為沒有被懷疑是重複使用，就會獲確認為合法交易，並安裝在區塊鏈上。倘若如此，那筆轉移的資金就不能退回或取消。不像信用卡顧客事後對一筆收費若有爭議，銀行會強制要求商家退款，而且各方也都不能在共同協議之外強迫解除交易，進行第二次退款業務。這是何以比特幣驗證無重複使用情況的系統那麼重要，這就要說到那些勞苦功高的「礦工」了。

在我們看來，比特幣挖礦的說法並不恰當。其實完成的工作本質更像是記帳。

工作在比特幣挖礦行話是另外一個重要字眼，表示比特幣的根本價值並非無所根據，而是來自勞動，而且是辛勤勞動。其實，電腦計算難度是其意義鮮明的特色。難度愈高，真實世界中花在執行任務的資源就愈多，大多是電力。有些密碼經濟學家認為，正是這些投入造就比特幣的真正價值。同樣重要的是，工作量（相當於每人每小時的計算處理量）給予總帳合法性，也代表集體用來確保自己誠實無欺的重大投資。

　　礦工是這樣「工作」的。從詹姆斯指示錢包將比特幣寄給Coupa Café，就是向整個網絡廣播這筆待完成交易，並附上許多重要資訊：雙方指定的錢包位址；日期與時間印記；各種其他細節，如獨特交易碼；以及寄送者可能附帶的其他各色訊息，也許是招呼問候。

　　礦工上場了。每個挖礦節點或電腦蒐集資訊，並縮小成字母加數字的加密字串，稱為雜湊（hash）。就像文件檔案可以「壓縮」，這個流程讓相對龐大的資訊量可以總結概論，縮減成小很多的資料量。雜湊在計算機世界是加密和資料儲存程序不可或缺的一環。你可能看過，卻不知道是什麼。依使用的雜湊演算法不同，這個流程會產生長度固定的雜湊值。以比特幣來說，採用的演算法為SHA-256，會產生總長六十四個取自數字（0-9）及字母（a-z）的字元。想要一探究竟，可以上任何一個雜湊值生成網站，在文字區寫點東西。以下是我們在quickhash.com寫下「我們唯一需要恐懼的東西就是恐懼本身」所產生出來的雜湊值：

f72680b97551fc5eda1b3a33dda55796ba9619b371fdd03f66409f2c49
58c2cb

而我們把前面這一段落的文字全部剪下，貼在同樣的文字區塊，就成了這個樣子：

e52a16c11d5c45b768b1bc87f0c1494799e92c019101562bfb435950b36de17b

　　無論是單一字元還是整本《戰爭與和平》，產生出來的雜湊值都是六十四個字元。但是基本資訊只要有最輕微的變動，例如一個小數點或一個空白，就會徹底改變整個雜湊值。這種將許多資訊包裹到同一個雜湊結構、但每次都有不同結果的能力，使得加密的功能更加強大。很多資訊可以縮減並編成代碼。這個代碼雖然幾乎不可能破解並找出其中包含的內容，但如果有電腦能接觸到底層的數據來源，並準確驗證壓縮這些數據的雜湊值，那就只是小事一樁了。

　　雜湊演算法還可建立很有用的雜湊階層（hash hierarchy），因為它能建立一個架構，讓礦工將同時間發生的交易湊在一起。運作方式如下：礦工的軟體端接下第一筆交易的雜湊值（匯集包含裡面的底層數據），再結合下一筆尚未雜湊化的交易原始資料，形成新的雜湊。兩筆交易的完整記錄此時都雜湊化了。接著挖礦端挑選的下一筆交易又是類似的操作。合併出來的第二個雜湊值就包含兩筆交易的數據，再和下一筆交易的資訊形成第三個雜湊值。隨著接下新的交易，這個流程會持續下去，電腦不斷將所有進來的數據包裹成一個雜湊值，也就是一個代

碼，其底層資訊稍後可順著不間斷的鏈結倒推回去驗證。交易就是這樣包裹到區塊鏈的關鍵基礎成分──區塊。

這一切進行的同時，電腦也在參與競爭／摸彩，企圖搶先「密封」其中一個區塊；也就是說，準備將區塊嵌入區塊鏈總帳，並抱走下次發行的比特幣獎賞。在這之前，網絡不能開始確認最新一輪交易的有效性。每個礦工都以前面描述的方式，各自一再雜湊底層數據，但是網絡還未能查證那些細節。它們的有效性還沒有共識。詹姆斯給Coupa Café的款項仍舊未能確認。找出難題的解答，因此就成了證實交易合法性這重大業務的必要一環。

那些機器加入競賽，並同時快速產生新的可能區塊雜湊值（block hash），將所有數據抓到包裹一切的新區塊編碼，然後連結到前一區塊的區塊雜湊值。勝出的區塊雜湊值必須符合比特幣核心演算法判定為目前區塊的獲選號碼。這樣的比對配合極難做到，因此電腦不斷產生出新的雜湊值，直到正確為止。每次都稍微修正流程以改變讀出（readout），一再反覆嘗試。電腦產生的無數新雜湊值，每個都是在區塊雜湊值包含的其他數據之外，加上一個獨一無二、隨機生成的亂數（nonce）而創造出來的；而區塊雜湊值正如前面提到過的，包含雜湊過的底層交易資訊和前一區塊的區塊雜湊值。每次增加新的亂數會徹底改變產出的雜湊值。值得注意的是，亂數這個字彙是源自路易士·卡洛爾（Lewis Carroll，《愛麗絲夢遊仙境》作者）在一次用到*frabjous*（意思是十分愉悅）時，形容這個字是虛構出來只用一次，可能不會再用的「臨時湊數」用字。高功率挖礦裝置為了贏得區塊雜湊值，創造出來又

THE AGE OF CRYPTOCURRENCY

丟棄的幾十億個亂數也是同樣的命運。那是在茫茫數字大海中撈一根數位的針。

千辛萬苦的嘗試錯誤工作結束時，最終會有一個挖礦節點產生比特幣演算法尋找的區塊雜湊值，這個字串必須有正確數量的0和其他各種條件。做到這一步需要強蠻的計算武力，這也是為什麼具有最快算力（hashing power）的挖礦機，比速度慢的裝置更有機會在每一次區塊競賽中勝出。儘管如此，雜湊運算流程完全是隨機的，也就是說，雖然最強大的挖礦機經常贏得競賽，但也不是每一次都能贏（有個思考方向就是，投資算力就像多買彩券：不保證能中獎，但每多買一張，機會就增加一些）。其實，如果整個網絡的算力維持一定，經由這樣隨機產生字串的數學運算式，在一段時間內，單一節點贏得比特幣的機率，和節點對網絡貢獻的電力應是成比例的。問題是，現在有太多挖礦機加入競賽，卻只發出固定數量的區塊獎品，低功率裝備要贏得25比特幣的獎賞得花上很長一段時間。這是為什麼近來只有最大的挖礦業者加入礦池，根據每個成員貢獻的運算能力，瓜分整體累積的收入，而較小的成員通常每個月只收到一小部分。

礦工被安排解決難題的任務有兩個原因。其一，如此一來挖礦就需要成本，因為所需的計算能力費用高昂，包括使用的機器和電力。這有助於管控挖礦，並在原本是免費的比特幣和獲取比特幣所需的工作之間，建立互惠關係。其次，這創造最後有巨額報酬的競賽，激勵礦工進行確認交易所需要的工作。

難題解決之後，在獲勝節點機器上運作的比特幣軟體，便以區塊雜

湊「密封」新的交易區塊，並指派一個新的區塊編號，接上不斷延長的區塊鏈的最後一個區塊編號[6]。因為前面的區塊雜湊值已經包含在新的雜湊值，最新的區塊以數學上的意義來說，已經鏈結到區塊鏈，就好像一列不斷延伸的拖車又掛上一個車廂。由於雜湊值前面敘述的那種超敏感特質，一丁點的數據變化都會徹底改變輸出結果，這個結構理論上是沒有人可以毀壞區塊鏈歷史包含的任何數據。這樣做會將整件事變成艱深複雜的東西。如此就能防止竄改。

等到剛密封的交易區塊建立好並添加到鏈上，還有重要工作要做：其他礦工這時必須確認裡面包含的底層交易是否合法。沒有經過他們認可，對於區塊鏈裡面的事實就不存在共識。沒有人敢確定是否會有惡劣的礦工把虛構的交易併入區塊。他可以寄送自己沒有權利使用的比特幣（也就是偽造比特幣），而系統會把詐騙行為當成合法的交易接受。其他礦工因此要驗證所謂獲勝礦工的工作量證明，比對該筆交易的數據和其中雜湊的數據，以便驗證其合法性，並查核區塊鏈上的歷史記錄。雖然這似乎是浩大的工程，但參與的是高功率電腦，沒有創造亂數的競賽那麼費力，而且可以相當迅速又省力地完成。接著，其他礦工的確認就會廣播給全網及錢包持有人知道。Coupa Café 這時差不多可以確信詹姆斯的付款是合法的。也很重要的一點是，這樣的確認給予礦工滿足感，知道區塊鏈的最後一個區塊確實合法，意思就是說他們準備好繼續了，如果下一個區塊他們正好是贏家，就能串聯上去。從這裡開始，整

---

6. 在我們寫作的此時，區塊鏈的區塊編號已經進行到318,685，也就是從中本聰挖出創世區塊以來，已經完成這麼多區塊，如果將這個數字乘上十分鐘，換算成時間推算，大約是 2009 年 1 月。

個流程又重來一次。

　　這裡提個重要的題外話：雖然完成區塊和確認流程，意味著至少要等待十分鐘，交易才算清算完畢，但使用比特幣支付處理業者如BitPay、Coinbase，或GoCoin服務的商家，通常會立刻收到顧客的款項。除非是非常大筆的交易，支付業者通常會自力承擔無法驗證的風險。他們這樣做是因為無法驗證的情況或導致這種情況的重複使用非常少見。複雜的「大數據」分析工具也進入市場，包括新創公司BlockCypher推出的工具，讓商家和支付業者可以在幾秒鐘內，衡量該筆交易被接受的可能性，準確度逼近100％。

　　儘管有這些加快速度的技巧，比特幣運算法還是制定了某些規則，長期累積對總帳的信心，並確保礦工得到適度的激勵，只驗證合法的交易。雖然礦工只有在密封區塊並串聯到區塊鏈，才能分配到一批新的比特幣，但要等到在這個區塊上另外再建立九十九個區塊，比特幣通訊協定才會讓這批比特幣用來支付。這樣能確保長久下來，整個網絡對原始區塊包含的交易合法性，達成堅不可摧的共識。這也鼓勵每個礦工要設法確保其他人都做對的事。

　　偶爾會同時發現兩個區塊，這意味著最後會有一個區塊變成「孤兒」，因為整個網絡只能選擇一個區塊建立最長的鏈結。獎勵給孤兒區塊的比特幣會變得沒有價值，而裡面包含的不管是什麼交易，除了那些添入區塊鏈的已確認合法區塊，都得在稍後建立新的區塊時處理。這種將不合法區塊視為孤兒的能力很重要，因為表示整個網絡可以確信，這個依照時間順序排列而不間斷的鏈結，就因為持續不斷，所以代表受到

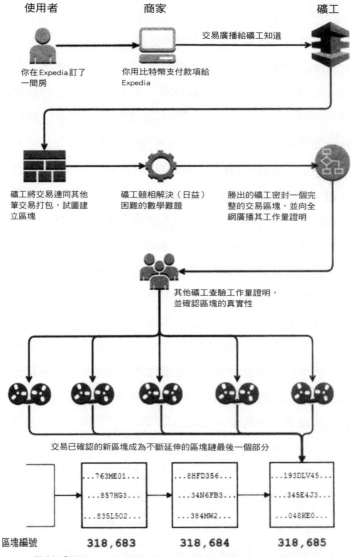

使用者　　　　　　　　商家　　　　　　　　　　　礦工

交易廣播給礦工知道

你在Expedia訂了　　　你用比特幣支付款項給
一間房　　　　　　　　Expedia

礦工將交易連同其他　　礦工競相解決（日益）　　勝出的礦工密封一個完
筆交易打包，試圖建　　困難的數學難題　　　　整的交易區塊，並向全
立區塊　　　　　　　　　　　　　　　　　　　　網廣播其工作量證明

其他礦工查驗工作量證明，
並確認區塊的真實性

交易已確認的新區塊成為不斷延伸的區塊鏈最後一個部分

...763ME01...	...8HFD356...	...193DLV45...
...857HG3...	...34N6FB3...	...345E4J3...
...835L502...	...384MW2...	...048KE0...

區塊編號　　　318,683　　　318,684　　　318,685

區塊都「雜湊」在一起，成為一長串牢不可破的活動記錄；這就是區塊鏈

區塊鏈上的交易確認流程

共識認可的正確記錄。但這也意味著有些交易在充分確認，並加入區塊鏈之前的等待時間更長。

核心角色礦工的報酬

任何人都可以成為礦工，而且都能自由使用任何自備的計算設備參與。中本聰知道，隨著愈來愈多礦工加入獵捕，獎勵條件會強烈到讓人增強計算能力以打敗競爭對手。因此，為了保持一切同步，他將比特幣演算法設定為計算全網的「哈希率」（hashrate），也就是每秒鐘的整體計算能力，並自動調整數學難題的難度，讓區塊更難以密封。如此一來，比特幣獎勵計畫多少就能遵守原來每區塊十分鐘的時程表。這個十分鐘的間隔有些武斷，但藉由選擇一個間隔時間，並設定軟體程式遵循固定的時程表，就能安排這個發行貨幣的時間表一百三十年都維持一致。

以貨幣理論的術語來說，付出的獎賞是鑄幣稅，貨幣發行者不管是君主、貨幣主管當局，還是這裡的比特幣礦工，其利益源自於鑄造社會貨幣的特權。必然的結果就是，成本由社會的其餘部分負擔，因為新的供給會減少現有貨幣的市場價值及購買力。鑄幣稅是不可避免的，總得有人第一個擁有新發行的貨幣。問題在於怎樣做到公平。有些加密電子貨幣的設計者創立非營利基金會，根據特定標準收取分派貨幣的費用，比方說，贈與合適的慈善團體。但這需要一個可以確認又受信賴的創辦人來設立基金會。即使這樣，誰說這樣的分配規則就是公平的？這當然

很主觀。有些設計者將一定的份額，給予正式登記歸屬於特定團體的人，例如國家單位。但這就會產生造假詐欺的可能性，因為每個人可以設置一個以上的錢包，躲在系統的匿名性背後，為自己爭取更多份額。有些則是製造錢幣，並將一部分賣給大眾，將鑄幣稅留給自己，很像政府[7]。通常這種策略需要一些巧妙複雜的手段來維持社會的信心，偶爾用上「燒毀證明」（proof of burn）的策略，就是創辦人定期將持有的部分錢幣轉移到可查驗的廢棄錢包，維持稀缺性並鞏固其他人的錢幣價值。

　　無法確認身分的比特幣創辦人，處理公平問題的方法是借助自由市場的競爭原則。那也是維持雜湊競賽持續不斷的目的之一，這個過程對門外漢來說可能毫無意義。也有點像變戲法。礦工執行任務的唯一目標，就是贏得比賽，賺取比特幣，而且幾乎是在無意識之中，他們同時確認了交易並持續更新區塊鏈。就是在這個基礎上，比特幣的通訊協定決定誰應該贏得鑄幣稅；奠定這個模式的概念在於，接受特權者必須以投入設備、電力等資源做交換，而且他們的電腦必須工作。這又提供賦予比特幣價值的基礎。

　　為了務求獎勵制度確實有些分量，中本聰設計了一套比聯準會規定更嚴格的貨幣政策，其中一個關鍵要素就是每二十一萬區塊就將比特幣發行量減半，大略算下來就是每四年減半。到了 2014 年，每次釋出的比特幣由 2012 年之前的五十枚減半為二十五枚。到了 2016 年將減少到

---

7. 採用這種做法的特別加密電子貨幣計畫設計者，傾向發展去中心化商務應用，而不只是貨幣支付。銷售錢幣的收益用來支付給建立系統需要的開發者。參考第九章。

十二・五枚。這個時程表意味著比特幣是在前期大量發行，前後兩千一百萬的錢幣供給量，有超過一半是在系統存在的前六年創造的。長久下來，這就產生一種稀缺感，理論上只要需求一直保持不變，就能支撐比特幣的價值。

新釋出的比特幣並非礦工獲得報酬的唯一方式。核心軟體也包含收取交易手續費的能力，由寄款人支付。但迄今只有一些類型的交易有硬性規定小額手續費。其中包括碎屑（dust）交易或小額交易，意思就是有必要以反垃圾手續費，防止惡意人士企圖以大量無意義的交易或訊息，癱瘓網絡的阻斷服務攻擊（denial-of-service）；另外就是數據量過多的交易，明確定義就是超過一萬位元組。使用者也可以給自己的交易添上手續費，增加礦工挑選並納進區塊的可能性，由此降低最後確認的等待時間[8]。

隨著新比特幣發行速度繼續減緩，幾乎可以肯定演算法必須稍做調整，將交易手續費變成礦工報酬中更重要的部分，讓他們持續有動機完成工作。等到發行速度在2140年減少到零，交易費將成為報酬的唯一形式。由比特幣基金會的蓋文・安德列森管理的核心開發團隊，已經著手設計一套依據確認等待時間收費的彈性比例，費用將由市場機制來決定。這提醒我們，雖然比特幣是遠比以銀行為中心的集中式系統有效率的付費系統，但也不是免費的。鑄幣稅和交易手續費都代表將價值轉移給運作網絡者。不過，就大方向來看，這些成本怎樣都比舊體系低得多。

由於礦工都對2012年到2013年期間驚人的價格漲幅趨之若鶩，而

---

8. 並不是在同一個十分鐘間隔內發生的每一筆交易，最後都在那一段時間的確認區塊。

且似乎對2014年的價格暴跌無動於衷，潛在報酬依舊吸引眾人用電腦挖礦。即使跡象顯示，因為牽涉到的成本而更難賺到錢，特別是電力成本，但挖礦在計算能力已有十分驚人的提升。似乎始終不乏有人認為，比特幣就像社群中一些人喜歡說的，可以一步「登天」，而挖礦就是他們致富的門票。比特幣挖礦因此進入一場軍備競賽或「哈希率戰爭」，因為礦工引進更有效率的超級計算機，以便在解決比特幣難題時打敗對手。

第六章

追逐比特幣的軍備競賽

「時間就是金錢。」

—— 富蘭克林（Benjamin Franklin）

　　比特幣挖礦一度是密碼學怪客在地下室進行的活動，現在成了大事業。

　　有個英國研究人員粗略估計，顯示直到2014年4月為止的十二個月，礦工集體共投資高達10億美元在新的超高速專用「挖礦機」。參與挖礦競賽的所有人都得選擇是掏錢出來，還是接受愈來愈低的比特幣報酬。依然有錢可賺，只是利潤縮減，而且投資報酬很容易受到比特幣價格急劇波動的影響。

　　正如我們稍早討論過的，從拉斯洛・漢耶茲發現用顯示卡或GPU挖礦比特幣，要比用電腦中央處理器速度快上八百倍，這場競賽就開始了。隨著他的錢幣累積增加，其他已經加入的礦工也起而效尤，改用GPU奪回他們覺得失去的財產。隨著科技迷論壇熱烈討論新方法及發明者漢耶茲用比特幣買的披薩，一波波來自世界各個角落的新手也加入追逐比特幣。

中學生也加入追逐行列

　　其中一個新手是加拿大安大略省的中學生傑森‧衛倫（Jason Whelan），他的兩大熱愛是電腦遊戲及電腦網路。對於後者的興趣將他吸引到線上密碼學論壇，並在2010年秋天，發現論壇突然為了比特幣熱鬧起來。他得知有個叫Mt. Gox的新交易所在那一年稍早上線，意思就是有愈來愈多人不僅在挖比特幣，也在買比特幣，而且價格在攀升——那年10月的價格就上漲超過三倍，從6美分升到20美分以上。因此，為了快速賺錢，衛倫把為了遊戲組裝、搭配兩個超強平行Nividia顯示卡的個人電腦做了些調整，變成比特幣礦工。

　　一開始不太順利。運轉一個月後，他父親問起，納悶為什麼電費飛漲。衛倫全天候執行挖礦軟體的強力雜湊運算程式，但因為運轉過熱，衛倫擔心他的「得意之作」安全堪虞，於是把電腦移到地下室涼爽的角落，以免被他父親看到。可是又有另外一個問題，他鍾愛的遊戲電腦現在完全用在執行這個單調的工作。而且似乎不能讓他變有錢。

　　「我比較想拿新遊戲電腦玩遊戲，而不是看著它在那裡產生一些我不是很了解的神奇貨幣。」衛倫回憶道。於是，他在累積到30比特幣時關掉挖礦軟體端。當時，那筆錢幣價值6美元；等他在2014年5月跟我們說起時，已經價值1.8萬美元。很可惜的是，他的硬碟覆寫過好幾次，又沒有把錢包的密碼和金鑰寫下來。不知道自己用過的私密金鑰密碼，甚至是附加在錢包本身的公開金鑰，那些錢幣可能就此永遠遺失。「我敢說其他像我一樣的人，都會對他們沒有從早期就挖礦而失去的財

富抱著幻想。」他說。

三年後，衛倫已經是安大略理工大學的大二學生，正在攻讀網路與資訊安全，他意外得知比特幣的價格已經上漲到120美元。他開始認真研究數位貨幣，而且根據他對網路日益增加的專業知識，很快就抓住比特幣在社群和科技上的重要性，而這些在他青少年時期並不了解。於是他決心回去繼續挖礦。

說比做容易。在那空白的三年，GPU已經被淘汰。隨著2013年1月出現突破，中國的阿瓦隆交出第一批挖礦用的ASIC機器，市場轉而使用這些專用「挖礦機」，裡面配備的超快晶片原本就是設計只處理雜湊運算。隨著比特幣的價格呈幾何級數飆升，競賽轉為製造更加快速的ASIC晶片以及更有效率的挖礦機。在我們寫作之際，最新的機器零售價約6,000美元，號稱每秒鐘計算三兆雜湊值，或者創造區塊的十分鐘內一千八百兆雜湊值。這個速度大約是中本聰於2009年1月挖出第一批比特幣時，以最快的CPU執行同樣任務的三百萬倍。

不過，儘管挖礦的虛擬世界以閃電般的速度前進，實體世界的工廠和供應鏈卻難以跟上腳步。2013年9月，充斥比特幣輿論界的故事，都是超高端挖礦機的大型製造商出貨長期延誤。可以想像那些人付出4,000美元「預訂」一台蝴蝶實驗室（Butterfly Labs）Imperial Monarch挖礦機，之後卻得等上六個月出貨，明知每多一個星期，比特幣就愈難挖到，同時還有更快的挖礦機問世。總部位於密蘇里的蝴蝶實驗室後來被聯邦貿易委員會（Federal Trade Commission）勒令停業。蝴蝶實驗室並非唯一跟顧客關係緊張尖銳的公司；瑞典斯德哥爾

摩的KnCMiner、美國奧斯丁的CoinTerra，美國華盛頓州班布里治島的Alydian，以及舊金山的Hashfast，都有出貨問題，最後兩家甚至落得破產。許多訴訟指稱那些公司欺騙顧客，收取訂金卻是用來資助自己的挖礦業務。至於業者，則是怪罪零件供應商準備不足。阿瓦隆的共同創辦人南瓜張表示，台灣的ASIC製造商一開始沒有把比特幣挖礦機製造商客戶當一回事。到了2014年中會有出貨問題，也在意料之中了。

　　至於衛倫，解決辦法就是買個二手挖礦機。他從當地的分類廣告花500美元挑了一台蝴蝶實驗室的Jalapeño挖礦機，有點像買了一輛里程數達十萬英里的二手賓士車。即便這台挖礦機的哈希率每秒5 gigahash，遠遠不及市面上最快的機器，但有馬上到手的優點。隨著比特幣的價值穩定上揚，他能愈快開始愈好。

　　衛倫接下來做的差不多就是當時每個中小型礦工做的事，加入挖礦池。這種做法篤定能有穩定的錢幣流入，雖然只有小量增加，但比起不知道要等上多久才能等到的新型挖礦機要好得多。不過他並不覺得這樣的報酬不好。不同於中學時期初次涉足挖礦，這一次他更有學理基礎。「2010年時，我看到的是自己只賺到了多少美元。」他說：「但是現在我抱持新的心態，就算我在美元上虧了錢，以比特幣如此強勁的走勢，我賭它未來會升值。」

有如數位毒販的祕密事業

　　衛倫還有一張祕密王牌：大學支付他的電力費用（這相當普遍；大

學還沒有嚴禁宿舍裡的比特幣挖礦），但他無法控制小小宿舍房間裡，那台奇妙機器不斷散發的噪音和熱氣。於是秋天的幾個月，他一直開著窗戶，還用風扇從外面吸進冷空氣。到了冬天，他關上窗戶，但打開風扇對著書桌上的機器，這樣的組合造成十分嚴重的噪音。另一方面，比特幣價格在12月初竄升到1,150美元以上的高點，是他動工時的十倍。由於對比特幣未來的信心獲得肯定，他又將部分收入另外投資一些挖礦設備，結果又需要另外一台風扇保持降溫。「我覺得自己好像數位毒販，必須照料自己的作物，持續給它們降溫，同時還要避免住戶抗議不斷運轉的機器消耗電力。」他說。

這個嘈雜的祕密事業有利可圖，卻不是非常舒適的生活地點。而且衛倫打從一開始就面對數學上的現實問題，在不斷擴大的網絡中，固定的哈希率所占的比例持續萎縮，全網的計算能力這時候幾乎每個月都增加一倍。他本來已經相當渺小的比特幣收益注定會隨著時間穩定下滑。2014年初春，衛倫考慮向比特大陸（Bitmain）購買二手的螞蟻挖礦機S1（AntMiner S1），每秒鐘可固定運轉180 gigahash。但比特幣的匯率在下跌，那一年的前四個月跌掉三分之二的價值，全網的哈希率卻在飆升。這兩個因素已經快速耗竭機器的價值，因為已經有每秒鐘運轉超過1 terahash的挖礦機。12月時，螞蟻挖礦機零售價差不多是3,000美元；但此時衛倫卻看到有800美元的二手機。心知這快速貶值的情況將會繼續下去，他更弦易轍。

衛倫知道雲端雜湊提供另外一種選擇。這些服務商全力買下挖礦機，安裝在數據中心以便用低廉成本運作，然後將部分算力出租。客戶

則依照自己的付出占整體算力的比例，從所有比特幣營收中獲取自己的那一部分。以衛倫來說，他選擇pbcmining.com的五年合約，將合約價壓低到1.1比特幣，或約600美元。如此一來，「我的耳朵可以擺脫那可惡的機器，也不必擔心它們的貶值。」他說。

　　衛倫這樣做永遠也賺不到幾百萬，但他持續穩定獲利。到了春末，他一個月賺進的比特幣約有200美元，其中50％重新投入到pbcmining.com的算力，比特幣系統會依照全網不斷增加的算力，調整贏得錢幣的困難程度，如果他想在難度不斷提升之際保持領先地位，這是必要的投資。有些人認為這個公式意味著，以許多雲端挖礦合約的定價，顧客是不可能損益兩平的。但衛倫依然相信自己的做法正確。「我或許無法買下一個裝滿比特幣挖礦硬體的數據中心，但我可以產生足夠的比特幣，成為這場革命的一分子。」他說。

　　雲端算力之所以可行，除了其他整體重大趨勢之外，就是合力挖礦（pool mining）了，巨大的數據農場（data farms），成千上百台挖礦機堆疊在倉儲中心，目的是要將算力和能源效率發揮到極致。這些活動通常在寒帶地區進行，減輕空調成本，並利用相對便宜的電力。較受歡迎的地點包括地熱發電的冰島、由華盛頓州水力發電廠供電的地區、煤礦豐富的猶他州，以及大量採用水力、核能，和風力發電，以維持低電費及低碳排放的瑞典。並非所有數據中心都是為了雲端算力設置。有些是為了自己運轉挖礦機；有的則是邀請外人將挖礦機放置到他們的場地，收取空間和電力的費用。但這些都指向一種現象，就是比特幣挖礦在五年時間變成大規模工業化的事業。

堆疊整齊的挖礦機

——CoinTerra 提供

比特幣「挖礦」戰爭

　　鹽湖城郊區的一個數據中心，訪客必須先通過一個無人的圓柱狀小隔間；小隔間是以電子門卡開啟，並配備有感應器和磅秤測量個人體重、體型和身材，以防他們偷走零散的伺服器。進去之後，訪客要通過

監視中心，那裡的保安人員眼睛緊盯著整面牆的螢幕，有些顯示的現場攝影畫面是對準基地難以顧及的地方，有的則呈現該中心空氣與電力流動的電腦模擬畫面。走廊的第二道門通往主要場地。

在這個洞穴狀的建築裡，三十英尺（約合九‧一公尺）高的天花板安裝了直徑二十英尺（約合六公尺）的風扇，緩緩循環流通從外面周圍吸進來的空氣。風扇下面，可以發現超高效率、低耗能的冷卻裝置，就是為了冷卻塞滿架子的伺服器和其他後勤設備，其所有人是金融機構，和在線上銷售從書籍到花卉等各種東西的電子商務網站。在另外一個區域，有個隔離出來的圍欄是為了配合一個新客戶的擴張計畫：CoinTerra這家比特幣挖礦機製造商，2014年決定加入挖礦。數據中心裡傳統顧客的伺服器安靜地忙碌著，隨著它們辛勤管理數據庫及更新顧客帳戶，紅、黃、綠等亮光閃爍不定，CoinTerra的機器則發出隆隆聲響。五十個欄位整齊並排，裡面堆放著十架TerraMiner ASIC挖礦機，每秒鐘1.6 terrahash的速度比衛倫的Jalapeño快上三百二十倍。每一部機器都內建三個高功率風扇，以最高速度冷卻挖礦機，內部晶片同時快速進行運算，每小時消耗的兩千瓦電力，足以讓一台普通的筆記型電腦運轉一個月。這一來就是每一縱排是二十千瓦小時，大約是附近較為傳統的電子商務公司伺服器，在同樣空間使用的十倍電力。

「光是這裡，我們就有800 terahash的挖礦能力。」CoinTerra執行長拉維‧伊揚加（Ravi Iyengar）大聲嘶吼要壓過嘈雜聲，有些稀疏的黑髮飄揚在挖礦機快速轉動的風扇吹起的風。事後聽著記錄我們對話的錄音檔案，彷彿他就站在颶風之中。「兩個星期後，我們在這裡將總共

THE AGE OF CRYPTOCURRENCY

有兩千四百台機器，整體運算能力將近 4 petahash。我們在整個北美的目標是達到 10 petahash。」

每秒鐘 10 petahash，或者說每秒鐘一萬兆哈希，相當於我們在 2014 年 6 月碰面時，比特幣全網運算能力的十分之一左右。CoinTerra 對這些算力的計畫是要分散產品風險。伊揚加解釋道，獨立設備的需求隨著比特幣價格下跌而減少，因此該公司需要一套避險策略，於是就想到安裝自己的挖礦機，負責為自己挖掘比特幣。借助安裝的部分算力，CoinTerra 可以用自己的名義挖礦；其他的則透過雲端算力合約，出租給同意以一年 100 萬美元承租的客戶，從小型的個人愛好者到未透露姓名的客戶都有。

伊揚加原本在三星公司（Samsung Corp.）位於奧斯丁的微晶片廠擔任工程師，他表示他不光是斷定比特幣這種支付系統會持續擴展，而且區塊鏈網絡也將發展到能支持一整批附加價值交換（比特幣 2.0 概念將在第九章討論）。「基於這個理由，就需要有不斷擴大的挖礦網絡。」他解釋，他賺錢的方式是向雲端挖礦顧客收取成本價，之後寄望這項業務的算力效率不斷增加，靠著這些合約提高利潤。

伊揚加的挖礦業務有個關鍵考慮因素就是電力。鹽湖城每千瓦小時比華盛頓州（他在此地也有挖礦機）要貴，華盛頓州的水力發電廠提供全世界最便宜的電力。但鹽湖城有自己的優勢，當地有國際機場和設備完善的基礎建設及科技社群，前往洛杉磯和舊金山等大都市相對方便，也比較容易吸引勞動力前來安裝新挖礦機，提升績效——這是雜湊戰爭迫使他短期內不得不做的事。由於這個場地位於沙漠之中，環繞著炙熱

及冰雪覆蓋的山脈，而且海拔高達四千兩百英尺（約合一千兩百八十公尺），空氣乾燥，沒有腐蝕性的濕氣，相當涼爽，而且靜電低。猶他州還有豐富且可靠的電力，結合了低碳煤礦、核能，以及太陽能。以比特幣挖礦這種已經變成大規模、低利潤的事業來說，這類考慮因素可能是左右盈虧的差別。這個產業從傑森・衛倫的宿舍房間以來，已經走了很長一段路。

消耗能源挖掘虛擬貨幣，明智嗎？

　　導致CoinTerra前往鹽湖城的挖礦軍備競賽，令摩爾定律（Moore's law）相形見絀；摩爾定律預測微處理器的運算能力每十八個月增加一倍。截至2013年6月止的十二個月，比特幣網絡的算力增加七倍。在接下來的十二個月，又增加了八百四十五倍。這時候，每秒鐘產生八萬八千兆雜湊值的網絡，計算能力是全世界前五百大超級電腦運算能力總和的六千倍。而且僅僅兩個半月後，又翻了將近三倍到二十五萬兩千兆雜湊值。全世界從來沒見過這種程度的計算能力擴張。那也是為什麼有些末日預言者預測，如果比特幣繼續目前的軌道，地球會面臨環境浩劫。

　　我們無從計算比特幣挖礦網絡總共使用了多少能源，但有些人並沒有因此縮手。2013年4月當時，各式各樣的媒體報導敘述比特幣一天要消耗十三・一萬百萬瓦時，每天的成本要1,970萬美元。幾個月後，一位澳洲環境科學家蓋伊・連恩（Guy Lane）提出他的BitCarbon方法，

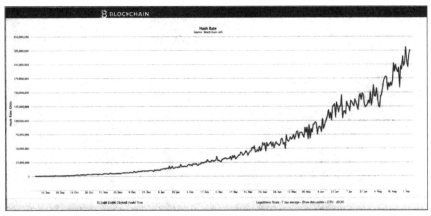

比特幣挖礦哈希率變化

——來源：Blockchain.info

計算比特幣的碳足跡。根據他的假設，一個比特幣礦工挖來的比特幣價值平均有90％用在電力，連恩計算出，價格1,000美元的比特幣每年會產生八百二十萬噸的碳，大約是賽普勒斯的排放量；而價格10萬美元的比特幣每年會產生八百二十五百萬噸，相當於德國的排放量。如果比特幣的匯率達到100萬美元，且比特幣真的成為全世界首要的支付系統，這個數字是有可能的，那它的網絡會產生八十二億噸碳足跡，約為地球碳排放的20％。

這些驚人預測的問題在於，推測的根據是Blockchain.info有瑕疵的數據，因為這些數據依然套用過時的GPU為主的電力使用假設。在2014年初夏，新的ASIC挖礦機運轉是每gigahash只要一瓦特，效率比GPU高上六百五十倍。如果每個礦工都用這種挖礦機，全網消耗的電

力差不多是七千個美國一般家庭，對全世界來說還在可以控制的範圍。當然，大家使用的是有效率、無效率等各種不同挖礦裝備。不過這樣做還是能夠獲利。因此雖然整體耗電量明顯高於七千戶家庭的估計值，距離比特幣給全世界增加一整個國家的耗電量還差得遠。

抵銷這筆成本的創新概念也應運而生。其中之一就是善用挖礦主要產出的熱能，也許是用來冬季居家取暖和滿足其他能源需求。不過，網絡不按章法、分散的本質無法妥善分配這樣的資源。理想的情況是，挖礦網絡有季節性週期，南半球接過6至9月的大部分挖礦工作，而北半球則在冬天加足馬力。以目前自由放任、贏者全拿的模式，是不可能這樣做的。因此，北半球2014年接近夏季時，挖礦網絡的計算能力比十二個月前高了八百四十五倍，卻沒有準備好應對季節變化，數據中心顧問建議比特幣礦工做好挖礦機防水，並存放在特殊的冷卻液裡。

花費這些支出和資源值得嗎？亞當・斯密針對十八世紀類似的事情發表過意見，他認為貨幣如果只是種象徵，花費力氣和真正的資源來挖掘黃金鑄幣是浪費。諾貝爾獎經濟學家兼《紐約時報》專欄作家保羅・克魯曼（Paul Krugman）用亞當・斯密的評論嘲諷比特幣，但這個類比忽略了許多關鍵因素。其一，消耗的能源應該以支付系統確認交易的價值來衡量，這種社會服務是挖金礦永遠無法提供的。其次，這些成本必須和傳統支付系統的高能源成本做比較，該系統包括銀行分行、裝甲防護車，以及保全系統。最後，還有個最重要的效率誘因，就是創新者的利益動機，那也是為什麼我們會看到新挖礦機器的能源消耗有如此巨幅的下降。如果能源成本使得挖礦無利可圖，自然就會停止。

因此，比特幣的環境末日並非迫在眉睫。即便如此，忽視使用能源的疑慮是不負責任的。正如BitCarbon的連恩指出的，挖礦機的能源效率提升只是增加獲利能力，如果再結合匯價上揚，會吸引更多礦工加入競逐比特幣，並增加整體消耗的能源。這是比特幣未來可能遭受攻擊的諸多缺點之一，也驅使發明家發想方法，要嘛改善比特幣，不然就是提出更理想的加密電子貨幣。

駭人的小瑕疵

　　這樣一個弱點就在格林威治時間2013年3月11日22時27分突然引人注目。就在那一刻之前，全世界的礦工都在忙著確認交易並追逐比特幣，一個警醒的礦工卻注意到有些不對勁。他看到有個挖礦軟體端正在處理的區塊，編號高於當時在blockexplorer.com登記的號碼；該網站是Blockchain.info的準系統，照理說會提供區塊鏈交易總帳的即時資訊。這不由得令人懷疑，長串區塊鏈最後一個經確認的區塊是哪一個。他的機器對於要跟上哪一個區塊是否做了正確的判斷？

　　比特幣軟體定期由一個軟體開發人員組成的小團隊更新，他們按照慣例也接受非營利的比特幣基金會資助，負責管理開源維修程式。那個礦工認為出現這樣的不一致，可能是因為他想用0.7版的比特幣核心軟體，將就執行更新的0.8版本，0.8版本是開發人員不久前剛發布，其他礦工已經採用。因此，他到比特幣論壇的比特幣開發者IRC聊天室尋求解答。他以「熱人」（thermoman，英國一齣情境喜劇中的角色，是來

自奧創星球的超級英雄）的名稱登錄，在一個討論串中將訊息丟給彼得‧烏沃（Pieter Wuille，登錄名稱sipa）；烏沃是由比特幣基金會首席科學家蓋文‧安德列森領導的五位首要開發者之一，比特幣的核心軟體即是由安德列森負責維護。熱人告訴sipa區塊數不一致。隨之而來的一場討論，將比特幣開源核心軟體程式背後的整個智囊團都拉了進來。

荷蘭的尤克‧霍夫曼（Jouke Hofman，登錄名稱：jouke）附和道，他也發現區塊數有矛盾。於是sipa建議幾個解決方法，但都行不通。另一方面，參加聊天室的人定期會在不同地點檢查區塊累積數量。矛盾不一致的情況依然存在。最後，到了格林威治時間23時06分，挖礦軟體發明人路克‧達希爾（Luke Dashjr，登錄名稱：luke-jr）發現到底是怎麼一回事了：

23:06　Luke-jr：所以呢？？？意外硬性分支（hardfork）？:x
23:06　Jouke：我靠！

照理說應該只有一個區塊鏈，概念是總帳以雜湊依序排列串接，為所有經驗證的交易建立完整龐大而不間斷的記錄。區塊鏈不時會出現短暫的分支，有時候出現被視為不完整的孤兒區塊，或是該筆交易未能確認。發生這種情況是因為其他礦工企圖驗證這個區塊，但又沒有把握。不過比特幣系統建立共識這種神來之筆，意味著不會容許這種分支持續太久。那是因為挖礦社群工作的前提假設，是最長的鏈才是共識所在。絕大多數的礦工在特定的一條鏈上工作，等於是賦予這條鏈合法性，集

體加起來的算力要高於一小群誤跟了（或者是刻意造假）另一條沒有共識支持的鏈。久而久之，共有算力愈大，就代表這個多數團體將贏得愈多區塊獎品，也會漸漸建立更長的鏈（區塊編號更高）。跟上編號較低、較短區塊鏈的電腦，立刻會注意到這一點，那些走岔了路的礦工這時就會跳回到較長的鏈。多數意見被認為是合法正統，而我們以後會知道，如果有單一礦工累積到總算力的50％以上，這點將造成問題。

然而，這個正常的解決流程此時沒有發揮作用。這個分支一個區塊接一個區塊不斷繼續。這代表不再有一套共同的驗證交易記錄了。就好像我們想像中的雅浦村半數家庭，此時他們是以另外一套部落費餘額做結算。這根本就是給詐騙者有機會重複使用比特幣。舉例來說，假設有個礦池原本占整個區塊鏈的30％，而該礦池的管理員掌控現在這個新分支的過半數，就能利用他們的錢包軟體將已經使用過的比特幣，從他們的其中一個位址重寄到另外一個位址。這裡賭的是其他礦工會認可第二筆交易為合法，進而承認管理員的餘額，而這筆餘額原本應該在先前花用那一筆時減少的。一般來說，大多數其他礦工會察覺錯誤，並跟進較長的合法鏈，但在這個始終存在的分支底下，礦池實際上擁有超過50％的算力，能持續確認這些詐騙交易。如果得以繼續，最終將破壞整個比特幣系統的誠信。

烏沃早就明白這個分支並非由貪婪的駭客建立的，因為這會危及比特幣，想來是不可能；只不過是他在核心開發團隊的同事，推出0.8新版本時出現的小瑕疵造成的。重組的資料庫照理說應該能與0.7版本的資料庫記錄相容，但事情卻不然。首席開發者安德列森很快出面了。他

跟烏沃及另外兩位核心開發人員傑夫‧賈齊克（Jeff Garzik）和格瑞哥利‧麥斯韋爾（Gregory Maxwell）商討之後，又與Mt. Gox的主事者馬克‧卡佩雷（登錄名稱：MagicalTux）查證，卡佩雷的匯率交易所當時是比特幣網絡最重要的金融機構，安德列森決定放棄新的軟體，恢復使用0.7版本。

最後，發現了一筆1萬美元的重複使用案例，顯示可能有個投機的壞蛋趁機混水摸魚。但有些礦工必須放棄他們以為自己在0.8分支上賺到的600比特幣，價值2.6萬美元。而這次的騷亂引發比特幣價格短暫重挫24％。駭人的小瑕疵在以比特幣為主的媒體上占據了一些版面，但沒有在其他地方引起太大的波瀾，有部分是因為問題很快就解決，而且價格相當迅速便回穩了。

信任危機：集中挖礦與51％攻擊

2013年3月的分支是一場意外，但引來新的注意，關心起比特幣社群部分成員所抱持的疑慮，也就是工業化挖礦作業，可能有一天會讓居心巨測的人有能力奪取總算力的大半控制權，而刻意建立分支。這就是51％攻擊（51 percent attack）。中本聰原本在白皮書指出，只要沒有單一礦工或挖礦團隊擁有超過50％的算力，比特幣挖礦網絡可以保證公平誠實對待每個人的交易。如果有心懷不軌的人祕密建立另外一個造假的交易鏈，使用並非他們擁有的比特幣，假使他們沒有過半的算力，這些交易就無法獲得承認。不誠實的礦工贏得足夠的數學難題以持續產生

最長的鏈，並給他們的詐騙交易合法性，這種可能性很快就會趨向於零。隨著每前進一個區塊，合法的區塊鏈變得更長。正如我們前一章說明過的，他們永遠達不到讓區塊合法化的九十九個區塊延伸。他們永遠無法使用自認為已經賺到的比特幣。那些壞人的速度永遠趕不上。至少理論上如此。

但如果有個強大的集團控制了所有挖礦力量呢？他們就能以詐騙交易填滿一個區塊，然後（同樣造假欺騙）加以確認。而且既然他們不到兩個區塊就能勝出一個，就能繼續建立一個可長可久、讓其他礦工完全因為它的長度而誤以為是真正的長鏈。

根據coinometrics.com的數據，2014年夏季要進行51％攻擊所需的挖礦工具和電力，成本達9.13億美元。這可是高昂的代價，但有個取巧的方式：合力挖礦。其實，礦池已經接近50％的門檻了；2014年6月一整個月，GHash.IO礦池占整體算力的比例約40％到50％之間。由於這類礦池是利用軟體，將他們的算力結合成單一的強大力量，所以也能集體確認交易。這等於將集中火力的力量交到礦池軟體的管理員手中，可想而知會在比特幣玩家之間引起一些焦慮。比特幣領導人如安德列森，努力鼓勵大家加入新的點對點礦池，從礦池管理員手中拿走確認交易的力量，透過去中心化網絡交給個別的礦工。但規模龐大的礦池已經地位穩固，先進者的地位難以打破。除此之外，GHash.IO的管理員CEX.IO提出頗具吸引力的零手續費胡蘿蔔，企圖將業務引導到它的兩個副業：加密電子貨幣交易所與雲端挖礦服務。

雪上加霜的是，康乃爾大學電腦科學家伊泰‧埃葉爾（Ittay Eyal）

及艾明‧岡‧賽羅（Emin Gün Sirer）證明攻擊的門檻其實可能低於51％。他們在一份頗受爭議的論文中證明，少數分子只要串通夠多的礦工，就能成功從事「自私挖礦」（selfish mining），發展出另一條祕密的區塊鏈，不但能逃過多數人的注意，而且進行速度比誠實礦工的分支還快。如此一來，他們就強迫所有人將電腦資源浪費在誤以為是真正的鏈上，並為他們獵取比他們挖礦能力應得更大的比特幣分配比例。論文令比特幣社群許多人不快，以賽羅的說法就是「不想聽到任何負面說法的狂熱分子」。不過，議論聲音逐漸減弱了，因為有個比特幣粉絲迫不及待要證明這個理論不可靠，經過模擬實驗卻發現埃葉爾和賽羅沒錯。「大家冷靜下來，而跟我們一樣有興趣看到比特幣成功的人，終於將它視為不可思議的積極貢獻。現在大家理解到，去中心化系統之中必須建立某種理想的平衡點……」賽羅說。「通訊協定不能有這種弱點。」

於是，開源開發社群開始尋找額外的保護，來對抗自私挖礦與51％攻擊。持平來說，迄今還沒有發生類似的惡意行為，短期內也不太可能，而且理由充分。就像中本聰在白皮書中的說明，「如果貪婪的攻擊者有能力集合比誠實端點更多的CPU力量，就必須選擇是要用來欺騙別人、偷回自己的支付款項，還是用來產生新的錢幣。他定然會發現，按照規矩來更有利可圖，這些規則給他比其他所有人加起來都還多的新錢幣，更勝於破壞系統及自己擁有財富的有效性。」

換句話說，自利應該能避免任何人參與摧毀比特幣。其實，比特幣短暫的歷史顯示，同樣的動機也延伸到希望維護網絡權力平衡的少數個人。算力逼近50％的礦池過去有過成員跳槽，加入競爭礦池，以便維

護系統誠實無欺。為了減輕外界對規模過大的疑慮，CEX.IO不時會表示拒絕接受新會員加入GHash.IO礦池。

但如果惡意行為者無意看到比特幣成功呢？如果他們的動機完全就是為了打倒系統，而不是為了從比特幣投資中獲益？比特幣玩家有時稱之為邪惡博士攻擊，並提出假設性的威脅，比如：想讓西方世界陷入混亂的恐怖組織；貨幣系統受到比特幣威脅的主權國家，像是俄羅斯、中國；又或者企圖保護自身在支付系統獨占地位的跨國銀行財團。細看又似乎不可能。畢竟只有在比特幣達到足夠的滲透率，破壞力舉足輕重時，那些預測才有意義，而到了那個時候，攻擊者割捨的可不只是10億美元，因為每一筆ASIC晶片與挖礦設備的巨額訂單，都會引來外界對他們的注意。不過，弱點確實存在。本質上，比特幣並非無懈可擊，也正是這種事會困擾企業內部超級謹慎的律師，不知該不該買進。

懸殊的貧富差距成另一隱憂

這些極端的情況並非唯一讓人滋生疑慮的因素，擔心力量與財富集中可能對比特幣有過大影響力。根據bitcoinrichlist.com，直到2014年8月底，所有流通的比特幣，有44％只分配在一千五百二十八個位址，每個位址的餘額都超過1,000比特幣（當時價值50.7萬美元）。這個數目還不到當時全網共四千零七十萬個位址的0.01％，顯示財富高度集中，而且可能是不正常地集中。

首先，換個角度。以衡量貧富差距來說，這是很差勁的標準。第

一，位址並非錢包。錢包的總數不得而知，但就定義而言會比位址累計總數少上許多，雖然說很多人不止一個錢包。錢包持有人的不同交易會被隨機指派位址，而且通常會產生多個位址。三千九百萬筆餘額不到0.001比特幣的位址當中（約占 bitcoinrichlist.com 資料底層的96％），許多只是「小額零錢」帳戶，是比特幣通訊協定在每一次交易時指派給支出者，僅供三方餘額對帳之用。就算這些小額餘額連同很多小筆合併結餘一起併入錢包，也不太可能是持有人唯一儲存財富的地方。大部分的比特幣使用者在法定貨幣世界的財務狀況都要富有許多。絕對不能將這96％視為貧困階級的窮光蛋。

不過，這些數字確實透露了比特幣價格驚人的漲勢，究竟是如何在幾乎一夜之間，就在國際上創造出一小群富裕的「比特幣大亨」。這些精英對比特幣經濟有極大影響。他們頗有興趣見到比特幣成功，有意願也有能力支出其他人可能付不起的代價，只是為了鼓勵大家採用。因此才會有報導那些大手筆以比特幣購買峇里島的別墅、在加州買藍寶堅尼，以及買維珍銀河（Virgin Galactic）前往外太空的門票。他們的出發點可能是好的，但如果他們大肆揮霍不在乎多少錢，那要怎樣套用必要的競爭規律，為比特幣經濟壓低價格？

懸殊的貧富差距，和加密電子貨幣身為由社群驅動的貨幣、以及迴避華爾街肥貓宰制的形象不太協調。少數人控制的財富與權力無法吸引廣大的信任。當然，美元、歐元，及日圓經濟體在這兩方面都已經完全集中，不平等的程度已經達1920年代的水準。但這些法定貨幣不需要爭取大眾。對加密電子貨幣來說，如果要確保未來，可能就需要解決這

類的不平衡。

　　就積極面來說，許多開發人員和企業家從事的計畫企圖解決這些疑慮。有些利用現有的基礎設備，並找出方法引進範圍更廣的團體，推廣比特幣成為賦予世界邊緣族群權力的工具。協助開發中世界「無銀行帳戶」民眾進入全球經濟的解決辦法，就是一個令人期待的領域，我們將在第八章討論。但同樣重要的是，許多聰明的加密電子貨幣狂熱愛好者承認，比特幣的現況遠遠稱不上完美，許多方面都可以再改善，避開前面討論的一些挑戰和威脅。

解決威脅的方法

　　51％攻擊的威脅令許多比特幣天才不安。為什麼？因為那是比特幣系統不可否認的結構性弱點。所有你聽過的其他危險，錢包被駭、犯罪，以及價格波動等，都不是比特幣本身的問題，而是圍繞著比特幣發展出來的生態系統。許多問題已經解決；像BitGo等創新業者推出的「多重簽章」錢包，幾乎就是駭客無法打破的保護；受監管的高科技交易所，如Atlas ATS，不太可能犯Mt. Gox的錯誤；政府更嚴密的監督會嚇跑毒販，至少有一定程度的效果。但很難看出有什麼辦法能防護51％攻擊。雖然抑制因素和成本使得發動這種攻擊非常不可能發生，但令有些研究比特幣設計的人困擾的是，中本聰調和個人與社群利益及獎勵的解決辦法高明簡潔，怎麼會有這樣一個根本性的弱點。

　　比特幣核心開發者賈齊克是和安德列森共事的五人團隊之一，他提

出一個不完整的解決辦法，利用持續進步且成本較低的私人太空冒險事業：他設法籌措200萬美元，發射一批數量可觀的低成本小型衛星上太空，目的在於讓挖礦網絡不要那麼集中。這些十立方公分的「比特衛星」（bitsats）會提供由衛星發送的低成本網際網路連線到地面的節點，並將已完成的區塊鏈數據庫永久記錄儲存在它們的內部硬碟。理論上有兩個優點。第一，藉由降低成為「完全節點」（full node）的成本，讓更多參與者能接觸挖礦；完全節點是網絡中的重要角色，需要儲存大量數據，近來通常是由高功率、昂貴的ASIC挖礦機執行。第二，由於衛星不受任何個人、國家，或公司控制，可以在大型網際網路服務供應商或一群網路供應商停機時，成為關鍵的備用支援。停機這樣的事件可能是由單一政府或幾個政府聯盟下令的，會切斷礦工與網絡的聯繫，引發的風險就是在受波及範圍外的大集團，可以取得超過50％的控制權。以太空為基地的另一種頻寬來源，就能降低這種討厭的風險。

　　不過針對網絡控制集中度，另外一種資本密集度更低的方法，就是改變礦工賺取比特幣所要遵循的規則，去除累積大量算力的挖動機。如今在思考這種解決辦法的加密電子貨幣電腦工程師，頗能在塑造科技未來扮演核心角色。他們的構想說不定有一天會讓比特幣成為推動這個未來的主要驅動力。

　　這些省思很多是透過山寨幣的發展而浮現。正如我們在第三章提到的，這些模仿比特幣的錢幣目前有幾百種。許多沒有進展，被斥為迅速致富的騙局或玩笑。但有幾種提出完善的方式，改變使用者社群內分配加密電子貨幣的遊戲規則。那些創辦者標榜自己的錢幣是更公平、更能

永續的模式。他們宣稱擷取了比特幣去中心化結構的優點，但去除了負面因素，例如算力軍備競賽、過度使用電力，以及工業化挖礦力量集中。比特幣較那些新秀有先進者的大優勢，這也是為什麼許多開發者認為，最理想的辦法是解決瑕疵，而不是想出全新的系統。不過，優秀的山寨幣正給整個加密電子貨幣競技場，帶來緊張但基本上有正面意義的競爭。

　　這些山寨幣當中，李啟威發明的萊特幣是至今最成功的。萊特幣的祕密武器就是，礦工在將交易包裹到區塊鏈的雜湊計算過程，使用不同的演算法。李啟威的系統還加入了礦工之間的競爭，不過它的雜湊演算法稱為scrypt，對礦工來說，較比特幣的SHA-256更容易達到追求的區塊雜湊值目標。我們也不多探討如何運作的複雜細節，scrypt基本上就是稍微修改目標，所以礦工不是只為持續建立強大的計算能力以獲取優勢。結果就是，萊特幣的挖礦能力仍舊大致平均分布且更為民主。礦工依然有獎勵動機追逐錢幣獎賞，但軍備競賽和消耗的電力就沒那麼緊張。這也促成周轉速度加快，區塊能在兩分半分鐘完成，用不到比特幣的十分鐘，這又代表系統最後確認顧客與商家的交易不必等待那麼久。萊特幣的主要弱點卻是它的長處必然造成的結果：因為挖掘萊特幣較為便宜，也因為以scrypt為基礎的挖礦機可以用來挖掘其他以scrypt為基礎的山寨幣，如狗狗幣，礦工就沒那麼大量投資在長期為它的區塊鏈工作。理論上，當不在線上的人數夠多時，就會有51％攻擊的風險。有些人也擔心，以scrypt為基礎的挖礦更不安全，因為沒有那麼嚴格的工作量證明，就理論而言，會使得造假交易完成不正確的確認。不過，截

至目前為止，萊特幣都躲過了重大的事故。未來可能證明它相較於比特幣，是對環境更友善、更民主的競爭對手。

　　Scrypt挖礦並非比特幣集中挖礦與51％攻擊威脅的唯一解決辦法。有些山寨幣，包括未來幣（nextcoin）及點點幣（peercoin），以「權益證明」（proof of stake）替代「工作量證明」模式所費不貲又浪費的計算方式。如此一來，你在錢幣的貨幣供給投資愈多，電腦確認交易獲得獎勵的權利就會增加。以未來幣來說，就是百分之百根據權益證明，未來幣不是靠挖礦而是靠「鍛造」（forged）。一批預先存在，且供給量固定的錢幣在未來幣經濟體中流通，每一次在交易中使用未來幣，就產生一筆手續費給密封區塊的獲勝節點。和比特幣一樣，結算交易區塊的正確雜湊值是隨機抽中；但與比特幣不同的是，被抽中的機率依靠的不是算力，而是你擁有多少已確認的錢幣。這裡的概念重點是，排除環境破壞和浪費計算能力的可能。

幾乎和世界一樣大的實驗室

　　這些山寨幣的存在更讓人意識到比特幣的缺點。中本聰的發明也面臨其他挑戰。首先，比特幣網絡目前每秒只能處理約七筆交易，比起威士的一萬筆少得可憐。如果比特幣要擴大規模，就必須升級，讓目前僅限於每十分鐘區塊數據一百萬位元組（megabytes）的節點，能夠自由處理更龐大的資料組。這在技術上並不困難，但需要礦工在報酬沒有大幅改善之下，雜湊更大的交易區塊。開發人員目前在研究交易手續費模

式，希望能在數據量過多時，提供礦工更為公平的補償報酬。

比特幣完全開源、合作的加密電子貨幣做法是一大長處。至今出現的挑戰，包括來自主要交易所的盜竊事件、區塊鏈的分支問題、底層軟體發現錯誤等，都能獲得以共識決出發的回應，盡可能做到公平。不過，那些挑戰相當複雜。加密電子貨幣計畫的設計者是從經濟學（強調創造誘因，鼓勵個人做出有利群體的行為）和科技的交集出發。思愛普（SAP）和IBM等公司的電腦系統設計者，也專攻行為—科技平衡的類似問題，但他們是在集中式企業這種受控制的環境中進行。相反地，加密電子貨幣開發人員使用的實驗室，幾乎就跟整個世界一樣大，而他們的計畫試圖涵蓋的是所有人類。沒有什麼規則手冊或由上而下的管理指令，企圖讓眾人的選擇與企業的共同目標一致。要引導眾人在加密電子貨幣做出最佳行為，端視軟體的設計如何影響個人思考，以及獎勵制度如何有效鼓勵期望的行為。

本章列舉的弱點及瑕疵，不可避免會使得許多平常人更難信任加密電子貨幣；令人玩味的是，這個程式標榜是迴避信任需求的方式。但我們也必須跟現有制度的弱點評估比較。就以美元進行的詐騙與犯罪數量為例。如果你願意思考金融體系的弱點，就專心想想銀行依舊緊抓不放的全球衍生性金融商品市場，2008年這些巴菲特口中的「金融大規模毀滅性武器」就曾經引起災難。這個市場的估值或面值有710兆美元。

必須記住的重點是，面對比特幣與其他加密電子貨幣挑戰的集體智慧大得驚人。在開源去中心化的模式之下，這些科技不會受到官僚制度和僵化企業面臨的那些限制掣肘。創新的數量驚人，不但讓加密電子貨

幣更安全，也能設法了解如何對社會更有益。下一章我們將認識驅動這些努力的年輕發明家。

第七章

中本聰的夢工廠

「人有試金石可以測試黃金，但黃金也是用來考驗人的試金石。」
—— 富勒（Thomas Fuller）

　　比特幣的誕生，源自加密—無政府主義者對去中心化、無政府社會、加密網絡化的烏托邦想像。早期的發展是由一小群對科技感興趣的年輕人推動，他們厭惡金融體系的毫無節制和陋習弊病。但後來比特幣興起的階段，則是由更容易了解的事物推動。

　　加密—無政府主義者沒有繼續推動比特幣。事情可能是發生在2013年期間，當時比特幣突然爆紅，大家開始發現這個數位貨幣也可能代表真正的貨幣。新的族群出面領導。如果想知道究竟有哪些人，就得去舊金山，這個現代全球數位淘金潮的中心。隱身在美國遙遠的一隅，這個城市有種世界盡頭的感覺，幾乎就像是為了在四處漂流的投機客、創業家、貧民，以及流浪者跌到海裡之前，接住他們而特別建造的。整個地區有種孤注一擲、飛來橫財的氛圍，混雜入高科技比特幣世界，塑造出來的就是這個奇異的混種人群，他們想要改變世界，還想變得有錢得不得了。他們看不出這有什麼矛盾。

虛擬貨幣革命的心臟地帶

　　這個城市和裡面的人像磁鐵般互相吸引，而這個比特幣小榮景直接傳承於先前的榮景，從1848年於薩特鋸木廠發現黃金的著名故事開始，引發美國人大舉向西遷移，重新塑造也重新創造這個年輕的國家。有些人發財致富，有些人傾家蕩產。約翰·薩特（John Sutter）自己損失慘重，因為他擁有的土地上到處都是投機分子橫行。其他人如李維·史特勞斯（Levi Strauss）和李蘭·史丹佛（Leland Stanford），則因為提供礦工需要的所有支援服務和基礎設備而致富。

　　史丹佛後來捐贈自己擁有的土地興建史丹佛大學（是以他的兒子命名，而非以他自己的名義）。幾十年後，該校的兩名學生比爾·惠利特與大衛·普克德結為好友，後來共同創立的事業延續下來成為全球性的大企業。他們在無意間推動了舊金山的下一波大榮景：矽谷。正如同我們探討過的，矽谷吸引提姆·梅伊等密碼龐客並成為他們的大本營，中本聰本人極可能也是出自這個團體。如果是真的，意思就是我們可以從薩特鋸木廠直接連出一條線到，嗯，我們就稱為中本聰夢工廠吧，也是矽谷漫長的歷史興衰中，一連串蜂擁而來的探勘熱潮中最新的一波。

　　全世界其他科技中心也看到圍繞著比特幣創新出現的火熱景象，其中有些頗具聲望且捕捉到科技界的時代精神。倫敦、多倫多、新加坡、香港、特拉維夫、瑞士楚格，甚至肯亞的奈洛比……等等，全都是眾多比特幣相關新創公司的發源地，而這只是其中幾例；這一切也全都反映各地軟體開發人員及電腦工程師對比特幣科技這個正在探索挖掘的遼闊

　　　　　　　　　　　　　　THE AGE OF CRYPTOCURRENCY

新領域，感到興奮期待。但在這之前的電腦革命中，矽谷扮演的核心角色，讓它更有優勢名正言順地成為加密電子貨幣革命的心臟地帶。因此，到當地去親眼見證，了解究竟是什麼觸動那些比特幣百萬富翁，就顯得十分合理。

這些四處流浪遊歷、最後來到舊金山的創業家並不代表主流。他們是強迫性的創造者，不斷建設新東西，又加以拆毀，重新塑造、冒險、希望打造出億萬事業，哪裡看似機會最多就往哪裡去。失敗是家常便飯。他們對風險幾乎視若無睹。他們的精力和創意只會驅使他們前往下一個目標，而靠著那樣的精力和無數因此出現的事業，他們傾盡所有，將加密電子貨幣變成矽谷源源不絕的創造發明當中，下一個旗幟鮮明的階段。

為了避免太過激動，我們得先記住現在還在初期。即使在這個眾人成群結隊騎著賽格威四處走動，而駕駛人是以行動應用程式輸入停車計時器的城市，比特幣還是個新奇玩意兒。我們漫步走進一家專賣店「買家的好朋友」（Buyer's Best Friend），櫥窗上有個廣告牌宣告接受比特幣，但看不到有什麼高科技鬼才狼吞虎嚥地嚼鬆餅。櫃檯後面的女生告訴我們，這家公司2013年開始接受比特幣時，是激起一些熱潮且流量爆增，但漸漸又歸於平淡。這家比特幣企業如今沒有發揮什麼影響。

因此，比特幣更像是雪花玻璃球裡的景象，而不是成熟的達康式泡沫（dot-com bubble）。不過正如我們說的，這還在早期階段。還只是才開端。

創意與創業的搖籃：20Mission

如果灣區是比特幣創新最重要的發源地，引爆點大概就在舊金山光怪陸離、擁擠的迷你熔爐教會區（Mission District）中，一棟平凡不起眼的建築裡。導致比特幣最激動人心的發展，就是最先從這棟搖搖欲墜的「駭客之屋」裡，由對話和腦力激盪時間激出的火花。這棟現在名為20Mission的建築，座落在教會街（Mission Street）與第二十街街角，不起眼的入口就隱身在一棵橄欖樹後（第一批傳教士從西班牙帶來橄欖樹，至今依然點綴著街道），2012年2月由先前創立過Tradehill的年輕比特幣創業家賈瑞德・肯納創立。這裡已經成為聰明、有野心、熱愛科技、推動比特幣榮景的年輕冒險投機客生活與工作的空間。肯納最初租下這個地方時，一樓是鞋店，樓上是荒廢的旅社。他把樓上的住房整修成小小的居住空間，將鞋店的垃圾廢棄物清走。樓下區域提供為工作、飲食，與交誼的共同空間。接著他邀請科技迷、駭客，以及比特幣玩家前來定居。幾乎是一炮而紅。透過比特幣聚會，迅速變成創意和創業的搖籃。

「有種你也是一場運動一分子的感覺。」塔利克・盧易斯（Taariq Lewis）在20Mission的週日聚會上說，「而且是某種特別事物的一分子。」盧易斯是比特幣玩家，目前負責在這個駭客之屋舉辦固定聚會。他從紐約的西班牙哈林區來到舊金山，途經波士頓，也是一個停不下來、創業成癮的人。他在麻省理工學院取得企管碩士學位，但是他想創造東西、創立自己的事業，於是前往西部。盧易斯一開始對比特幣

20Mission 的入口

心存懷疑，認為那只不過是買賣毒品的工具。但是兩次創業失敗之後（他開玩笑地說：「快速殺死你的寶貝」），他在尋找新的機會，一次機緣巧合迫使他重新思考。「我跟一個非常聰明的傢伙共進午餐，他說比特幣酷斃了。」盧易斯說，「結果改變了我的人生。」這段時間，他經營一個比特幣新聞網站 *Bits of Coin*，還有他成立的一家新創公司 DigitalTangible。

盧易斯召集的這個週日早晨團體似乎沒有那麼創新革命，但頗有啟發意義。這個大約十來人的小聚會，被引介給叫MaidSafe的比特幣2.0公司，該公司提出一種做法，讓人將硬碟磁碟空間出租給一個去中心化用戶網絡。這個聚會原本由佩姬・彼得森（Paige Peterson）發起組成，她是個二十六歲、滿頭金黃細髮辮的自由意志主義／無政府主義者，一個月前開始在MaidSafe工作。她安排該公司的創辦人，蘇格蘭工程師大衛・爾文（David Irvine）透過視訊聊天「見見」這個舊金山團體。幾個小時，他都在回答這個團體的各種問題。MaidSafe企圖在網際網路建立去中心化網絡，而這次聚會也在他們的擴展計畫之中。聚會的功能差不多就像比特幣宗教的教會聯誼活動，如今在世界各地的都市舉行，提供機會給那些去中心化匿名玩家聚餐會面。

　　丹恩・赫德（Dan Held）2013年1月在20Mission參加他的第一次比特幣聚會時二十五歲。一個晴朗的下午，在老派的披頭族酒吧Vesuvio，這個前德州卡羅爾頓希伯倫中學足球隊的金髮後衛，細說自己是怎樣遷移到舊金山，在一家小型投資銀行找到工作。他追隨故鄉好友凱文・約翰遜（Kevin Johnson）的腳步，對方是在四個月前來到此地。就他們所知，在德州關心比特幣的僅有他們兩人。而在加州，他們發現一群人跟他們志同道合。在20Mission參加第一次聚會的不到一年，赫德的人生發生翻天覆地的變化。

　　「我和凱文確實大受聚會的啟發，那裡的能量大得不可思議。」赫德表示，早期的聚會都是小型的，可能只有十五或二十人。但是參加的人後來都變成比特幣世界的知名人物：其中有Coinbase的創辦

人布萊恩‧阿姆斯壯（Brian Armstrong）與弗瑞德‧厄薩姆（Fred Ehrsam），該公司在數位錢包服務僅次於Blockchain，也是重要的企業比特幣支付處理公司之一。Mt. Gox的創辦人杰德‧麥卡列博也在其中。麥卡列博當時忙著琢磨另外一套支付系統瑞波（Ripple），將來或許能成為比特幣的競爭對手。麥卡列博也帶著瑞波開發團隊的幾個人一起參加20Mission的聚會。同樣在聚會出現的還有肯納本人，他當時成立Tradehill又失敗了，雖然年紀還輕，卻已經是比特幣界的老資格。

赫德和約翰遜決定貢獻一己之力。前往太浩湖的滑雪之旅期間，他們在餐巾紙上草擬後來成為他們新創事業ZeroBlock的構想，基本上是個比特幣的定價應用程式。他們在2013年春季推出這個基礎產品，提供比特幣兌美元價格、新聞動態、價格波動通知，以及匯價轉換計算機。比特幣投資人渴望有關市場的資訊，而這個產品填補了這個快速成長市場的需求。大約在該應用程式出現的同時，比特幣的價格也因為賽普勒斯財政危機而大漲，之後又回落。赫德和約翰遜的應用程式引起許多人注意，到了同一年的12月，他們將程式以比特幣計價賣給Blockchain，金額並未透露，成為首樁完全以加密電子貨幣完成的企業購併交易。這次收購其實是「收購聘用」（acqui-hiring），取得人才在比特幣領域是永不停止的挑戰，赫德因此走馬上任。他的身家依然完全以加密電子貨幣結算。不過一年多一點，赫德就從銀行家變成比特幣大亨，而且這段時間他壓抑創業的渴望，為Blockchain修改及建立新產品。那些聚會改變了他的人生方向。他也不是唯一的例子。

「著迷於比特幣的是非常特別的那類聰明人。」第四代創投業

者亞當·德拉波（Adam Draper）說，他的Boost VC「加速器」方案（accelerator program）已經推動一些比特幣新創公司問世，包括以拉丁美洲為主的支付處理業者BitPagos，以及高科技比特幣交易所Vaurum。「他們都知道這是個崎嶇坎坷的疆域，而且為此而振奮。」

改變世界的小人物

20Mission的創辦人肯納最能體現這一類人。他的路線曲折起伏但並不罕見，從一無所有到發家致富，一朝破產之後又再次致富。早在他的照片出現在《彭博商業週刊》那篇標題為〈認識比特幣百萬富翁〉的文章之前，肯納就是世人想像中改變世界的小人物，他在奧勒岡的中學是以倒數成績畢業。他不缺智慧或企圖心，這些後來表現得很明顯，但是絕對缺乏重心。他進了海軍陸戰隊，被送往阿富汗，之後輾轉到了智利經營進口顯示卡的業務。

2009年在智利時，肯納在一個線上論壇第一次看到有人提到比特幣。他完全沒有大多數人第一次遇到這個主題時的疑惑不解：「我立刻恍然大悟。」他從自己的進口業務了解到，在國際間移動資金有多困難、多花錢，因此他馬上發現比特幣的潛力。但他不相信比特幣能大受歡迎，認為它太技術性、太高科技，大部分的人很難理解並採用。「我真心認為它有可能夭折。」他回憶道。

不過，他還是著迷了。「我從來沒有看過一個計畫，讓我有衝動要幫忙見證成功。」他說。他開始在線上認識其他狂熱愛好者，這又讓他

的決心更加堅定。比特幣將改變世界，而他是其中的一分子。這跟金錢關係不大，更多的激情來自參與改變格局的運動。「早期，沒有人在說『這個會讓我們變有錢』。我一開始沒聽過這種說法。」但是肯納很快就發現比特幣的一大問題。為了讓主流社會採用，大家必須設法購得比特幣，而不是像科技怪客和鐵桿投機客靠挖礦取得。不過在初期階段，儘管線上成立許多不夠健全的交易所，但只有一個真正發揮作用的網站是可以設定交易帳號，從銀行帳戶匯入美元，輕輕鬆鬆就將那些美元轉換成比特幣，那就是長年處於危機之中的 Mt. Gox。即使在這個網站，發揮作用還是客氣的說法。這個網站難以進入，而且完全沒有肯納和其他美國人習慣的客服功能。他幾番嘗試打電話給 Mt. Gox 想解決服務問題，卻無奈地發現電話永遠打不通。這是個危險訊號，也是個潛在機會。在肯納想來，一種加密電子貨幣只由一個經營欠佳的交易所主導，而且只有一個地方可移動資金，違反了這項技術創立的去中心化原則。

　　肯納的解決辦法當然就是另外創立一個。Tradehill 不同於 Mt. Gox。肯納不僅招聘一群電腦工程師，還加入金融專業人才，企圖模仿傳統交易所的運作方式。他雇用顧客服務專員，迅速回覆電話和電子郵件。還從 Google 找來資訊長，將帳戶安全列為第一要務。他跟多數人推銷新服務時一樣，散播消息給規模雖小卻持續擴大的比特幣社群，在 Bitcointalk.org 及 Reddit 的比特幣論壇上張貼有關這次創業的資訊。這個想法立刻引起回響。2011 年 6 月 8 日，Tradehill 成立的第一天，肯納的新比特幣交易所收到 25 萬美元的存款。第一個星期，收到了 100 萬美元。他猜想這樣的爆增，與其說是跟 Tradehill 或他有關，倒不如說

是跟Mt. Gox比較有關。「大家對Mt. Gox感到失望,」他說。「我沒想過自己能夠賺到一毛錢。」

到最後他確實沒賺到錢。首先,他跟支付處理業者Dwolla有糾紛,後來還因Tradehill宣稱的不當扣款提起200萬美元的訴訟,那些是商家投訴信用卡公司,針對有爭議的交易要求取消付款。他還面臨監管方面的刁難,因為政府機構開始抱持懷疑的眼光,看待這種以數位方式移動資金的非正統服務。另一方面,其他競爭對手開始在銀行與監管要求較少的地方興起,包括斯洛維尼亞的Bitstamp及保加利亞的BTC-e。比特幣大餅不斷擴大,有愈來愈多人想要分一杯羹。肯納增加人手,協助建立更有競爭力的網站。但Tradehill因為和Dwolla的糾紛而損失超過10萬美元,隨著法律費用增加,Tradehill為了保持競爭力又不得不壓低交易手續費,公司因而難以獲利。等到2012年夏天,肯納付不出薪水,交易所也得關閉了。

肯納必須退還所有顧客交託給Tradehill的資金,再關閉交易所。唯一的其他選項就是「轉變為部分準備銀行。」他打趣道,指的是容許銀行借出存款,並只保留一部分準備金的銀行模式。「他們說,除非你有銀行執照,否則就是龐氏騙局。」他把所有身家都投入Tradehill。現在破產了,窮到付不起租金。他心想,唯一能找到遮風避雨的地方,就是公社集體生活的空間。他想著如果能自己建立,就能哄騙到租金。

肯納一直很好奇被人稱為駭客之屋的概念,一堆人在一起工作並匯集資源,「但是在到舊金山之前,我還是不明白究竟可以怎樣做。」他很快就在市場南區(SoMa District)找到一棟倉庫,跟十個朋友搬進

去，但短短六個月後，他們就被趕出來，因為這棟建築不算住宅區。他四處尋找別的地方，直到有個朋友告訴他，看到教會區有棟建築要出租，或許符合要求。只有一個問題：「非常髒亂破舊。」

只不過肯納或許是出於需求，也可能是眼光好，或是兩者皆有，他看了看那棟建築，面積一萬兩千平方英尺（約合三百三十七坪），位於第二十街與教會街的角落，正好就是他想找的。樓上的空間一度是旅社，已經荒廢超過十五年，所以他不用把任何人趕出去。肯納居然感興趣，讓房東受寵若驚，同意免去九個月的租金。而肯納的回報就是將這個地方整修好。接著他招來一些朋友，當中並非全是比特幣玩家，向他們收取低於市價的費用，並利用這筆租金整修，還承諾他們九個月後可維持同樣水準的租金。

他依然一文不名，在將這個地方變成可以居住的環境時，就只靠著一大包米和一大包豆子過活。他打磨地板、粉刷牆壁，所有工作自己一手包辦，再加上一個朋友幫手。一開始有十個人搬進去。在他搬進去的幾個月後，鞋店搬走了。肯納這時有了工作空間和生活空間。消息靠著口耳相傳傳出去。

如今四十一個房間全部租出去，大多是長期租用。在舊金山這樣一個生活費如此之高的城市，這棟建築不用太久就能住滿。裡面的人形形色色。沒錯，主要是年輕白人男子，但也有些遠從澳洲來的年輕女子，甚至還有幾個人年近四十。他們共用廚房、公共休息室，甚至是浴室。最貼切的形容就是介於青年旅社和宿舍之間的混合體。大廳是個正方形的大空間。牆上掛著掛毯，天花板有紫外線燈管。每一條走廊也都有自

己的路標：例如萊特幣巷，狗狗幣大道。大部分的門都貼滿海報和照片，有如大學宿舍。二十幾輛單車掛在通往街邊入口的大樓梯牆上。

他們有電影煎餅會，還會舉辦瘋狂派對，讓幾百個人來到這裡。而且他們不斷琢磨自己的創意。即使最成功的人也沒有離開。亞倫·葛蘭特（Allan Grant）是 hired.com 的共同創辦人，這個與比特幣無關的徵才網站，在2014年5月向創投基金籌募到1,500萬美元。所有人都以為他會離開，因為籌募到那樣一筆錢代表「成功」了。但葛蘭特只是投資部分錢改善自己在20Mission的房間。

樓下是明亮的開放空間，天花板挑高，乳白色的牆壁貼滿當地藝術家的作品，書桌對著開放的樓面，有會議室，後方還有一間小房間設有「電話亭」，密閉的小隔間可做私密談話。街道上，公車、汽車、談話聲甚至吵嚷聲，朦朧模糊的聲響提供不變的背景音。有些年輕電子迷，主要是白人科技高手，總是安安靜靜地為企畫案或別的工作寫程式，通常是牛仔褲加T恤，有的打赤腳，有的留鬍鬚。

肯納最新的創業作是在地下室經營小型媒體中心，這個網站叫做《貨幣與科技》（*Money & Tech*），旗下員工只有一小群編輯和製作人，大多以自由工作者為主。他在那裡設置完整的攝影棚，有影音設備、燈光、攝影機、主播台和布幕背景。地下室的其他角落還有幾個不同的事業。有個年紀較大的藝術家利用空間製作皮革作品；另外一個空間是個叫Piper的一人比特幣公司。

克里斯·卡薩諾（Chris Cassano）是來自佛羅里達的二十五歲青年，留著一頭蓬亂的長黑髮，戴眼鏡，鬍鬚拉渣，曾在康乃狄克的一家

軍火製造商任職，也是在那段工作期間的2011年，他第一次聽說比特幣。克服一開始的質疑之後，他發現自己有一堆電腦可以用來挖礦。他想，何不挖礦，將比特幣變成美元，「贏走他們瘋狂欺詐的錢。」

　　遠離家人好友，獨自住在康乃狄克的小鎮上，卡薩諾有大把的時間。沒多久，那些時間大多用在比特幣聊天室，或思考怎樣改善自己的哈希率。他有程式設計和檔案系統的背景，而他的工作牽涉到的演算法

20Mission 的比特幣聚會

——保羅・維格納提供

又和比特幣使用的類似。他挖礦，但自言挖到的錢大多隨意用在網際網路上的東西，沒有想過怎樣儲存留待未來增值。「當時能夠用網際網路上的假錢買真實世界的東西實在很酷。」他笑著說。但他開始認真思考一個問題：怎樣最能夠保護錢包？

錢包這個名詞在比特幣圈子用得很多，而這是頗能召喚強烈印象的描述，但其實只是個使用者應用軟體，讓人可以在比特幣網絡收發比特幣。如果你真的想當自己的銀行，可以下載軟體建立自己的錢包，但大部分的人是透過錢包供應商如Coinbase或Blockchain，他們結合了方便使用的網站及智慧型手機應用程式。無論哪一種，「錢包」更像是傳統銀行的帳戶，只不過是換成長串的代碼，也因為如此，線上安全就是重要問題。理論上，只要代碼最重要的成分（開啟比特幣位址、寄送錢幣功能最重要的私密金鑰）存放在線上，就可能遭到駭客攻擊。新的加密保全解決方案在2014年問世，特別是需要配合多個金鑰才能進入位址的多重簽章制度，除了勒索敲詐或雙方極度疏忽，否則這類攻擊幾乎不可能發生。不過，若是想保證你的比特幣絕對安全，就不能將代碼放在線上的任何地方。

卡薩諾就是這樣想出一個簡單的非數位解決辦法：紙本錢包。根據他的方案，使用者將代碼列印出來，儲存在離線的地方。他沒有多久就設計出專用印表機原型，以內建有安全保護、費用不貴的迷你主機板樹莓派（Raspberry Pi）為基礎，這是避免在與保護沒有那麼周全的印表機連線時，不小心將代碼記錄在硬碟的必要措施。他在Kickstarter貼出一段說明，立刻就賣出二十五個，淨賺約4,000美元。2013年9月，他

接到肯納的電話，邀請他去20Mission。這個罕見的交易是，卡薩諾可以在20Mission生活工作，而肯納以此換取在他的公司占一小股；肯納的行為對卡薩諾來說其實就是天使投資人。於是這個佛羅里達州的年輕人12月搬到駭客之屋。他有住處、辦公室、產品，還有贊助人。他需要的就是個名字。

「我一直說樹莓派、紙錢包……派紙錢包、派紙錢包（Pi paper wallet）。」他說。最後，這些字混在一起就成了Piper。

創業，你要幾近瘋狂！

「金錢也很棒。」納森・蘭茲（Nathan Lands）坐在妻子的餐廳「地下拉麵」（Ramen Underground）的雅座裡說，這裡已經成為舊金山比特幣玩家的巢穴，是20Mission以外的另一個據點。「我感到很興奮，這是會改變世界的那種東西。」

這個三十歲的中學中輟生是QuickCoin的共同創辦人，這家錢包公司的主要目的就是找到最快速、最容易達到大量採用的路徑。這個構想是有一晚他在「地下拉麵」跟一個比特幣同好馬修・海納（Marshall Hayner）晚餐時想出來的，重點是讓沒有科技背景的比特幣新手，透過熟悉的社群媒體工具，接觸到容易使用的行動錢包。使用者可以在行動裝置透過臉書註冊QuickCoin的錢包，之後導向一個簡單的介面，省略掉很多如Blockchain一類產品大量令人不勝其煩的科技數據。一頭金色短髮，加上隨和的笑容，蘭茲的模樣依然像個十幾歲的遊戲玩家，只

不過他現在為人夫、為人父，正好又有創投基金像捧著舞會皇后一樣捧著他。他曾經創立過事業、又賣掉事業，也有些事業失敗過，賺過錢又花光，現在又賺錢了。

蘭茲在十五歲的時候真正賺到第一筆大錢——對一個十幾歲的青少年來說是大錢；靠的是經營與電玩遊戲《無盡的任務》（*EverQuest*）相關的大型「工會」，並銷售虛擬寶物換取真正的錢。他已經是創業家，只是自己還不知道。「我對生意一無所知。」蘭茲說。「我甚至不認識任何做生意的人。我的試算表就是筆記簿。」

當時正好發生科倫拜（Columbine）槍擊案，蘭茲這個偏巧喜好穿黑衣的長髮遊戲玩家很快就發現，自己成了學校當局的關注焦點，校方擔心他可能跟策畫那起大屠殺的兩名年輕殺手有相同傾向。口袋裡的存款讓他有勇氣乾脆輟學，不去應付那些困擾。他在國內四處遊歷，在佛羅里達州從事不動產，在崩盤中輸光了財產甚至負債，只好又回到電玩，開設遊戲相關的公司，再次累積身家。那些業務讓他定期要到舊金山。最後，也十分合情合理地在那裡落地生根。

事業成功讓蘭茲得以籌措到1,000萬美元，成立一家公司Gamestreamer。他開始偷偷研究競爭對手，因而接觸到對手的一名員工——派屈克・穆克，現在成了比特幣基金會的法務長，在比特幣產業與政府監管單位及立法機構之間，複雜但重要的聯絡工作上扮演關鍵人物。兩個競爭對手化敵為友。穆克是第一個告訴蘭茲比特幣的人。

Gamestreamer始終未能打開局面，2013年夏季，蘭茲悄悄地收攤結業。他為了打發時間，除了幫忙妻子打理餐廳業務，也開始思考接下

來要做什麼。他不斷回頭看比特幣，這東西愈來愈像是不錯的賭注。他開始在線上買進比特幣，也因此遇到了後來的事業夥伴海納（但後來又與他鬧翻，並買下對方手中的股權）。他們在「地下拉麵」見面，開始勾勒創意構想。其中一個構想成了QuickCoin。

蘭茲是我們見過多數流浪創業者的典型。聰明且動機強烈，他們擁有或至少相信自己擁有內在魔杖，讓他們能探查到下一個大創新，而且點石成金。我們跟蘭茲談話時，他提到自己至少創業過六次，然後失敗或賣掉：他提到曾經有1,000萬美元，後來破產。一度還不自覺地將他的新創小企業拿來跟蘋果及Google相提並論。那些創業家跟金錢還有種奇妙的關係。他們似乎都視金錢如糞土，認為金錢不是什麼值得關心的事。有時候他們有錢，有時候沒錢。不過，他們似乎都期待哪一天做出大事業時，會富得流油。

「你要幾近瘋狂！」蘭茲說，「但又不能真的瘋狂。只是要稍微讓腦筋不正常。」

趕緊參與，免得錯過一場革命

矽谷的創投業者一直到2013年才開始認真參與比特幣，距離比特幣推出已經超過四年，而且已有各種創新事業出現又消失，例如肯納的Tradehill。但是從此之後，出現的支援應用呈幾何級數增加。現在矽谷在許多年輕創新者背後投注金錢，提供他們重要的正當性標記，並為加密電子貨幣擔保。創投業者或許還不會一次就拿1億美元的大手筆注

資，扔進比特幣新創公司，但有愈來愈多人確實拿出相當可觀的金錢。

　　當然，創投業者的資金大多是亂槍打鳥似地漫天撒網，期望眾多賭注之中，只要有幾個大獲成功，投資者就能把錢賺回來。可想而知，許多創投業者是從這樣的脈絡看待對比特幣的賭注。不過比較不尋常的是有多少人對這項科技展現熱情；矽谷幾乎有一種感覺，必須參與比特幣，以免錯過一場革命。來自創投業者的累計資金已經成為比特幣玩家耿耿於懷的事，而且可以理解。這是衡量那些舉足輕重的參與者，對加密電子貨幣領域有多少興趣的實質標準，進而可衡量加密電子貨幣在被接受及合法性的路途有多少進展。根據新聞網站*CoinDesk*進行的調查，創投業者對比特幣公司的投資，從2012年的200萬美元，跳增到2013年的8,800萬美元。到了2014年中，光是上半年就籌得逾1.13億美元。如果下半年繼續以六個月增加30％的速度，全年增幅將比2013年增加三倍。當然，專用於比特幣的總金額，在全球創投資金的比例來說不過九牛一毛；道瓊創投資源（Dow Jones VentureSource）2013年投入創投的資金累計達330億美元。但這個成長速度很難忽視，因為距離1990年代後半期，網際網路新創事業掀起的籌資旋風不遠，而且顯示宣告比特幣失敗還太早。

　　最重要的是，投資人的大名引起眾人關注。名單包括1990年代電子商務早期興盛期的部分重要人物，其中就有號稱推廣網際網路的大人物：馬克・安德森。馬克・安德森創辦了第一個廣為流傳的瀏覽器Mosaic，以及後來名氣更大的網景（Netscape），現在是立場鮮明的比特幣多頭。他的公司安霍創投（Andreessen Horowitz）在加密電子貨

THE AGE OF CRYPTOCURRENCY

幣產業已有重大投資，包括比特幣處理業者Coinbase和支付供應商瑞波。他並非那個年代唯一從科技迷搖身變成投資者，而且如今一頭栽入加密新創事業的人。建立第一個成功搜尋引擎雅虎（Yahoo）的楊致遠，他的AME Ventures在支付處理業者BitPay的3,000萬美元募資中注資，並在存款及錢包供應商Xapo的兩輪2,000萬美元募資中，投資其中一次；Xapo提供存款戶保險，並自稱是「比特幣保險庫」。網站安全評等公司VeriSign，將以信用卡為主的電子商務化理想為現實，其前任執行長史崔頓・斯科拉沃斯（Stratton Sclavos）透過自己的雷達資本公司（Radar Capital）在高科技錢包安全專業公司BitGO占有重要股權。其他矽谷投資財團看多比特幣的重量級人物，包括阿塞爾創投（Accel Partners）的吉姆・布雷爾（Jim Breyer）在Circle擔任領導角色，Circle是相當容易使用的比特幣存款及仲介經紀服務，推出該服務的傑瑞米・阿萊爾也創立了線上影音平台Brightcove。亞當・德拉波頗具影響力的父親提姆・德拉波（Tim Draper）注資為銀行及金融機構設立的比特幣交易所Vaurum。光速創投（Lightspeed Partners）的傑瑞米・劉（Jeremy Liew）將資金引入比特幣中國及瑞波，而雷德・霍夫曼（Reid Hoffman）的葛雷拉克創投（Greylock Partners）與倫敦指數投資（Index Partners）共同主導Xapo的第二輪2,000萬美元募資。

另一方面，舊金山本地的避險基金潘特拉資本（Pantera Capital）從投資全球債市與匯市，轉為專做比特幣投資工具，代紐約的超級避險基金堡壘資本（Fortress Capital）管理資金。同樣在紐約，聯合廣場（Union Square Partners）也擔起東岸比特幣支持者的重要角色，大

多是透過聯合創辦人佛瑞德・威爾森（Fred Wilson）本人進行。商界及娛樂界名人也出現在比特幣和其他加密電子貨幣的投資圈：維珍集團（Virgin Group）董事長理查・布蘭森爵士（Sir Richard Branson）、演員艾希頓・庫奇（Ashton Kutcher）透過自己的A-Grade投資基金參與，以及香港富豪李嘉誠透過旗下維港投資（Horizons Ventures）注資BitPay。另外還有投資者因為太投入，現在成了比特幣社群的一員，更是比特幣會議圈的中流砥柱：芝加哥塔利資本（Tally Capital）的馬修・羅札克（Matthew Roszak），紐約MintCombine的里克・維拉德（Rik Willard），及聖塔莫尼卡Clearstone Venture Partners的威廉・奎格利（William Quigley），便是其中幾例。除此之外，一個活躍的比特幣玩家社群也將新得的財富投回創業加速器方案和天使投資計畫，通常是以比特幣和其他加密電子貨幣計價的資金。其中最活躍的當屬BitAngels團隊，成員有公關邁可・特爾賓（Michael Terpin）、加密電子貨幣開發者大衛・強斯敦（David Johnston），以及數位貨幣代言人布羅克・皮爾斯。

金額2,000萬美元及3,000萬美元的交易愈來愈稀鬆平常。BitPay、Blockchain、Coinbase、Xapo、挖礦設備製造商BitFury，以及Circle都收到差不多的金額，有的還籌資超過一輪，同時也有數百萬美元投入瑞波、BitGo以及舊金山的交易所Kraken。

如果這些例子太過以美國為中心，值得一提的還有倫敦當地的高科技交易所Coinfloor，部分資金來自倫敦當地的Passion Capital；中國的交易所比特幣中國則有光速創投亞洲部門的支持；北歐的創投公司

Creandum主導斯德哥爾摩挖礦機制造商KnC Miner的1,400萬美元募資。

　　並非所有事業都需要，或想要創投公司的資金，正如我們提過的，創投公司的資金引發早期採用比特幣的烏托邦主義者猜疑，他們擔心「穿西裝的」會來接管。一直到2014年10月獲得3,000萬美元的創投資金之前，倫敦錢包巨擘Blockchain的業務完全是以比特幣進行。這就需要以比特幣支付員工薪資，還要一直尋找接受比特幣的供應商，例如CheapAir.com，Blockchain經常飛來飛去的執行長尼可拉斯・卡瑞，就是利用這家公司安排行程。但是這樣做也比較輕鬆，因為Blockchain不提供任何法定貨幣的兌換服務。Bitstamp及保加利亞的BTC-e則必須處理美元及歐元，但這兩家極為成功的中歐交易所始終沒有搭上創投的資金大潮。有些公司能夠一直維持家族事業，藉由發動完全以數位貨幣計價的群眾募資，善用比特幣社群的財富。這是許多「比特幣2.0」事業偏好的管道，希望將區塊鏈變成多面向平台，進行免中間人合約及資產交換，並建立去中心化應用及組織。

　　無論這些新創公司是以投資人的金錢填滿傳統的銀行帳戶，還是以數位錢包接受比特幣玩家的贈與，這樣大筆撒錢對加密電子貨幣的版圖確實有深遠的影響。資金大舉湧入，成為塑造這個版圖的主要力量，其威力只有政府監管單位日益濃厚的興趣可以匹敵。那些資金充裕的公司及其聰明天真的年輕創辦人，以桀傲不馴、大起大落的方式建立的去中心化經濟，有一天將勾勒我們未來的生活方式。

一杯咖啡，變成了一部筆記型電腦

矽谷創投圈的保守派在加入比特幣之前，是由該領域一個年紀較輕的重量級分子帶領入門。二十八歲的亞當‧德拉波被形容是比特幣社群的融資「王子」，意思是指他出身舉足輕重的創投世家。小德拉波的父親是前面提到過的提姆‧德拉波，是德豐傑投資公司（Draper Fisher Jurvetson）的創辦人，也是另一個早期就接受比特幣的狂熱信徒。亞當的祖父比爾‧德拉波（Bill Draper）及曾祖父威廉‧德拉波（William H. Draper）也都是相當成功的矽谷創投家，威廉‧德拉波更常被指為創投業的祖師爺。最年輕一代的亞當‧德拉波告訴造訪他個人網站的訪客說，他的人生志願是協助創造鋼鐵人套裝，顯然也繼承了家族的創業精神。2009年，還是加州大學洛杉磯分校大四學生的他，就成立未上市公司股票交易平台Xpert Financial。它的功能非常類似比特幣重要支持者巴瑞‧席爾伯特創立五年的心血結晶第二市場，但Xpert獲得證券交易委員會的批准。一年後，已經畢業的德拉波成立恩德斯基金（Enders Fund），旨在為開發手機遊戲提供資金。2012年6月，一次與Coinbase的布萊恩‧阿姆斯壯會面，讓亞當‧德拉波對這個社群的狂熱大開眼界，於是德拉波成立讓他踏進比特幣世界的基金：Boost創投基金，一個培育早期新創公司的「加速器」方案。

加速器是矽谷特有的東西。基本上，創投家和所謂的天使投資人將資金匯集在一起，並指定用來協助新創公司發展。但不光只是資金。有大約三個月的時間，資助者會給這些剛成立的公司提供辦公空間和居住

空間，並引進顧問指導（加速器計畫和駭客之屋的主要差異，似乎就在於資金）。這是一堂速成課程，教導如何將構想化為事業，是新創公司的新兵訓練營。

德拉波的加速器計畫是第一個只著重比特幣的方案，但並非一開始就這樣做。「我們只是嘗試經營一個理想的加速育成方案。」他說。他們棲身在另外一個加速育成中心「英雄城市」（Hero City）的地下室，英雄城市是由亞當的父親在2012年成立的創業學校德拉波大學（Draper University）旗下的一個計畫，位於繁華的聖馬特奧市區綠樹成蔭的商業區。一批公司又一批公司，德拉波在尋找真正突破性的科技給予支持。他考慮過3D列印，還有無人飛機。比特幣頻頻出現，沒多久他就相信了它的潛力，包括從科技及商業的角度。「我們最後真的一頭栽入比特幣，」他說。「我們從中看到許多機會。」當時只有少數幾個比特幣事業。德拉波認為自己可以讓數量倍增。

他放出消息說，Boost可以接下五到七家比特幣相關的新創公司，很快就收到一百五十份申請書。他在一個月內跟他們全都見過面，慢慢拼湊出全貌。「到了那個月結束，我是比特幣的重要權威之一了。」他半開玩笑地說。甚至原本是競爭對手的其他創投業者，也都找他要資訊。他最早行動，儼然成為這個領域的領袖，這意味著到了他的新創公司要進行規模更大的募資時，可以從大人物手中吸收到資金。「願意到沒有人要去的地方，才能找到可以發展的大事。」

「我們動作快狠準！」他說，「我們是最早證明那裡有重要性的。」Boost並沒有大開支票，但確實開出支票，而存活下來的企業也都受到

注意。沒多久，創投公司的資金開始大量湧入比特幣。「我們因此成了小池塘裡的大魚。這裡後來就真的變成大池塘了。」

未來的生活方式：去中心化經濟

史考特·羅賓森（Scott Robinson）是 Plug and Play 科技中心的行銷經理，該創新育成中心位於森尼韋爾，在帕羅奧圖與聖荷西之間，舊金山灣區南端。他也是該中心所在地的比特幣傳道者。他之所以得知加密電子貨幣，是 2011 年從一個用比特幣在線上買毒品的朋友那裡聽說的。後來注意到媒體有愈來愈多報導，開始感到好奇。2012 年末，他開始參加由羅傑·維爾安排，在森尼韋爾舉辦的比特幣聚會；羅傑·維爾是比特幣的早期投資者，也是比特幣基金會的共同創辦人，現在也在比特幣會議圈中擔任類似激勵演講人的角色。當維爾搬到東京時，他請羅賓森接手舉辦聚會。他接了下來，最後開始在 Plug and Play 的辦公室舉辦聚會。

Plug and Play 是賽義德·阿米迪（Saeed Amidi）的創意，阿米迪是個喋喋不休的伊朗移民，2006 年創立這個創業加速器，並將這個成功的概念轉化成全球性連鎖事業，在世界各地吸收新創公司。如今 Plug and Play 在加拿大、西班牙、新加坡、約旦、達吉斯坦、俄羅斯、波蘭，及墨西哥都有分公司，在美國還有另外四個據點。全世界存在許多這類計畫，而在矽谷就有 Boost、英雄城市、Y Combinator、500 Startups，概念都差不多。而「育成中心」（incubator）和「加速器」

之間的差異有些模糊，但加速器背後的主要概念是加快速度。Plug and Play 標榜自己是「迷你矽谷」（Silicon Valley in a box），將新創事業、企業、創投基金，以及大學全拉在一起，撞擊出新公司。這是出奇成功的模式。幾百家新創事業都在這裡經歷過整個流程，2014年夏天大約有三百二十五家，還有幾家繼續發展成數十億美元的事業。

森尼韋爾的校園規模宏偉。核心是提供給新創事業的開放式辦公空間，面積大約有足球場那麼大。許多公司聚集在企業合作夥伴附近，例如福斯汽車（Volkswagen）和松下（Panasonic）。其他則依產業和技術而聚集在一起：例如比特幣業者就在同一個小房間。中心有個大禮堂、展覽空間，甚至還有個大露臺可以遠眺聖塔克拉拉山區。

這裡也安排了指導顧問，引進和新創事業相同領域的資深人士。新創事業的創辦人會引介給創投業者、企業主管，以及大學代表。而Plug and Play 則藉此取得每一家新創公司的股權，通常是2.5萬美元換得5％的股權。若是做得好，這是雙方互利的安排。那些公司獲得曝光，並能取得原本絕對得不到的專家意見和資本，而Plug and Play 則像是挖了很多口井。如果有一個成功了，回報也非常豐厚，PayPal、Dropbox，以及Zoosk都經過這個方案輔導。

2014年6月，Plug and Play 主辦每季一次的一日「展覽」，這是加速器方案高潮的交流活動，將投資人與新創事業湊在一起，進行一連串的簡報與研討會，最後是提案大會，每一家新創公司派出團隊的一名成員上台，面對幾百位來自全球各地有興趣的基金投資人。在這瘋狂忙亂的一天之前，是好幾個月通宵寫軟體程式、測試、又重寫，之後還要一

再草擬企畫案。到最後，這些創業家在展覽會上有三分鐘；三分鐘內提煉三個月的努力精華，三分鐘上台表演的時間，表演並推銷自己的公司、創意，面對的是口袋非常、非常深的一群人，他們聽慣了各式各樣天花亂墜的提案。這是黃金機會，因此也更讓人緊張不安，尤其大多數科技人都不是天生推銷高手，也缺乏一般行銷經理的魅力。一組評審會挑出三個贏家。羅賓森尤其得意，因為這個展覽會包含他別具意義的心血結晶：參與提案的二十四家公司，有五家比特幣相關的新創公司。

整個活動有種《美國偶像》（American Idol）的感覺，就像許多深受歡迎的歌手從《美國偶像》工廠冒出頭，但同樣也有很多人並未獲勝——道奇樂團（Daughtry）、凱薩琳·麥菲（Katharine McPhee）、卡莉·萍勒（Kellie Pickler）。在 Plug and Play 的展覽會上勝出非常棒，但這並非唯一的獎賞。做出優秀的提案報告，就算沒有獲勝，大家都會開始注意，獲得回報的那一天或許也就不遠了。

這五家比特幣公司代表這個領域目前在進行的創新，範圍之廣令人印象深刻。CoinVox 是以比特幣為主的政治捐款服務；37Coins 是透過手機簡訊傳送數位貨幣的產品，目標鎖定開發中國家；CoinsFriendly 是比特幣交易兼市場分析工具；Purse 提供後門工具，可以用比特幣在亞馬遜購買商品；PeerPal 則是線上市集，供人直接在線上互相買賣比特幣和美元。他們的團隊分別來自德州、加州、馬里蘭州，還有烏克蘭、南韓，以及德國。這些比特幣玩家大多年紀很輕，只有一個例外；儘管他們背景不同，卻都有兩個共同特質。他們都聰明得驚人，無論是具備常春藤的畢業證書還是自學程式，而且他們全都懷抱雄心壯志。

Purse的安德魯・李（Andrew Lee）有在美林證券的支付背景，2011年時聽說比特幣，產生興趣而在線上買了價值5美元的比特幣，但隨即拋在腦後。一年多過去了，他突然注意到比特幣的價格暴漲，於是想起那5美元的投資。「一杯咖啡，變成了一部筆記型電腦。」他用比喻來說明。

安德魯・李一開始參加比特幣聚會，在一次聚會中認識了IBM電腦科學家肯特・劉（Kent Liu）。2014年2月的某天中午時分，他們在舊金山教會區的一家咖啡店碰面。晚上11點喝完最後一杯咖啡時，他們已經擬定一份提案，要同時解決兩個不同族群的問題，最後讓他們找上了Plug and Play。第一，即便亞馬遜不接受數位貨幣，他們卻可以讓想在這個電子商務網站使用比特幣的人，可用比特幣買到東西，還能議價取得折扣。第二，任何人想買比特幣都可以用信用卡購買，這種便利性是大多數比特幣交易所和經紀商做不到的，因為有信用卡發卡銀行退單的風險。李劉兩人巧妙有創意的解決辦法，就是透過開放的市集將兩者結合在一起，信用卡持卡人代替購物者購買商品，再收取比特幣為報酬。這有點像是拉斯洛・漢耶茲著名的披薩交易機械化後，由市場主導的模式。這可以同時作為比特幣與商品的市集，而亞馬遜商品的價格有折扣，代表比特幣的價格對使用信用卡有便利性溢價。於是Purse誕生了。

兩人很快都辭掉工作。「這是很容易做的決定。」肯特・劉說。

PeerPal背後的團隊明顯異於其他團隊：他們是唯一成員年齡明顯超過20幾歲的團隊，甚至應該說超過30幾歲。

詹姆斯・瓊斯（James Jones）、約書亞・薛克特（Joshua Schechter）及修斯頓・佛洛斯特（Houston Frost）2013年8月開始碰面時，他們是德州聖安東尼奧僅有的三個比特幣玩家。「我們舉辦聚會──」薛克特解釋，「而我們是現場僅有的人。」這三個人也屬於創業家類型。佛洛斯特是Akimbo的執行長，該公司銷售預付儲值卡，使用者可設定好幾個副卡給家人。薛克特創辦一家支付處理公司又賣掉，瓊斯則發明了一種叫CubeSpawn的產品，是可以自行複製的印表機。薛克特在2009年聽說比特幣，看過中本聰的白皮書，但他又不是密碼龐客那一類的早期比特幣狂熱者。「我不是無政府主義者或自由意志主義者，」薛克特說。「我是資本主義者。」他從比特幣看到致富的機會。在拉斯維加斯的一場比特幣研討會中巧遇羅賓森，受對方邀請前往森尼韋爾。「你怎麼能對加入矽谷創業加速器的機會說不？」他反問道。於是四十八歲的薛克特放下妻子、孩子、房子、魚和狗三個月，前往加州。

　　這幾個人的需求跟展覽會多數其他同行有些不同。對一個生活開支只有房租和啤酒的二十五歲青年來說，大可不用擔心錢的問題；但PeerPal的人有家累，要養家餬口。「我們不可能免費做。」薛克特解釋。我們碰面時，他是靠著積蓄和妻子的工作生活。2014年6月，他住在一個類似20Mission的駭客之屋，位於聖荷西的Circuit House。「好像又回到大學。」他開玩笑道。但如果PeerPal不成功，他知道自己就得再次轉向，想好下一步。薛克特代表團隊上台。他天生外向，果然簡報做得精彩，獲得不錯的反應。那一整天眾人的反應可不像小學的話劇

表演，孩子上台的時候有家人散布在台下各處大聲喝采。薛克特的提案結尾有些不尋常，他提出具體的金額要求：60萬美元。（他後來告訴我們，他認為這是保守的數字。）

薛克特承認他的目標之一就是被收購。（他們有意識地挑選名稱PeerPal，就是希望吸引PayPal的注意。）但到最後他們沒有得到新的投資或是被收購，而且到了夏末，他們三人回到德州，回到原來的工作，比特幣致富的夢想延遲了，但沒有破滅。佛洛斯特有Akimbo。薛克特為瓊斯的CubeSpawn幫忙，這個自行複製的去中心化小機器是為了鼓勵「分散製造」（distributed manufacturing）。而他們的業務當然接受比特幣。

bitcoin.com背後的曲折故事

我們訪談過的所有科技創新者與創投業者，幾乎都對比特幣的長期前景躍躍欲試。意思是，他們從給人去中心化的加密電子貨幣工具、改變商業慣例中，看到賺錢的機會，而不是投機買賣比特幣匯價的短期獲利。不過，創投基金加快投入這個產業的時機，正值2013年比特幣價格驟升，這可不是巧合，當時比特幣的匯率十一個月暴漲8,400％，在12月初到達1,151美元的高點，比三年前的水準高出1,600倍。不斷攀升的市況，特別是以這種速度創新高的市場，會產生對資產的熱潮與關注。除此之外，也釋放出擁有該資產的人支出與投資的力量。

矽谷會形容這是一種正面的回饋循環，價格上漲能引來更多對加密

電子貨幣的關注，更多投資資本流入比特幣，更多創新以及對這個產業更多利益和好處，這又將價格推升得更高。心存懷疑的人也同樣會說這是泡沫；許多人在2014年上半年價格回落到500美元以下時，就企圖證明他們形容比特幣是「鬱金香狂熱」的說法沒錯。但就算是在那些新低水準，比特幣還是比問世以來，直到2013年11月中之前的任何水準都高。這就讓許多賺取比特幣超過一年的礦工、比特幣創業家和企業的財富明顯增加。他們投資這筆財富的選擇，鼓勵這個產業有更多創新，也驅使比特幣相關的數位資產價格上場，差不多就像1990年代末期，NASDAQ股市大漲激勵資訊科技（IT）新創公司及股票的狂熱。

比特幣最有價值的線上不動產，網域名稱bitcoin.com背後的曲折故事，就能清楚說明這一點。這個網域名稱最早是2000年由一家瑞典電信公司註冊，後來卻任由註冊失效。一家南韓科技公司在2003年至2005年擁有這個網域名稱，之後也是放著失效。到了2008年，一個名叫傑斯·海特勒（Jesse Heitler）的耶魯大學學生兼創業家註冊下來，之後又在2010年以2,000美元賣給一個名叫大衛·勞伊（David Lowy）的多倫多商人。勞伊轉手給目前的擁有人，只是這人也是身分不明。這個擁有人先後將網域名稱租給三個不同的團體：一個是肯納，2011年以100萬美元的Tradehill股票換來。在Tradehill關門結業之後，那個擁有人先是租給Coinbase，2014年又租給Blockchain。我們不知道後來兩者付出什麼代價，但如果2011年的價值有100萬美元，想必現在就遠遠不止了。

虛擬貨幣的遠大展望

　　雖然感覺好像矽谷所有人都投入比特幣，但就像矽谷外面的人感覺都反對比特幣，或是沒什麼興趣，事實上那一群熱情的信徒還是相當少數。創投圈有些人非常懷疑，只是他們似乎很少表達出來。康妮‧洛伊佐斯（Connie Loizos）在部落格 *StrictlyVC* 有一篇文章，標題為〈矽谷裡的比特幣空頭，真的〉（A Bitcoin Bear in Silicon Valley, It's True），引述提姆‧德拉波旗下，德豐傑總經理喬許‧史坦恩（Josh Stein）形容自己是「比特幣空頭」。史坦恩的公司投資過推特、Skype，以及特斯拉，他認為比特幣節省的交易成本，競爭力沒有比電匯或是以美元為主的新支付科技高多少，而且比特幣不像黃金，沒有「內在價值」。不過話鋒一轉，洛伊佐斯寫道，史坦恩很快打斷自己的評論，宣稱公開表達他的意見會「引發網路口水戰」。他可能是指，只要有人質疑加密電子貨幣是世界問題解方的看法，比特幣狂熱者就會迅速在 Reddit 或推特大加撻伐。但史坦恩的評語聽起來又彷彿是創投圈似乎也陷入對比特幣的團體迷思，有種微妙的自我審查，以免有任何成員走漏消息。

　　根據我們的經驗，創投基金應該是更為思慮周密、思想開明的一群人。因此，史坦因可能還是會開心地與合夥人提姆‧德拉波共進午餐。但是出了灣區那個狹窄的範圍，比特幣玩家就算非常少數了。史坦恩的批評在那裡更容易獲得廣泛共鳴，特別是他有關缺乏內在價值這個頗有爭議的論點。無論這樣的意見有什麼漏洞（想想我們在第一章討論到貨幣內在價值的神話），這是住在灣區以外的人普遍抱持的看法。

現在浮現的景象就是一個傾斜的不平衡世界，分成一小撮資金充裕、深信加密電子貨幣將改變世界的人，還有其他所有看不出到底在吵什麼的人。沒有第二群人的支持，第一群人的願景就無法實現。這對比特幣來說，就跟其他新科技一樣再真實不過。矽谷需要步步為營。儘管美國人通常還是正面看待矽谷的新創公司和那些冒險投資人，就像推動美國夢的年輕男女，但還是可能會冒出不滿。由於我們的經濟現在每個層面都仰賴灣區開發和資助的各種軟體，而矽谷富豪圈也成為政治捐獻及贊助的重要漁場，我們正見證政治與經濟的權力基礎由華爾街轉移到這個地區。在這樣的變動中，大型企業如Google、微軟、蘋果，及臉書掌握一切而無所不知，加上眾人提供的私人資訊，使得包括立法人士在內的許多人覺得不安。當然，他們大權在握產生的印象，遠遠比電腦怪客在車庫設計優異裝置的浪漫形象更加負面。隨著一波波高度破壞性創新科技開始讓更多美國人失去工作（我們稍後會看到，加密電子貨幣可能就在其中），對這些矽谷公司的「智慧」，可能產生日益高漲的怨恨。另一方面，從矽谷出來的產品對社會也做出正面的貢獻，例如隨著網際網路出現而到來的產品。事實上，也正是近期在網際網路發展的經驗，讓許多矽谷人對加密電子貨幣興致勃勃。他們不知道比特幣未來會如何，但因為有網際網路開路，締造出無法預測的衍生創新，許多人感覺到這個新「平台」有類似的解放自由前景。

　　「如果回顧1993年，問問人家若將所有電腦聯絡成網，他們覺得可以做什麼，很多人基本上就是舉他們已經用電腦在做的事，只是想像可以做得更快、規模更大。」安霍創投合夥人之一的克里斯・迪克森

（Chris Dixon）說。「舉例來說，他們可能會說『在家裡，我現在複製檔案是插入一張磁片再走到房間另一端，但是有了網路，我可以立刻就複製。』所有大家可以想像的事情就是類似複製檔案，以及在電子布告欄聊天。卻沒有人想像出推特或維基百科或YouTube，甚至所有過去十年到二十年出現的驚人發明。在1993年很難找到人預測出這一切。」迪克森說，那些無法想像的可能性都存在於比特幣。「因為可擴張軟體平台能讓任何人在上面增添東西，威力強大到不可思議，而且無法預期。修正現有支付系統這種事很有趣，但是格外令人振奮的是，有了這個新平台，你可以轉移資金和資產，甚至可以建立新的事業領域。」

如果迪克森有關比特幣是網際網路重來一次的說法正確，那麼很多投入這個領域的新創公司都將實現夢想，甚至可能成為下一個PayPal，或者至少能被PayPal收購。對創投基金來說，他們的期望就是亂槍打鳥的做法能夠中幾個大獎。這種本質抱持樂觀的做法，基本概念是機會藏在多個未開發的地方，我們只是無法每次都知道是哪一個。

正如下一章我們即將了解的，這些大機會，甚至可能是莫大的機會，有些可能遠在帕羅奧圖這個整齊的社區，或者紐約、倫敦等裝修完善的公寓之外。加密電子貨幣的遠大展望並不在於有錢人蜂擁而入、推高價格，而在於窮人能夠發現加密電子貨幣極為有用。現在我們該探討比特幣最令人振奮的一大計畫：讓「無銀行帳戶者」獲得自由。

第八章

無銀行帳戶者——10兆美元的地下經濟

「常言道，金錢是好人有好事的因由，惡人有壞事的因由。」
—— 斐羅（Philo）

　　全世界大約有二十五億成年人沒有使用銀行服務，意思就是大約有五十億人屬於和我們習以為常的金融體系隔絕的家庭。他們無法開設存款帳戶。他們沒有活期帳戶。他們無法辦信用卡。銀行不想去他們居住的地方設點，又因為這點，他們其實是和全球經濟隔絕的。他們被稱為無銀行帳戶者（unbanked）。但他們並非遙不可及，完全不是，而比特幣玩家談到最大、也最令人振奮的願景之一，就是利用加密電子貨幣帶領這幾十億人一同邁進二十一世紀。

　　貨幣無所謂好或壞。那只是個交換及會計系統，一種社會順利、有效率地交換商品及服務的方式，並大規模加以記錄。只不過世人投注了非比尋常的價值。「貨幣」幾乎成為跟「價值」一樣的心理建構概念。比特幣玩家在形容自己的貨幣時並無不同。在他們心中，比特幣本身就是一股力量，所到之處將重塑並改善眾人的生活，他們因此得到一個信念，就是既可因此而致富並能大行善事。就像是帶著完全利他傾向的資

本主義。而最為明顯的地方，莫過於提出以比特幣為世上窮人的解決辦法；就這一點而言，他們有個令人信服的案例，證明比特幣可以成為更好、更廣為使用的貨幣形式。

低階傳統手機的比特幣錢包

要說明這一點，我們暫且回頭說說 Plug and Play 的 6 月展覽會那一天，首次亮相的一家新創公司：37Coins。這家新創公司結合了三位創辦人的心血，李頌宜（音譯，Songyi Lee）、約翰．巴比（Johann Barbie），以及強納森．榮布羅（Jonathan Zobro）。這三人當中，李頌宜似乎和矽谷最沒有淵源。她不是程式設計師，也不是自由意志主義者或加密—無政府主義者，她是社工。她的男友巴比則是科技迷兼比特幣狂熱愛好者。但有一天，他們兩人將各自的世界拼湊在一起，發現他們有機會做點大事。

2013 年 9 月，李頌宜踏上她的第一次現場田野工作，參與反貧窮非營利組織世界展望會在馬利的一個影片拍攝團隊。馬利彼時剛經歷殘酷的內戰，北方十室九空，全都蜂擁至南方的難民營。李頌宜在那裡認識了五個孩子的媽媽法蒂瑪（Fatima），他們住的「營區」其實更像永久住所。法蒂瑪的丈夫跟許多馬利人一樣到象牙海岸當移工，有機會就把錢送回家。而他的做法讓年輕的李頌宜留下深刻印象。

法蒂瑪的丈夫是靠人送錢回家。隨便什麼人，只要是前往他的妻子與家人的方向。法蒂瑪的家人沒有銀行帳戶，甚至沒有身分證明。有時

候錢送得到，有時候送不到。為了貼補不可靠的收入來源，法蒂瑪給人當清潔工。如果還是不夠，她年紀大一些的孩子也會去工作。

很重要的一點是，她有手機，一隻5美元的傳統功能手機。「我不敢置信。」李頌宜說。最後一點最關鍵。沒有存款帳戶，沒有辦法使用銀行服務，新興市場的人民（在先進市場如美國，同樣也有不少）很難長久累積財富。這又是造成很多人陷入貧窮的另一個難題。對他們來說，追求其他自由，例如言論自由，都排在解決這些財務和經濟難題之後。比特幣玩家猜想，擺脫這些難題的方法或許就在那一隻5美元的手機，以及一個全新的行動貨幣系統。

馬利是地球上最貧窮的國家之一，在聯合國人類發展指數（Human Development Index）的一百八十七個國家中排名一百七十五，超過70％的人口生活在貧窮線以下。該國主要仰賴農業，人均所得一年平均為500美元。當地努力提振觀光業，但是該國包括2012年政變在內的動亂歷史，迫使像法蒂瑪那樣的人遠離家鄉，使得觀光業難以推動。

李頌宜回到首爾的家後，給巴比看她拍攝的畫面，巴比頓時靈光一閃。巴比是在IBM工作的軟體設計師，而且為比特幣著迷，據他形容自己發現比特幣的第一反應：「我兩天睡不著覺。」巴比立刻看出有個方法可以協助解決法蒂瑪的問題：行動支付。比特幣畢竟只是一連串的代碼。如果有手機，甚至不用智慧型手機，只要是可以接收簡訊的傳統手機即可，就能連上電腦系統傳遞比特幣。銀行或許不想將他們龐大複雜的拜占庭式系統，伸進新興市場的口袋，因為實在無利可圖。但這對比特幣來說不是問題。

「我猜想就是這樣，」李頌宜說。「這是我生平難得的機會能嘗試解救世界，嘗試改變世界。」她辭掉世界展望會的工作，跟著巴比和榮布羅一起建立了37Coins。這個名稱暗指中本聰的一段評論，中本聰曾在留言板表示，比特幣挖礦「就像嘗試一次丟三十七枚硬幣，還要全都是人頭向上」。

　　這項服務讓任何人都能以陽春功能的傳統手機，透過簡訊傳送金錢，包括開發中國家民眾使用的低階手機。唯一要做的就是在37Coins開設一個錢包。這和肯亞廣為流傳的M-Pesa服務類似，但肯亞的M-Pesa是由電訊公司Safaricom經營，而且是建立在傳統的銀行基礎架構之上；37Coins則是與去中心化的比特幣網絡合作。它利用這個地區有幸用得起Android智慧型手機的人為傳送訊息的「通道」（gateways）。而這些通道則能收到小額手續費，必然的好處就是給當地人機會，靠著移動流量建立自己的小事業。這種事業還在早期階段，在亞洲和其他民眾較能掌握科技的國家試用，之後再到類似馬利的地方嘗試。

　　37Coins的創辦人有精力與熱情，但是面臨重大阻礙。儘管行動電話滲透率在這個世界貧民窟相當驚人，但科技在最貧窮的地方通常進展也最慢。其他障礙則有文化、社會，及政治，例如內戰，或是有些潛在顧客地處偏遠，又或者他們抗拒新的行事做法。除此之外，37Coins還面臨競爭壓力。愈來愈多加密電子貨幣新創公司將服務瞄準新興市場，包括肯亞的BitPesa、南美洲的BitPagos，以及墨西哥的Volabit。其中一些如37Coins、BitPagos以及Volabit，都經歷過矽谷的加速器方案。

其他如BitPesa則有豐沛的人脈關係與資金。它們全都抱持相同的信念，可以靠善意賺錢，同時賺錢行善。

經濟整合的絕佳工具

已開發國家的人民通常不了解信用卡的隱藏成本和隱私問題。對他們來說，信用卡很好，承擔交易手續費和退單的是商家不是顧客，而且他們還不用費事掏現金。因此，除非是在外國使用信用卡而遇到棘手的意外成本，否則他們通常將加密電子貨幣視為等待問題出現的解決方案。但是在開發中國家，效能不彰的金融體系和轉移資金的負擔實在太明顯了，推銷加密電子貨幣就更有說服力。比特幣傳道者往往把焦點集中在兩個領域：從已開發國家匯款到開發中國家，以及內部支付與轉帳。

世界銀行估計全球跨境流動的匯款業務，每年大約有5,000億美元。菲律賓及中美洲等國家，有大批公民在較為富裕的國家工作，極為仰賴這些匯回國內的資金帶動經濟。然而效率不彰的國際金融體系，卻只能確保這些資金的部分能到達應該到的地方。依照收款國家的不同，從美國匯款出去的手續費通常達10％，如果從英國和其他國家匯出，則可能要兩倍。加上匯率成本，業務總「摩擦」可能高達30％。

在開發中國家，同樣嚴重的難題可能在於進行日常的商務。對商家來說，面對無法使用信貸的顧客，必須一直把現金帶在身上的風險也很高。而沒有銀行帳戶的顧客，要累積哪一種積蓄幾乎都不可能。問題

不限於新興市場。在加拿大、英國、德國,以及澳洲,十五歲以上人口擁有銀行帳戶的比例,從96%到99%不等。但是到了美國,這個數字滑落到88%。再加上另外一種「銀行服務不足」(underbanked)的類別,也就是可能有銀行帳戶,但也被迫使用「非傳統」銀行來源,如支票兌現或發薪日貸款(payday loan),這種無法充分使用金融體系的美國人口比例超過30%。中國讓64%的人口都開了銀行帳戶,而在阿根廷,儘管布宜諾斯艾利斯有大量受過教育、且熟悉國際局勢的中產人口,該國卻只有33%的人口享有銀行服務,這個數字甚至低於印度的35%。在菲律賓,因為海外匯款非常受重視,因此海外菲勞返國可免除機場稅,並在馬尼拉機場快速通關,但總人口也僅27%有銀行帳戶。在巴基斯坦,這個數字是10%。

銀行不服務這些人有各種原因。部分是因為窮人能給的獲利不如富人豐厚,有部分則是因為他們居住的地方,沒有銀行設立實體分行所需的基礎建設和安全防護。但最主要還是因為法制薄弱和所有權法令不健全。沒有文件記錄可證明身分、提供擔保和建立信用記錄,世上的窮人就缺乏參與世界銀行體系的起碼基礎。這就限制了他們只能現金交易。影子銀行興起以滿足他們的需求,但這通常牽涉到收費過高的資金轉帳業者,或者以馬利的移工來說,就只能受制於陌生人了。

就我們所知,比特幣不在乎你是誰。它也不在乎你打算存多少錢、寄多少錢,或花多少錢。你、你的身分和你的信用記錄都無關緊要。你只需要一個電子平台和網際網路連線。只要能做到這一點,比特幣可以讓你從任何地方寄錢或收錢。如果你一星期的生活費是50美元,省下5

美元就相當可觀了。

從金融業整合三分之一的人口，可為世界貿易和打擊貧窮創造巨大的新機會。我們已經見過全球化與數位化對眾人生活的全面性影響，甚至還沒有改造金融體系。那種影響是指印度的年輕人只要能說英語、對桌上型電腦有了解，不需要離家，就能找到維護美國與歐洲電腦的工作。那種影響讓跨國公司能從世界各地取得商品，在過去不曾有過職缺的區域創造製造業職缺。儘管富裕國家歷經工廠和其他外包工作消失後，許多人變成失敗者，但從宏觀角度來看，全球化的好處卻不容忽視，即便批評者經常視而不見。在1990年到2010年間，全世界一天生活費不到1.25美元的人口比例，從43.1％降至20.6％，確實超前了聯合國千禧年發展目標（Millennium Development Goal）2015年赤貧減半的進度。平均壽命在這段期間增加了七年，嬰兒致死率幾乎減半。

開發中世界這種史無前例的繁榮興盛，並未反映富裕國家驟然傾瀉而出的慈善行動。這與冷戰後亞洲、拉丁美洲，及非洲等新興市場的貿易成長有直接相關。這一點清楚顯現在全世界人口最多的亞洲，當地的貿易進展及中產階級快速興起兩者之間的關聯性。但是在這些區域最貧窮的非洲，這一點甚至更加明顯，非洲搭上由中國全球化帶領的經濟發展，供應中國難以饜足的商品胃納，並吸收中國的投資，這一切在非洲大陸孕育出小型但不斷成長的繁榮發展樞紐。世界貿易愈多、經濟整合愈深愈廣，創造的累積財富就愈多。全球金融整合可能使得這個過程加速過快。

當然，比特幣並非經濟整合的唯一工具，抱持懷疑者通常也強調兩

點，只是都不是太有說服力。第一，他們提出的論點是，窮人的識字程度不一，無法應付類似比特幣的複雜新科技。第二個主張則是，他們沒有足夠且完善的電訊系統可以做這樣的用途。事實上，這幾點現在反倒可說是這些地區採用比特幣時機成熟的原因。

虛擬貨幣在開發中國家潛力無窮

關於識字能力，開發中世界整體而言比十五年前明顯高出許多。在1999年到2012年間，世界銀行估計低所得國家的識字能力，已經從50％跳升到71％，中所得國家的識字率由83％增加到96％，全世界的識字率則從81％上升到92％。關鍵在於，儘管有這些進步，貧窮國家的絕大多數、及中所得國家的一大部分人，還是沒有銀行帳戶。他們無法接觸到銀行並非因為沒有受教育，而是因為管道有限的人，一直遭遇到的結構性與系統性障礙：文件與財產所有權系統不成熟，官僚主義橫行，文化優越感，以及貪腐。銀行體系提出的要求條件是窮人無法達到的。

關於文盲還有一點：文盲絕大多數年紀較大。在東歐、東亞、拉丁美洲，以及加勒比的開發中地區，初等教育現在大致已經普及。一波波受過學校教育的人進入這些地區的職場，而這些地方的人口結構正好與西方的高齡化社會相反。大量從學校出來的年輕人，絕對有能力處理寄送與接收數位貨幣這種日趨簡單的工作。

事實上，開發中國家的人或許比西方人更有心理準備接受數位貨

幣，因為他們一直將就著使用草率拼湊的金融作業方式。曾受過一波又一波金融危機的人，已經習慣反覆無常。花過幾年信任昂貴的中間人，而且又在美元及本國貨幣之間來回轉換的人，或許更可能理解比特幣的優點，並承受比特幣的瑕疵。「我記得我在加勒比時，曾經有個老婦人拿三種不同的貨幣跟我討價還價，讓我大吃一驚。」布萊恩賈德（Pelle Braendgaard）說，他的公司Kipochi開發的比特幣行動錢包，鎖定的目標就是開發中國家。「這些市場的尋常百姓可以做到我們在美國、歐洲，或加拿大覺得相當困難的事情。」

開發中經濟體的另一個特徵，令他們更能接受這種變化，那就是他們從事自由業的人數比例大得多，也就是急欲創業的階級多很多。從小吃攤業者到人力車車夫，小事業主在新興市場經濟體是中流砥柱，而對這些人來說，能夠省下金融交易的成本，對他們的獲利能力就有很大的影響。重要的是，這還創造了擴張的機會。服務孟加拉首都達卡當地市場的女裁縫師，如果可以把錢匯給一百六十英里外吉大港（Chittagong）的布料製造商，她就能擴大產品線。如果能找到願意用比特幣付款的外國買家，突然間她就有了賺取出口收入的途徑。

雖然道路和其他基礎建設還有待發展，但在處理支付系統方面，比特幣起碼可望解決基礎建設一個有缺陷的地方。這樣可以騰出財富來處理其他方面，進而推動改變。最重要的是，通訊科技在開發中世界已經有長足的進步。在南美洲最貧窮的國家玻利維亞，到塵土飛揚的高原小鎮找一家網咖，或許會發現那裡的連線速度，比大部分美國家庭或歐洲家庭還快。很多情況是，這些國家其實跳過了傳統科技，直接就是高科

技光纖網路。而無線電話通訊的突飛猛進，將電訊流量帶往鄉村地區和貧民區，這些原本被排除在安裝纜線之外的地方。愛立信消費者行為研究室（Ericsson ConsumerLab）估算，光是撒哈拉沙漠以南非洲，截至2014年底就有六億三千五百萬行動電話用戶，約占三分之二的人口。相較之下，只有20％的非洲成年人有銀行帳戶。正如37Coins的計畫和接下來我們將探討的其他計畫所證明的，即使這些最基本的電話型號也能提供初步平台，進入全球加密電子貨幣網絡。而且科技愈來愈方便取得：比特幣錢包更容易使用，智慧型手機也更便宜。火狐（Firefox）瀏覽器背後的公司謀智（Mozilla），目前正在開發中國家銷售非常基本款的智慧型手機，價格只要25美元。

所以有許多令人期待的地方，但就像已開發國家，要在開發中國家推出加密電子貨幣依然有重大障礙。有些和比特幣的瑕疵及風險有關；有些則反映社會和文化習俗的難以改變。錢不多的人不一定會接受鮮有所聞的風險新支付形式，自然會戒慎小心。許多人偏好嘗試過且常用的方法，以避免金融不穩定，比如，將現金藏在床墊下，儲存相對保值的黃金首飾或美元。付給西聯匯款（Western Union）高達11％的費用轉帳給海外親友或許令人生氣，但畢竟行之有年。而且還有管制的問題。就像在已開發國家，需要順利整合加密電子貨幣的數位貨幣交易所和其他服務，官員可能製造許可執照障礙。貪腐及朋黨利益的關說施壓，都使得這個過程難以預測。

這一切又醞釀了加密電子貨幣在已開發國家同樣面臨的雞生蛋、蛋生雞問題：如果太少人願意使用比特幣，其他人就更不願意收到比特

幣。至少一開始，需要基礎建設就位，數位貨幣要轉換成當地貨幣或美元，才會方便又便宜，意思就是要有低成本的交易所、經紀商，和比特幣ATM。比特幣社群有些人正著手解決這些問題。不過，加密電子貨幣的希望與陷阱，沒有哪個地方比全世界人口最多的國家更能清楚呈現了，那就是中國。

中國12兆美元存款的逃脫路徑

中國對比特幣玩家來說是個誘人的市場，就像對所有生意人一樣。理論上，獨立的加密電子貨幣對中國公民有莫大的吸引力。這等於他們陷在中國銀行裡的12兆美元存款有希望找到逃脫管道；存款在中國的銀行利息太低，不足以應付通貨膨脹。中國的法令又限制外匯買賣，只給他們有限的其他投資工具。進退兩難的中國存款戶拿錢補貼炒作房地產的投機客和貪腐的國營事業，造就人為壓低的便宜銀行貸款方便撈大錢，將中國債務危機的陰影，提升到足以和美國及歐洲匹敵的程度。理論上有了比特幣，就能繞開這個不公正的銀行體系，讓人以低成本將錢送出中國。

儘管中國的比特幣投資人和礦工社群龐大且熱切，但將比特幣當成商務或轉移資金的實用工具，需求卻尚未顯現。少數接受比特幣的商家，集中在服務比特幣社群的企業，例如北京的車庫咖啡會舉辦比特幣聚會，還有深圳一些製造比特幣挖礦設備的製造商。比特幣在中國純粹是投機客的遊戲，對價格的賭博，無論是透過大陸本地有限的幾個交易

所還是靠挖礦。這很平常，中國的交易量超過世界的任何地方。來自中國的需求，是比特幣在2013年12月直線上升，突破1,100美元高點的幕後主因，而中國的挖礦行動估計約占全部算力的30%（如果扣除給火力發電廠的補貼，推高了電力成本，這一點就可能有變）。不過同樣地，這些都是猜測。雖然有許多創投業者將目光投向中國，有些還投資當地的比特幣交易所和挖礦事業，但幾乎沒有創投業者或天使資金投入商業或支付處理。

政府曖昧不明的規定更於事無補。比特幣本身在中國並未遭到禁止，但也沒有給予法律規範的合法性，而且透過中央審查制度，媒體被勸阻報導。如果結合中央銀行對金融公司的限制約束，對比特幣公司就形成進退維谷的兩難困境，比特幣中國的執行長李啟元如此說道；比特幣中國是繼Mt. Gox倒閉之後，全世界營運最久的比特幣交易所。「他們把支付公司歸入不能碰觸比特幣的金融公司類別。」李啟元說。「我們獲准接觸比特幣，但根據定義，我們不准申請支付執照。」那是否可以乾脆建立一個無執照的比特幣支付處理公司呢？「不清楚。」他說。

但是阻礙中國人履行以比特幣支付的不僅是規定，還有就是金錢誘因不多。政府掌控的中國銀聯（UnionPay）支付卡網絡，特別設計壓低交易手續費，因此以卡片支付對消費者和商家就較比特幣更有金錢誘因，而比特幣還背負波動風險的附加成本。除此之外，以人民幣為主的電子商務供應商，早已有蓬勃方便的數位貨幣系統。騰訊控股相當普及的微信（WeChat）訊息傳送應用程式，大約有四億智慧型手機用戶，似乎遇到的每個中國人都時時在查看，而騰訊就有自己好用的數位支付

工具。有了微信，可以立刻把錢寄給朋友、付錢給計程車司機，或是從自動販賣機買東西。這項服務連同競爭對手電子商場阿里巴巴的支付寶（Alipay），將中國變成全世界最有活力的電子商務經濟。比特幣要如何競爭？

中國的地下經濟

不過，若說繞過政府對跨境資金轉移的控制，潛力如何？這個嘛，較比特幣更方便的替代方法也已經存在，由一個向我們自我介紹是「費先生」的人為代表，他是上海古北一個黑市外匯兌換商。費先生天天跟同行駐守在中國工商銀行及中國銀行分行前面的人行道上。在這些國營商業銀行的保全及員工一覽無遺的情況下，費先生公然做起他的非法交易，當街兌換外幣現金。他給我們的報價是兌換200美元的話，1美元兌6.16人民幣，匯率比機場的6.12好。他說如果換15萬美元的人民幣，匯率可以到6.18。如果是這樣，我們可以將錢匯給他在香港的聯絡人，不管我們喜歡什麼樣的形式，他會親自在上海交付等值的人民幣。要是我們願意，他也可以反過來操作，在上海接受人民幣，在香港交付美元。在我們談話期間，費先生的同伴和一個光鮮亮麗的婦女完成交易，以約4,000人民幣購買72萬韓圜。我們在上海的一個聯絡人說，他經常與費先生交易，對費先生絕對有信心。

費先生提供給顧客的價值不僅是匯率更有利，還有就是便利性。政府限制每個中國公民每年購買5萬美元外匯。這樣的金額似乎過得去

了，但幾千萬乍富新貴的中國居民想在新加坡投資房地產，或是送孩子到美國上大學，這就是非常麻煩的限制。除此之外，每次他們想換錢，都必須送交一大堆文書證明身分、國籍、工作權、稅單，以及收入來源，這樣政府才能監控他們的外匯活動。費先生讓這些都不需要了。類似這樣眾所周知的漏洞，還包括使用銀聯卡在澳門的賭場購買以美元計價的籌碼，政府似乎都能容忍。中國沿海城市有幾千個費先生。有了這樣的替代方法，比特幣在中國開始像個尋找問題的答案。

有個情境或許能促使中國人接受加密電子貨幣，那就是銀行危機，這個威脅是經濟學家都要嚴陣以待的，有些甚至視為全球經濟面臨的最大風險。利用不利存款戶的控制利率模式，銀行輕率借錢給市政當局和開發商，累積了幾兆人民幣注定變壞帳的債務。等到真的成了壞帳，政府可能給全國最大的幾家銀行紓困，就跟2003年債務大到無法處理時一樣；但這次可能讓一些中小型銀行和信託公司破產倒閉。畢竟，中國人民銀行已經宣布計畫放寬利率，並開放銀行參與海外競爭。它還特別強調計畫推行現代化的存款保險制度，以對存款戶成本最低的方式推行改革。這樣轉向由市場領導的模式對中國是必要的，如此方能達成有一天人民幣足以和美元抗衡的遠大願望，但這也代表無法保障銀行的獲利能力，銀行必須為不良投資付出代價。問題是，如果容許銀行倒閉，發出的訊號會讓中國存款戶怎樣看待以人民幣為主的中國金融體系？他們會因此熱情接受比特幣嗎？

「美國很多人因為2008年的危機而不信任銀行。他們知道銀行可能破產。但中國的氛圍不同。」在上海主持比特幣聚會的艾瑞克‧古

（Eric Gu）說。「如果有什麼人經歷過銀行破產，可能都七十多歲了。但是像我父親那一輩的人，從來沒有見過銀行倒閉。這也是為什麼中國人信任銀行。他們認為錢放在銀行最安全。」艾瑞克・古知道銀行若是倒閉了「一定會很麻煩」，並好奇這是否有可能改變大家對銀行體系的態度，並對比特幣產生更多興趣。艾瑞克・古曾在多倫多生活七年，他提到，在中國對比特幣感興趣而不光是把比特幣當投機性投資的人，多半是像他一樣曾在海外生活過的人，或至少有大學學歷。「他們了解。」他說。

加勒比地區的金融困境

加勒比地區是另一個有強而有力的例子，可說服當地人使用比特幣、繞過金融體系限制的新興市場區域。但比起中國，加密電子貨幣在加勒比面臨截然不同的挑戰。究竟能否突破那些障礙，這個區域是有用的測試案例。

「我什麼都嘗試過，」賈邁爾・伊菲爾（Jamal Ifill）說，他坐在巴貝多首都橋鎮的玻璃吹製工作室，辦公兼工作空間裡的辦公桌是一般的兩倍大。「信用卡，PayPal，西聯匯款。都太貴了。」

伊菲爾是個說話輕聲細語的年輕藝術家，一頭細髮辮加上熱情的笑容，在巴貝多吹製玻璃有十一年之久，成立自己的單間工作室兼陳列室也有五年。他用玻璃製做出令人驚嘆的東西；他可以吹出彈珠大小的完美墜飾，裡面有一朵紅色花蕊的藍色花朵。他的最新作品之一是個二英

尺（約合六十一公分）高的長方形網格狀燈飾，就紐約人的眼光來看，有點像雙子星塔的其中一棟。伊菲爾稱之為不完美的完美（Imperfect Perfection），還說如果仔細看，就會發現外層和內層的瑕疵（我們看不出來）。他在當地銷售自己的藝術作品，也引起一些注意；他製作的一件作品，曾在英國安妮公主2011年造訪巴貝多時贈送給公主。他想往國際發展，擴展到美國市場，但運送和轉帳的成本高得令人望而生畏，因此他的業務大多仍限於當地。

巴貝多算相當富裕。人均國內生產毛額（per capita GDP）2.5萬美元，比希臘高，與西班牙相去不遠。巴貝多的識字率為99％，貧窮率為14％，比美國低一個百分點。它有很多地方跟牙買加、千里達、百慕達，以及其他英屬西印度群島的島國相同。他們說同樣的語言，擁有同樣的殖民史，動盪不安的歷史充斥著海上戰役、海盜、奴隸苦役、蘭姆酒貿易，以及叛亂。西印度群島甚至聯合組成一個國際板球隊，跟英國、澳洲，及其他大英國協成員國比賽。但是他們所欠缺的，則是可以改善島與島之間商務往來的共同貨幣。

幾乎英屬西印度群島的每個國家都是自行印製自己的貨幣，都稱為元（dollar），兌其他貨幣以及美元的匯率各有波動。而這些前西班牙、荷蘭，及法國殖民地又都有自己的披索、荷蘭盾（guilder），以及海地古德（gourde）。這個區域的政府長久以來，都在討論建立貨幣聯盟「加勒比海共同市場」（Caricom），以加深自由貿易協定。但隨著自由貿易範圍的發展，建立單一貨幣機制及共同貨幣所需的其他機制，進度則是走走停停。加勒比元依然是空想。

　　　　　　　　　　　THE AGE OF CRYPTOCURRENCY

因此，這個區域各島國之間轉移金錢，就需要固定且昂貴的外匯兌換，而這又進一步削弱原本就緊張的貿易關係，因為各國經濟皆倚重觀光、金融，以及商品，彼此相互競爭而非互補。雪上加霜的是，一些央行又給自己的公民施加資本管制。舉例來說，巴貝多人如伊菲爾，可以購買的外匯數量就有限制。巴貝多、開曼群島、巴哈馬及其他加勒比國家，給避險基金和其他外國金融機構充當避稅天堂，對比這個區域受到嚴密控制的居民是一大諷刺。這種貨幣制度與金融管制混合，滋生出來的挫折無奈，使得加勒比海的晴朗島國準備好接受比特幣，加布里歐‧阿貝德（Gabriel Abed）這樣說。

　　朋友都叫他比特先生（Mr. Bit），也不知道這個綽號是說真的還是促狹打趣。阿貝德在美國受教育，是個四處創業的年輕人，有無窮的精力經營三家不同的公司，同時還規畫其他事業，又會為了別的計畫而拋棄那些規畫，他非常熱心關注一個革命性的概念：將比特幣引進加勒比地區。

　　敘利亞後裔的阿貝德二十七歲，出身自巴貝多一個顯赫家族。他的家族成員大多進入蒸蒸日上的大企業；在橋鎮的斯旺街上，不難看到逛街購物的顧客手上掛著印有「阿貝德」字樣的零售商店袋子，這家同名的零售店是他的親戚所有。追隨這樣的腳步對他來說很容易。但他大學時念資訊科技，重點是密碼學。他無意在科技業據點落腳，如矽谷或波特蘭，不過還是在波特蘭工作了一小段時間。他想留在摯愛的巴貝多，而且想把自己的島國帶入數位時代。

　　阿貝德把加密電子貨幣當成解決問題的答案：如何拓展電子商務。

他是Web Designs的執行長，這家公司在當地銷售網際網路網域註冊、網站設計、維修，以及電子商務平台。最後一項尤其難推銷。他說，因為外匯、信用卡及Paypal的成本加起來可能達8％或9％，大部分商家索性避免銷往海外。

阿貝德很早就聽說比特幣，也看到比特幣解決這個問題的潛力。他開始思考建立加勒比加密電子貨幣的構想，名字就叫CaribCoin，但他很快就發現這個計畫超出他願意承擔的範圍。他轉而考慮比特幣交易所，以及可以和他的網頁設計與代管服務捆綁的零售商業服務，並開始建立Bitt（網址就真的是bi.tt，tt正好是鄰國千里達及托巴哥的網域代號）。他還開始挖掘自己的比特幣——利用千里達相對較低的電力成本而在當地挖礦，再利用挖礦的獲利和Web Designs的獲利資助Bitt。

Bitt的目的是要成為以加勒比為主的線上交易所及零售商業服務，提供不同加密電子貨幣與法定貨幣之間的交易，以及協助當地企業採用數位貨幣支付的模組。他對企業的訴求很簡單：如果我可以給你成本只要1％的支付選項，如何？

在橋鎮、蒙特哥貝，或西班牙港，要從樹上摘下果實、然後在路邊架起攤子賣水果很簡單，也許是椰子或西非荔枝果。要架設直接面對顧客、甚至面對企業的合法公司，並提供現代企業應有的一切，那就困難多了。在已開發國家，銀行通常會提供這些服務，從支付處理到信用貸款到管理詐騙行為皆有。但在巴貝多，國營的巴貝多投資發展公司（Barbados Investment Development Corp.）總經理李洛伊·麥克萊恩博士（Dr. Leroy McClain）說：「銀行賣給我們信用卡讓我們花錢，但不

會給我們商業服務，讓我們銷售產品。」他跟阿貝德探討，有什麼辦法能幫助還未成熟的公司，而且他希望能對這個島國有更廣泛的幫助。從麥克萊恩的觀點，大型國際銀行樂於給美國和加拿大的公司提供商業銀行服務，但他們卻要島國的企業百般討好，才願意提供相同的服務。

玻璃吹製藝術家伊菲爾太清楚這個問題了。事實上，所有國際業務的問題他都有。他使用的玻璃必須從烏克蘭進口。他的顧客不限於島上，還有來自海外。他的競爭對手不必像他一樣受成本掣肘。他透過阿貝德的 Web Designs 公司嘗試過電子商務，但因為使用的顧客不夠多而放棄，意思就是在那裡找不到生意，導致惡性循環。「我甚至嘗試過 Etsy。」他說。Etsy 是線上藝術與手工藝品網站。但他面臨同樣的問題，他的成本沒有辦法跟美國的藝術家競爭。

伊菲爾一心要將業務擴展到海外。他對行銷及如何讓媒體報導他的品牌頗有見地。但他的雄心壯志遭到阻礙。於是當阿貝德鼓起三寸不爛之舌推銷比特幣，伊菲爾眼睛一亮：經營業務只要1％的手續費？而不是5％、8％或9％？

問題是那1％手續費是用比特幣，截至我們寫作的時間，比特幣在巴貝多能買的東西並不多。如果說加密電子貨幣在巴貝多不成功還算含蓄。其實根本就等於不存在，行動商務也是。雖然幾乎每個人都有手機，那是典型的數位公民象徵，但是大家只是用來傳簡訊和講電話。電子商務幾乎還沒有起步，就跟網路銀行一樣。

要克服這個因果循環的問題並鼓勵大家採用，阿貝德認為要針對商家。他相信只要能提供節省成本的支付方法，就能說服商家接受在商店

採用這種方法。但他前路艱辛。

　　大衛‧辛普森（David Simpson）是當地一所職業學校的主任，也是 Web Designs 的客戶，他看到比特幣的採用曲線陡升，趨向廣泛普及。「在我看來，巴貝多人還沒有真正開始利用科技讓生活更輕鬆，」他說。「就算是線上轉帳，他們也寧可去銀行排隊。」他說當地一家銀行曾嘗試推廣網路銀行的故事；這家銀行裝設了 ATM，並大量減少櫃檯職員，企圖將顧客從排隊人龍趕到線上，結果引起反彈。顧客嘩然，他們不想到線上處理銀行業務，他們就是想現場排隊等待，跟真正的櫃檯人員說話。巴貝多人對新科技就是不感興趣。辛普森說，這樣的態度將出現改變，他自己的公司已經接受電子商務，使用電子書並提供線上課程。「問題在於要花多長的時間。」至於他個人對比特幣的看法，倒是頗為務實：「只要顧客願意使用比特幣並欣然接受，我很有彈性的。」又是因果難分的問題。

建造比特幣的引爆點

　　這種雞生蛋、蛋生雞的困境需要誘因破解。省錢的可能性肯定是其中之一，但還有別的。就像在已開發世界，其中一個期望就是，如果經濟體中關係雄厚的大公司或機構開始使用比特幣，可以為他們的供應商及顧客創造使用比特幣的誘因。

　　總部位於鹽湖城的網路零售業者 Overstock.com 在 2014 年初開始接受比特幣，成為當時接受比特幣的商家中，營收與獲利最大的公司，

該公司執行長派屈克・拜恩（Patrick Byrne）相信自己的公司可以扮演催化劑的角色，在開發中世界創造比特幣「生態系」。拜恩對比特幣的信心是在金融危機期間建立的，當時避險基金開始放空Overstock的股票，這種做法就是借券到市場倒貨，等到股價跌到更低的價格就能獲利。避險基金說他們不相信該公司的會計帳；拜恩認為這純粹是投機操作，都是華爾街權力集中的系統在操縱，並鼓勵證券的買賣與借貸。他相信加密電子貨幣就是打倒這些的戰鬥武器，因為將有意願的資產買賣雙方聚在一起，不需要經紀商和投資銀行充當奪取手續費的中間人。他相信比特幣是改革世界的工具，這個世界已經太過仰賴這類權力集中機構，以至於變得傾向政治界與金融界特權精英分子的「獨裁主義」。Overstock跟八十個國家的供應商合作，而他的供應商有幾百個小型低收入企業家，供貨給Overstock旗下「公平貿易」工藝產品網站Worldstock。該網站有來自五十四個開發中國家的手藝工匠，就像玻璃吹製藝術家伊菲爾，他們迫切渴望有個比目前不得不用、過時又昂貴的支付模式還要公平的金融體系。

我們2014年6月在猶他州碰面時，拜恩解釋道，只要能夠讓大家接受，他將比特幣視為擴大經濟機會的方式。他還在思考能拿什麼當胡蘿蔔，但已經有些頭緒了。他說得眉飛色舞，從印度北方達賴喇嘛駐地附近的西藏僧侶那裡得來的法輪墜子，垂在繞過脖子的皮繩下來回擺動。「如果我們可以讓供應商接受以比特幣付帳的話，說不定能多給他們2％，或是多給1％的紅利，又或者我們能在十天或十五天後付款，而不是三十天才付款。這樣一來我們十五天能處理款項，但比特幣可以

做這樣快速結算。而且你也知道供應商對付款期限很敏感。供應商有時候會因為少二十天而給你2%的折扣，因為對他們來說，那等於一年36%的成本。這會影響到各種事務。供應商提出這樣的條件，就代表比特幣涉足這個領域的莫大機會。」幾個星期後，拜恩宣布，他不但提早一個星期付款給接受比特幣的廠商，還以比特幣支付員工紅利。

類似Overstock這樣的公司企圖以數位貨幣支付做到的，可以跟沃爾瑪（Walmart）在1990年代以及2000年代初期，率先以通訊科技革新供應鏈管理的作為相提並論。這家總部位於阿肯色州的零售業者，以發展出一套複雜成熟的網絡而出名，將全世界的供應商都連結到單一整合數據庫，從這裡管理進出沃爾瑪倉儲的商品與服務。隨著運送物流的大幅改善，該公司就能優化即時庫存管理，大幅降低成本。沃爾瑪充分利用節省下來的成本造就全美國最便宜的價格，將公司變成如今稱霸美國郊區的代表性巨擘，對有些人來說則是惡名昭彰的龐然巨獸。還有很重要的一點是，沃爾瑪的高科技網絡對供應商有意見回饋功能，促成製造生產集中的樞紐，例如中國的珠江三角洲。隨著沃爾瑪變得日益強大，卻仍不斷搜尋更便宜的製造來源，以及其他西方買家跟上高科技領先地位，在開發中世界支付低薪的工廠，只能群聚在最能有效率打入沃爾瑪網絡的地點。

拜恩看到自己的公司有類似的機會建立影響力，可以利用比特幣在國際支付的關係，進而建立引爆點，讓改變開始向外蔓延到世界經濟。等到一個區域的企業都採用比特幣，就更能吸引和他們有生意往來的其他企業了。一旦建立起這樣緊密相連的企業網絡，沒有人願意被排除在

外。或者理論上如此。

　「正如同美國零售業土崩瓦解於沃爾瑪之手，誰知道會有誰敗給我們呢？而且我不是說Overstock。我是說比特幣。」拜恩說。「你開始產生網路效應。你以獎勵刺激所有人，就像我們有了第一部傳真機，但其他人都沒有傳真機，對你就沒有什麼用處。但你開始增加其他節點，提出增加節點的獎勵誘因，最後爭取到關鍵多數。現在大家不僅傳真給我們，還會互相傳真。」

加密電子貨幣有機會解放中東女性

　「我對阿富汗的那些女性不帶任何同情憐憫。」法蘭西斯柯・盧里站在吧檯後方說，他在公司這棟位於曼哈頓市區、粉刷成白色的頂樓招待訪客。「我只是採取嚴密精準的做法。」其實他口中的同情憐憫並不正確，至少不是這個詞彙平常的意思。盧里顯然非常關心這個飽受戰火摧殘的中東國家年輕女子的福祉，她們正透過他與自己的媒體公司聯合成立的基金會，接受電腦與媒體培訓。但是藉由這番有力的說明，盧里提出頗有哲理的論點，說明比特幣賦予自主權的特質。和Overstock的拜恩一樣，他扮演行動主義者的角色，利用自己對金錢支出的控制，改變眾人的行為，鼓勵大家使用加密電子貨幣而獲得自由。

　這個位於阿富汗的Women's Annex，是盧里的營利公司Film Annex（現在品牌名稱為Bitlanders）一個非營利分支；Film Annex是個線上影音內容網站，將廣告營收分享給大批世界各地的低成本影片

製作人。盧里創立這個基金會的靈感,是在他的網站看過一部由北約組織(NATO)製作、有關阿富汗要塞軟體公司執行長羅雅·瑪哈布博的影片。於是他找上瑪哈布博成立學校,由她領導 Women's Annex 基金會;瑪哈布博目前是一家小型企業的女企業家,2013年被《時代》雜誌列為全球百大最有影響力的人物。共同創辦人費芮希特·弗洛(Fereshteh Forough)和瑪哈布博一樣,是在伊朗出生的阿富汗難民,她管理阿富汗各地十一所學校,超過五萬名少女在這些學校學習,而這項計畫目前正推廣到全球各地。

　　計畫中的許多女性在入學之前,可能從來不曾見過電腦;現在她們學習如何寫部落格、製作影片、寫電腦程式,並開發社群媒體策略。她們受的培訓由 Women's Annex 資助,但超過六千名學員當中,許多也靠著給營利的 Bitlanders 提供內容賺取收入。和其他投稿人一樣,她們的作品在 Bitlanders 接受編輯評定,並根據內容觀看和分享的情況分析。這些標準形成她們的「熱門」(Buzz)分數,決定她們可以獲得多少收入。而這些所得也跟其他 Bitlanders 的投稿人一樣,全部以比特幣支付。本書開頭時,我們就介紹過其中一名投稿人芭麗莎·阿瑪迪。

　　以數位貨幣支付影片投稿人這個決定,果然引起原先還叫 Film Annex 時期的世界各地老手抱怨。但其中是有理由的。該公司經常有小額轉帳,金額達幾百萬美元。比特幣具有小額付款及交易手續費低的功能,可幫公司節省多次銀行電匯及匯率成本,留下更多可分享給 Film Annex 的三十萬影片投稿人。但還有一個更大的優點,就是這種支付方法對於接受這項服務的阿富汗女性客戶,具有賦予權力的深遠影響,她

們可以用這個方法規避父權社會的桎梏。

「我們以為大概每個學生都有銀行帳戶，可以將錢從Women's Annex的銀行帳戶轉給她們，但問題是女學員在十八歲以前不能有銀行帳戶，而且她們的家人大多希望她們根本不需要銀行帳戶。」瑪哈布博說。除此之外，出門到銀行分行及西聯匯款之類的匯款據點，充滿了危險和歧視。瑪哈布博自己也不能倖免。「在阿富汗如果有現金，尤其是這筆錢必須進入銀行帳戶，實在非常困難。人家總是會發現你的銀行帳戶有金錢進出，銀行裡面的那些人會告訴銀行外的人。我總是得跟幾個同事一起去銀行，讓四、五個男人拿著錢並把錢發給學生。」對Women's Annex學校的阿富汗少女來說，比特幣解決了這些問題，雖說也製造了其他問題。

盧里開始對比特幣產生興趣，是在2013年中得知泰勒及卡麥隆‧溫克萊沃斯兄弟大舉投資比特幣。加密電子貨幣迅速成為歷久不變的激情，透過這個工具，盧里可以追求他對個人賦權的人生觀，那是源自他身為柔道黑帶高手的體驗。頭髮花白的盧里喜歡提起文藝復興時期，以及同鄉佛羅倫斯的梅迪奇銀行家，並開玩笑地引述蜘蛛人說的話「能力愈大，責任愈大」為人生圭臬。從這個觀點來看，他將比特幣視為建立「數位公民身分」的力量，這個新社會致力於追求個人卓越，每個人的價值是以自己的創作來評價。比特幣讓Film Annex得以利用這種精準度，微調他們的熱門分數，盧里說，這可以當成持續激勵個人進步的誘因。有了比特幣，「可以在鍵盤上清楚分解出一筆一畫的價值，」他說。「就算你以為有段時間製做出低品質的內容無妨，但會讓版主失

望，你的熱門分數也會下降，而且將傷害自己的長期聲譽，進而影響長期收入。」

不過，有個基本問題就是，如果說在美國使用比特幣的選擇有限，在阿富汗則是另一個層級的挑戰。目前Film Annex的解決辦法，是企圖聯合比特幣交易平台Atlas ATS，設立一個在巴基斯坦的交易所，將比特幣換成傳統貨幣。但盧里其實不太願意推行這套做法，他覺得這種選項太溫和。他希望交易所只用來交換比特幣和其他數位貨幣，沒有購買盧比或美元的選項：「我抱持的信念是，如果將這些人圈在這個新經濟裡面，他們就會讓這個新經濟盡可能有效率。如果開始給人機會跳脫這個經濟，他們就會加以剷除，然而，如果唯一的致富方式就是用比特幣交換萊特幣和狗狗幣，你就會變成這方面的專家⋯⋯你將成為巴基斯坦最優秀的交易商。」

盧里比較喜歡將焦點放在Film Annex另一個提供投稿人使用支出的選項。利用阿富汗少女永遠無法擁有的信用記錄，他以個人的美國運通卡購買亞馬遜的禮物卡、預付行動電話通話秒數，以及其他各種方便遞送的產品，再透過Film Annex網站賣給他們。每個投稿人的帳戶不僅顯示他們賺到的餘額，還有他們的比特幣數量足以購買的產品選項。他希望那些阿富汗少女可以將報酬用在科技產品，如Mozilla即將推出的25美元智慧型手機，可以當成相機和製作更優質影片與部落格內容的工具。他企圖將Film Annex網站變成一個自給自足的封閉性比特幣經濟。

許多人對阿富汗少女的印象來自一張知名的照片：《阿富汗女

孩》（*Afghan Girl*）。這張1985年由《國家地理》雜誌攝影記者麥柯里（Steve McCurry）拍攝的照片，是在巴基斯坦一個難民營，裹著破舊紅頭巾的十二歲女孩，緊盯著鏡頭的綠色眼眸流露著不馴。多數阿富汗女性的困境或許已經沒有那個難民少女悲慘，但即使憎恨女性、守舊的塔利班政權下台了，並在美國的占領下引進新的社會結構，阿富汗依舊是由男性支配的社會。女性是次等公民，大部分沒有自己的錢，也不許在沒有男性家人的陪同下外出。盧里、Film Annex和比特幣能解放她們嗎？

「我反對福利救濟，」盧里說。「我們教導她們自己成為生意人。」他又說，「我的邏輯是，要怎樣確保這些女孩安全？如果她賺了錢，她更有可能受到兄弟的保護，因為她是家裡的資產而非次等公民。到最後，家裡的優先要務不僅是要保護她，還要投資她。」

根據瑪哈布博的說法，Women's Annex學員的家人都漸漸轉變成這種想法。「一開始，大部分的家庭不希望那些女孩學習網際網路；他們不同意是因為他們認為，網際網路是非常糟糕的東西。但是等她們開始賺錢，那些家人就轉而支持她們。而後其他家庭也支持自己的女兒。所以我們不單有學校裡的那些女學生，還有她們背後的社會。」

阿根廷的貨幣問題：比特幣比國家貨幣可靠？

在美國，像BitPay及Coinbase的比特幣支付處理業者，通常會找上願意接受將收入的比特幣轉換成美元的商家，他們可以免手續費提

供這個服務。在阿根廷，情況正好相反。類似像舊金山BitPagos的公司，會接受布宜諾斯艾利斯的飯店和其他觀光業客戶收到的美元，轉換成比特幣交給他們。比特幣玩家只要在演說中提到加密電子貨幣在開發中世界的潛力，阿根廷幾乎每次都是主角。他們期望不但是比特幣在當地成功，還希望這個南美洲國家能證明，對那些陷入資本管制而被迫使用不可信、又不受歡迎的本國貨幣的人，加密電子貨幣可以提供安全出口。

BitPagos的服務對阿根廷許多商人非常有吸引力，因為匯率更優惠。2014年6月中時，透過信用卡買賣收到的每一塊美元，都必須經過阿根廷的銀行體系處理，之後支付8.15披索，官方匯價是1阿根廷披索約為12美分。相較之下，在布宜諾斯艾利斯和其他城市經營阿根廷地下匯率、業務興盛但行事隱密的cueva，現金支付可以1美元兌換到12披索。在這個黑市，披索價值明顯不到8美分；從觀光客手裡得到的美元可以換到更多披索。問題是現在的旅客多以信用卡支付飯店帳單。因此比特幣提供商家一個折衷方式。在個人對個人的交易網站Local Bitcoins Argentina，2014年6月下旬銷售比特幣的匯率約為6,400披索。根據當時比特幣兌美元約560美元的匯率，換算下來是1美元兌換11.42披索，比官方匯率好上40％。

過去這八年，阿根廷進入最新一輪約十年重複一次的金融危機，阿根廷人民將美元視為對抗兇猛通膨的防範措施。隨著情勢惡化，以及政府勉強才能取得足夠的美元，支付外國債券持有人和能源供應商，總統費南德茲・基什內爾（Cristina Fernandez de Kirchner）加大控管力

度。阿根廷政府讓人民愈來愈難取得外匯，往往朝令夕改以保護外匯儲備。這樣一來，經常要以外匯處理業務的人，日子就格外艱難。這也是為什麼會開始出現披索匯率明顯低很多的地下黑市。

麥克‧阿布烈德羅（Mike Abridello）是外派到布宜諾斯艾利斯最時髦的巴勒莫蘇荷區（Palermo Soho），經營普羅迪奧休閒酒店（Prodeo Hotel & Lounge）的美國人，從BitPagos收到的比特幣，讓他得以應付那些複雜難懂的規章條例及雙頭馬車的外匯市場。「現在如果是在阿根廷工作，比特幣在實際作業上可以當成更有效率的現金流解決辦法。」他說。有些BitPagos的客戶也將比特幣視為優於披索的價值儲藏。鑑於比特幣大起大落的匯率，這樣做似乎有些不可思議。但以阿根廷近年來約30％的通膨來說（這是根據遠比政府操縱的數據更受信任的非官方統計），披索在過去十年一直是慘賠的賭注。即便是年紀不太大的阿根廷人，都記得1980年代末期惡性通膨期間，高達10,000％的通膨率。對這些人來說，「比特幣是對抗通膨的防備方法。」BitPagos的執行長賽巴斯提安‧賽雷諾（Sebastian Serrano）說。

沒有一種確切的方法可以衡量比特幣在任何國家的使用程度，但證據顯示阿根廷超越大多數國家。2014年列在Local Bitcoins Buenos Aires的交易商數量，大約是曼哈頓的三倍，而阿根廷比特幣基金會（Foundacion Bitcoin Argentina）最為人所知的，就是舉辦全世界最大的比特幣聚會。BitPagos一直都是直接受益者。截至2014年中，該公司在拉丁美洲共簽下超過六百個商家，只是並非所有商家都非常活躍。從2014年3月起的三個月，交易量增加一倍之後，這家新創公司拿到

一輪60萬美元的融資，贊助的有潘特拉資本管理公司、第二市場執行長巴瑞・席爾伯特，以及創投資本家提姆・德拉波。其他業者也察覺到機會，亞特蘭大的處理業者BitPay在布宜諾斯艾利斯設立辦事處，新的比特幣交易所Bitex.la也在2014年5月開張。

大部分對危機戒慎恐懼的阿根廷人，確實還沒有接受這陌生的數位單位，更偏好長期以來的避險工具：冷硬實在的美金。雖然該國政府到2014年中為止，對比特幣都沒有採取明確的管制行動，但中央銀行的網站卻嚴厲警告比特幣的危險，指稱「所謂的虛擬貨幣」並非由「本國央行或任何其他國際貨幣主權機構」發行，「因此完全不具法律資源亦不具任何支援」。打擊鎮壓的風險一直都在。就像在中國和其他地方看到的反彈，官方只要阻斷與傳統銀行體系的聯繫就行，例如讓人難以將銀行帳戶連結到披索／比特幣交易中心。不過，正如加密電子貨幣的一切，採用的障礙可與不採用的成本做衡量。在阿根廷，賽雷諾之類的比特幣玩家就能拿這當推銷說詞，比起阿貝德拿交易手續費對巴貝多人做文章，更有說服力。你確定要繼續堅持用阿根廷披索？

全球最成功的行動支付與數位貨幣結合

住在海外的移民或外派人員寄錢回家的匯款業務，被低成本加密電子貨幣打破的時機似乎成熟了。目前的業務模式仰賴在舊有的銀行軌道上電匯轉帳，而從事轉帳業務者因為這樣的特權而收取高額費用。就全球來說，這是很大的業務。

根據世界銀行統計，到了2016年，移民寄送回本國的金錢預料超過5,000億美元。「這還只是正式的資金流動。」世界銀行追蹤該主題的專家狄利普‧拉塔（Dilip Ratha）說。據估計，還有2,000億美元是世界銀行沒有追蹤到。這些數字令已開發世界每年送出的約1,250億美元援助金相形見絀。對許多國家來說，透過匯款流入的金錢比出口金額還多。除此之外，這些總數是扣除了移工支付轉帳機構，如西聯匯款的手續費等費用的淨額；全球這種費用平均約為8.5％，但在許多國家，則大約要10％甚至更多。在年薪可能只有幾百美元的國家，這樣的支出是沉重的負擔。

　　住在海外的肯亞人若想寄錢回家，可以選擇西聯匯款或速匯金（MoneyGram），但兩者都收取高額手續費。雖然肯亞成年人和銀行有正式業務關係的比例為42％，已超出許多國家，但該國大多數人依然沒有銀行帳戶。不過肯亞使用微型貸款（microfinance）和電訊的經驗，激發對解決一些問題的想像力。尤其是一項關鍵產品令人大為振奮：M-Pesa[1]。

　　M-Pesa最早是肯亞最大電信公司Safaricom的實驗。因為肯亞有電話的人比有銀行帳戶的人多，微型貸款專家在2000年代期間發現，他們可以利用電話將貸款傳遞給貸款人，並透過電話收到他們的還款。因此在2007年，Safaricom開始推行試驗計畫，讓用戶透過手機寄錢，其實就是將預付通話費轉換成貨幣形式。這個制度果然十分受歡迎。如今有三分之二的肯亞人使用，肯亞的GDP約有25％是透過這個系統

---

1. 這裡的M是指「行動」（mobile），而Pesa是斯瓦希里語的「錢」。

流動。而持有 Safaricom 40％股份的沃達豐（Vodafone），也在坦尚尼亞、南非、莫三比克、埃及、斐濟、印度，甚至羅馬尼亞推出這項產品。

要使用 M-Pesa，必須先註冊一個帳號，並在手機裝置電子錢包。如果要在裡面儲值，就到當地的 Safaricom 代理商（肯亞各地有超過一萬五千個代理商）將現金給代理商，換取等值的「電子金流」（e-float）。這筆錢未必就是以肯亞先令的形式存在，而是對 M-Pesa 整體電子金流的所有權，全都有 Safaricom 名下帳號在銀行的存款為後盾。用戶之後可以寄錢給其他 M-Pesa 的帳戶持有人、購買通話時間，或是支付帳單。如果要提領錢，就到代理商申請取款。只要帳戶有等值的電子金流，代理商會當場交付現金給他們。

M-Pesa 有幾個原因可以大膽嘗試。第一，Safaricom 已經完成大規模的基礎建設，不光是電訊設備，還有那幾千個代理商。M-Pesa 運氣也好，初期就躲過政府管制。最後一點，不同的政治形勢可能也有些影響。肯亞在經過 2007 年 12 月競爭激烈的大選之後，全國各地爆發動亂，死傷無數，整個國家頓時陷入危機。政府機構基本上陷入癱瘓，民眾發現只有一個方式能有效轉移資金，就是 M-Pesa。舉例來說，有個救助團體世界關懷協會（Concern Worldwide）受阻於暴亂和成本，無法將援助送到偏遠的奇力歐谷（Kerio Valley），就從 M-Pesa 找到解決辦法。他們派代表到山谷去，幫人設定帳號，將手機和太陽能充電器交給一些家庭。由於距離最近的代理商也在大約八十公里外，於是他們又在當地的警察局設置代理商。這一出手果然奏效；世界關懷協會得以將

援助送到一個與世隔絕的社區，而Safaricom的交易手續費，遠低於運送食物及物資的成本。不只如此，世界關懷協會帶給這些偏遠村落的科技，在危機過後仍舊派上用場，而這場危機也顯示M-Pesa對顧客的真正價值，顧客從此忠誠不二。

M-Pesa也以獨特方式證明是救難工具。沃達豐在自己的網站提到，坦尚尼亞有些公民居住的地方附近沒有醫院，也負擔不起前往醫院的路程，一個叫社區綜合復健醫院（Comprehensive Community Based Rehabilitation）的機構透過M-Pesa發錢給病患，負擔他們的旅費。

M-Pesa攤位

但也有個困難，M-Pesa並非毫無障礙的系統，在某些方面，它的缺點正反映了我們在第四章提出的問題：在用戶看來似乎必然的情況，其實背後有一個龐大複雜又昂貴的基礎建設。Safaricom的代理商每天必須處理大量現金。不僅笨重麻煩，還有相當的風險。代理商的現金告罄時，不是停下手上的工作關門打烊，然後去銀行，就是停下手上的業務，派人替他們跑腿。鄉下地區的代理商，因為顧客提款的機率比存款高，面對的是不同的挑戰，不但他們手上現金消耗得更快，他們距離銀行分行可能也更遠，意思就是一趟路程要花更多時間，真正留下來處理業務的時間就變少了。

之後又有個問題，就是如何將資金從海外匯入M-Pesa系統。M-Pesa並非無國界。它以行動電話連結的系統提供匯款「方便路徑」（on-ramp），比其他國家較傳統的金融體系更為簡單，但還是要經過傳統管道。沃達豐、速匯金、或西聯匯款，以及其他支付網絡達成合作關係——所有例行費用和銀行體系相關費用一個不落。有了比特幣，就可能讓雙方直接透過行動電話寄錢，繞過一整個笨重麻煩又昂貴的國際轉帳體系。

於是不免就會有像微型貸款老手鄧肯・高迪—史考特（Duncan Goldie-Scot）這樣的人認為，肯亞是開展完整匯款業務的合適地點。他找到同樣是微型貸款專家，紐約皇后區土生土長的伊莉莎白・羅斯奧（Elizabeth Rossiello），羅斯奧當時在肯亞擔任顧問。高迪—史考特提出構想：結合M-Pesa與數位貨幣如何？這樣能提供所有M-Pesa的優點，而且從海外匯錢到這個系統的用戶，成本會更低廉，因為那些從倫

敦或紐約親友匯來的款項是透過比特幣，而不是傳統的銀行體系。就叫它BitPesa吧。

他們從做得到的簡單目標開始：在英國與肯亞之間的匯款業務中找個單一「通道」，建立一個以比特幣為主的轉帳事業。他們招聘一個開發團隊建立初步的原型，再由一個軟體工程師修補。接著，他們派一名員工前往倫敦，到肯亞社區的咖啡廳招募初期試驗的測試員。他們在2014年夏天找了約二十四名移工開始做測試。

這個構想不僅打動了期望以更低廉代價寄錢回家的肯亞人。羅斯奧很快就向投資人籌募到70萬美元，其中包括第二市場的巴瑞·席爾伯特；席爾伯特也投資了阿根廷新創公司BitPagos，而他的公司也在建立自己的比特幣交易平台。羅斯奧原本可以籌募到更多錢。「我們兩個星期參加了三十場會議，討論連結比特幣和M-Pesa，而且看到大家兩眼發亮。」她說。投資者明白這是個簡單卻有強大潛力的方法，能從少數公司手中低價搶下市占率，例如牢牢掌握全球巨量業務的西聯匯款。彭博社（Bloomberg）在2013年11月的一篇文章介紹這家公司後，雖然一個產品都還沒有推出，但羅斯奧開始接到訂閱彭博金融資訊平台的「高資產淨值」人士電話，還有加州的一些公司也表示想參與行動。但她還沒有準備好交出公司的掌控權。「我對很多大人物說不。」她說。

羅斯奧在高迪─史考特提起之前，連聽都沒聽過比特幣。但她很快就明白其中的可能性，而且更有企圖心讓BitPesa超越比特幣或數位貨幣。由諾貝爾和平獎得主尤努斯（Muhammad Yunus）的鄉村銀行（Grameen Bank）首開先例的微型貸款，雖然做了那麼多好事，但依然

是在羅斯奧形容為「破敗的金融體系」中運作。以加密電子貨幣為基礎的替代方式可以繞過許多現有體系的成本，而且讓人期待在便宜匯款之外，能做更多事。

羅斯奧認為比特幣不單能在肯亞點燃一場金融革命，還能點燃科技革命。她的想法是加密電子貨幣能孕育創新，就像我們在舊金山和其他地方看到的。她發起聚會文化，並教導學童軟體程式。她的第一場聚會有五個人；六個月後，有四十人參加，而且都在寫程式，並提出自己的應用程式。「大家都有回響，人人都興致高昂。」她說。

大草原矽谷──非洲的科技重鎮

如今結合了剛萌芽的比特幣社群，M-Pesa證明是肯亞進入大範圍科技革命的方便路徑，因為行動貨幣和網際網路激起一波創意與創業精神。首都奈洛比就算不是非洲最大的科技中心，也是科技重鎮之一，有時候被稱為大草原矽谷（Silicon Savannah）。奈洛比甚至有自己的20Mission，一個叫做iHub的駭客之屋，距離奈洛比大學的科學中心不遠。iHub的空間寬敞現代，位在一棟與矽谷常見的辦公大樓相仿的建築四樓，光線充足，有房間供人談話做簡報，沙發與休息室（包括一個手足球球桌），還有咖啡吧。裡面還有供人創作的工作空間，大草原矽谷的發展就是由這些人推動。這個地方網路暢通，包括實際網路與象徵性的網路，充滿了精力充沛的聰明青年。他們舉辦聚會以及「爐邊」閒話，並吸引到重量級人物：伊藤穰一（Joi Ito），麻州MIT媒體實驗

室總監，2014年5月來到iHub演講。Google的艾力克・施密特（Eric Schmidt）也曾到訪。

　　這個中心的目標和矽谷類似：培養創業精神，建立人脈，並讓年輕人投入及創造，彷彿可以聽到賈伯斯在說「神奇」的東西。不過美國的科技迷往往會想出一些匪夷所思的發明，滿足我們都不知道自己有需要的需求，你真的需要機器人幫你掃地嗎？而在奈洛比，目標則是傾向更直接的需求，例如加強治理的產品，或是讓醫療保健系統更有效，或是供水系統更安全並分配得更理想。例如一個叫膠鞋怪客（Geeks in Gumboots）的團體，就試圖讓科技圈將焦點放在環境議題。

　　雖說外人盡力改善偏遠地區居民的生活，但也令人察覺到一種不太舒服的殖民主義遺緒，以及協助與照顧之間的微妙差別。羅斯奧非常清楚這些問題，而且有時候在比特幣研討會中，聽到有人說BitPesa是在「解救非洲」，就會勃然大怒。她並不喜歡這種說法下意識暗示的殖民主義式照顧作風。「這裡其實有很多非洲人在做事。」她說。

　　很重要的一點是要抗拒誘惑，抗拒將加密電子貨幣的技術或任何技術視為靈丹妙藥。雖然科技給人各種希望[2]，真實情況卻是無法用簡單的辦法解決的。M-Pesa的成就和BitPesa的承諾之所以重要，是因為它們是促進經濟活動的有效工具，進而能推動發展。這是為什麼大草原矽谷的故事很重要，不僅對肯亞重要，對整個開發中世界同樣重要。「還有更重要的故事，」羅斯奧說。「我們才剛開始。」

2.這裡是指開發中國家拜便宜的分散式、去中心化科技之賜，「跨級跳過」幾十年的發展。

整合地下經濟的科技

　　貧窮國家的金融孤立狀況，根源遠超過眾人缺乏銀行帳戶和寄錢的成本。他們會如此弱勢，通常是因為與祕魯經濟學家赫南多・德・索托（Hernando de Soto）所稱的「資本的祕密」（mystery of capital）斷絕，意思是說，經濟成長與財富創造，有賴定義清楚且記錄明確的財產所有權。德・索托跟其他人一樣努力推廣的概念是，經濟發展應該著重在記錄窮人的資產，也就是貧民區居民合法擁有，但沒有所有權的居住地，他們未有許可執照而營運的事業，他們賺取金錢的非法工作。在西方世界，這些資產附帶的文件可以提供給銀行作為貸款擔保品，或是用來說服投資者將錢投入重要的計畫。但沒有這些文件，窮人通常只能勉強維持生計。這也是為什麼德・索托和他在利馬的自由民主協會（Institute for Liberal Democracy）同志，花時間在祕魯、海地、埃及的貧民區和其他地方調查並記錄眾人的財產，免費提供抵押契據。但是做這樣的工作，也只是治標不治本。這種全球性的地下經濟，或是記者紐沃夫（Robert Neuwirth）選擇的名稱「D體系」（System D），據他估算合計達10兆美元。如果這種經濟自成一國[3]，這種沒有正式文件記錄的經濟，將僅次於美國經濟。

　　正如BitPesa的羅斯奧所說，最大的機會可能不在數位貨幣本身，而在背後的科技。這讓從事地下經濟的人有很大機會，可利用區塊鏈無中間人的方式交換資產與資訊，及利用區塊鏈不受任何中央機構控

---

3. 紐沃夫建議的名稱有市集斯坦（Bazaaristan）或攤販聯盟共和國（United Street Sellers Republic，或簡稱USSR）。

制、牢不可破的公開記錄。這些特色給這些人創造獨一無二的機會，克服法令制度的障礙而獲得進展。降低支付成本只是開始。正如我們提到過的，軟弱腐敗的機構是窮人被排除在銀行體系之外的根源，因為這些制度拒絕給人機會，向銀行家證明他們的誠實與資產淨值。但是區塊鏈呢？如果到了有新一波比特幣創新者認為可能的程度，就能以去中心化的權力取代許多這些機構制度，證明眾人的法律責任與地位。如此一來，就能大幅擴大包含的範圍。

我們將在下一章仔細探討這些所謂比特幣2.0發明時，討論的各種新創意。理論上，區塊鏈開創性的資訊驗證模式，可讓窮人從官僚與仲裁者的無能及貪腐之中解放出來。一旦建立了沒有中央政府機構參與，完全由加密電子貨幣電腦網絡管理的數位化不動產契約登錄，就能又便宜、又可靠地管理眾人的財產權，提供數位文件取得數位貨幣貸款或法定貨幣貸款。儘管司法腐敗意味著開發中國家的低收入民眾，無法仰賴嚴密的契約改善自己的事業，並開啟德‧索托的資本的祕密，但這些協議若受制於區塊鏈的絕對正確之下，可以終結所有問題。

在Ethereum任職的強納森‧莫漢（Jonathan Mohan）提出頗有說服力的解釋，說明這些設計為透過自動化軟體在區塊鏈上執行的「智慧合約」（smart contract），如何有益地下經濟；Ethereum是新的比特幣2.0平台，企圖打破各種法令及合約約定。「只要給合約提供擔保品，而區塊鏈認得這份合約，那你就知道這不是詐騙，也知道沒有必要信任第三方，」他在紐約的比特幣內幕（Inside Bitcoins）會議中說道。「因此合約很簡單，其他所有事情都會迎刃而解。如果你是在像非洲、中

國、甚至是美國等地方，就知道公平正義得以伸張，是因為整個社會將完全依照合約設定執行的方式執行。」

雖然可能沒有到「其他所有事情」都迎刃而解那麼簡單，但確實有這樣的可能。要了解究竟如何運作，就必須回到區塊鏈，探索區塊鏈的各種使用方式。

第九章

區塊鏈——非懂不可的金融新科技

「人人都把自己視野的局限當成世界的局限。」
——叔本華（Arthur Schopenhauer）

　　我們帶你深入探討密碼龐客運動以及比特幣之前的原型幣，還探討了區塊鏈技術。我們帶你進入這個社群的形成過程，還有舊金山的高科技場景。我們帶你看過猶他州的礦工，以及比特幣在加勒比的情況。我們帶你看過比特幣如何賦予阿富汗的婦女力量。現在我們該投入加密水域的最深層，一窺比特幣的未來，瞧瞧前衛世界中最尖端的事物。現在該來談談在比特幣之上發明創造的可能性了。這些計畫的範圍可能從世俗的賭博網站，到高深如建立完全自動化、自我管理的企業都有。共同的聯繫是全都採用比特幣最重要的基礎，也就是使用不容置疑的區塊鏈做合法性與驗證的去中心化系統。就跟加密電子貨幣世界的其他事物一樣，目標就是去中心化，將權力從中間人手中拿走。只是我們也會看到，創新者企圖透過這些去中心化系統，鼓勵可獲利的事業成長，卻可能發現加密電子貨幣純粹主義者有時候會指控他們要當「權力集中者」，雖然這些指控通常並不公平。「人人都把自己視野的局限當成

世界的局限。」哲學家叔本華如此寫道。但是對我們即將看到的人物來說，他們視野的局限是他們的起點。

區塊鏈另類用途：比特幣進賭場

賭客歷來就是受制於他們經常光顧的賭場。在法制規範出現之前，一般人也無法確認那個獨臂歹人不是賭場為了自己而做的過分安排。誰能說輪盤上的球不是受到磁鐵的引導，或者二十一點的洗牌機沒有動手腳？在大部分的國家，賭場現在都受到嚴密管制，法令也大多加以執行了，但還是沒有人敢拍胸脯保證。如今線上賭博大受歡迎，甚至可以說愈演愈烈。一般線上二十一點遊戲中的紙牌，照理說完全是由隨機亂數產生器分配的，但因為產生器存在於賭博網站的伺服器，很容易受操控。

一位比特幣狂熱愛好者將這種困境視為機會，相信解決這個問題可以賺大錢，而且能在不經意中證明，比特幣區塊鏈足以建立不可動搖的透明度，這一點果然非常有市場性。雖然在線上賭場迅速賺了幾百萬的故事，或許沒有解放世上無銀行帳戶者的故事那樣激勵人心，但這種大膽創舉透露了加密電子貨幣潛力深厚的關鍵要素。

在Bitcointalk.org及Reddit社交論壇以火鴨（Fireduck）為人所知的約瑟夫‧葛里森（Joseph Gleason）心想，他可以利用比特幣的區塊鏈，為線上賭博建立「公平可證」的系統。葛里森的想法是陽春版概念：大家下了短暫的賭注，結果如何就看顯現在交易送往區塊鏈的雜湊

衍生亂數，也就是說可證明為獨立的來源。賭客將比特幣送到其中一個與賭注相關的特定位址，而賭注是最高為65,535的特定五位數「幸運號碼」，並低於選擇門檻。而選擇的上限愈低，贏的機會也愈低，而可能得到的獎金也愈高。葛里森的方案就是利用基本的加密流程產生一個幸運號碼。要用上比特幣核心演算法指定給支付賭客款項的交易代碼，結合另外一個只有程式軟體知道的每日祕密金鑰，創造出由字母與數字組合的獨立新雜湊代碼。幸運號碼可能是將雜湊值的前四個字元，也就是字母與數字的組合，轉變成正常的數字。由於這種類型的雜湊數學慣例，得出來的數字一定都是在65,535以下[1]。這個主張的公平之處在於過了二十四小時之後，系統會揭露祕密金鑰，讓使用者倒回去完成所有計算而解開數字。

為了提供這項服務，葛里森以比特幣為主的賭場，明白宣布所有賭注都給自己1.9％的優勢。下注10比特幣、幸運號碼落在32,758以下（差不多是輸贏機會各半），若贏了，會給贏家19.6比特幣，葛里森保留0.4比特幣，以他構思計畫當時計算，約為2美元。

一個多星期之後，葛里森發現自己抱著燙手山芋。他投資了45比特幣（當時約225美元）已經獲利146比特幣。但他也看到了法律問題：線上賭博只在幾個州合法，而這些州實施嚴格的許可執照法令。因此，2012年4月17日，他在Reddit留言表示，要將自己的作品交給願意承擔政府法律難題的人，並雇用他為顧問。在比特幣狂熱者圈中剛嶄

1. 以標準的加密模式來說，雜湊值是十六進位，意思就是包含從0到9、a到f的十六個可能字元。這代表十六進位的數字系統，以a到f代表10到15。如果轉換回我們標準的十進位系統結構，就會產生65,535個可能的數字，0000就等於是0，ffff就等於65,535。

露頭角的自由意志主義代言人艾瑞克・沃利斯（Erik Voorhees）很快就接手這個提議。沃利斯給這個服務命名為「中本聰骰子」，並將之轉變成金礦。「中本聰骰子」的交易業務很快就約占比特幣全網所有轉移業務的一半。（大部分的賭注都是小額，因此加起來的價值占總交易量的比例就小得多了。）

接下來一年，沃利斯賣出這項服務的股份換取比特幣，並讓股票在MPEx掛牌；MPEx是羅馬尼亞的證券交易所，數位資產可以數位貨幣報價並交易。而在股票上市幾個月後，他宣布以126,315比特幣將「中本聰骰子」賣給未公開身分的買家，當時價值1,150萬美元。雖然這代表他的投資人大賺一筆，但身為最大股東的沃利斯最後得到的最多。以持有一年來說算成績不錯。

「中本聰骰子」可作為早期指標，顯示這個叫比特幣2.0，或是以我們較偏愛的說法，「區塊鏈2.0」應用這個產業的潛力──由去中心化加密電子貨幣網絡自動運作的產品、服務，甚至是成熟完善的公司。

以區塊鏈為基礎的群眾集資模式

葛里森與沃利斯並非最早想像區塊鏈另類用途的人。一些有冒險精神的人在想，如果買賣雙方現在可以安心交換資金，無須經過授信的中間人從他們身上抽取手續費，這種防竄改經驗證資訊的新記錄，或許也可以用在其他「無信任」交換。可以在沒有律師或法庭涉入的情況下，擬定合約並執行；數位化產權契約可以藉由區塊鏈轉讓及驗證，不必用

到不動產經紀商；金融證券可以在投資人之間直接交易，繞過了中央交易所或清算中心。

麥克・赫恩（Mike Hearn）在 Google 從事安全軟體工作三年後，辭職專心投入加密電子貨幣發展，他提出或許是影響最深遠的區塊鏈科技潛力預測。2013 年 8 月在愛丁堡圖靈節（Turing Festival）的一場演講，赫恩展望一個由獨立自主的經濟主體組成的經濟。他舉的例子是無駕駛計程車，只由感應器和 GPS 科技引導。這種單一車輛計程車服務，可由接通自動化電子市集的智慧軟體程式執行，赫恩稱該自動化電子市集為貿易網（Tradenet）。在這裡，潛在乘客可以貼出搭乘需要，並收到來自多個無駕駛計程車的競標。乘客可以根據費用、搭乘時間，以及汽車型號決定喜歡的計程車，還可以議定路線，依據的是該項服務得自貿易網另一個「負載空間」（load space）市集、競標提出的所需時間及費用條件，市集會依交通狀況的變化，給每一種路線提供不同市場的收費道路價格。

如果這些聽起來很未來主義但又切實可行，那再試試赫恩想像中計程車的附加特色：沒有所有者。車子自己擁有自己，或者更精確地說，是執行作業的電腦程式擁有車子。這個軟體程式會支付汽車的營運成本，接受它的營收；這一切都因為加密電子貨幣以及區塊鏈的發明而變得可能。

「我懷疑如果我去銀行開個由電腦程式擁有的銀行帳戶，他們會叫我滾蛋，要不就是認為我瘋了，並報警抓我，」赫恩說。「但比特幣沒有中介者。因此，其實沒有什麼能阻止電腦自己連線到網際網路並參與

比特幣網絡。建立比特幣錢包所需要做的，就是產生大量的隨機亂數，而這點幾乎什麼都做得到。」

　　你可能會想，為什麼要給機器這樣的權利。因為我們可以把它設定成提供最便宜、最有效率的服務，赫恩的車子會專注在將生產力最大化和繼續生存，不會累積一大堆保留盈餘，用來買超級豪宅或是去巴哈馬度假。它可以將利潤率維持在超低水準並把價格壓低。儘管如此，如果車子帶來的營收大於支出，就可以設定成赫恩說的可以「有小孩」，將多餘的比特幣投資在新的無駕駛計程車，並「繼承」軟體程式的翻版。為了保持優勢，車子還可以將盈餘用來雇用真人寫出更優異的程式（也是透過貿易網競標這些服務），之後再套用特別測試協定，確定這個人類不是在耍手段欺騙，要讓它失去競爭力。赫恩說，如果這個區域的經濟情況太過惡化，車子可以在長期停車場「休眠」六個月，或者自行駕駛到貿易網上的數據顯示對計程車服務需求更大的城市。

　　只是這裡有個起源問題：如果創辦人無法從投資中賺取回報，誰會提供初期資本建立這個非營利事業？顯然這些自主個體的資產必須視為公共財。大家都能以低價享有更多充裕的服務，這種社會利益應該是顯而易見的，但是對於有利益動機的個人來說，有什麼誘因促使他們投資提供服務？選擇之一就是由政府主導，使用納稅人的錢。另一個選擇就是期望慈善家接下難題。不過理想的情況是，這筆投資是來自群體力量。也許某一個社區的居民可以投資一輛無駕駛汽車，而回報就是在規定的一段時間內可以免費搭乘或打折，而為了達到如此大範圍的籌資目標，赫恩提出另一種解決辦法：加密電子貨幣保證契約，以區塊鏈為基

礎的群眾集資模式，在其他人的捐款達到目標水準時，發起人也捐助一定的金額。與其讓發起人必須努力壓低捐款額，並設定由第三方律師管理的昂貴帳戶，以保護捐贈的資金，區塊鏈及附帶的特別軟體就能自動運作全部的事。等到只有軟體能控制的防竄改指定錢包裡的資金水準達到目標，就會接通另外一個內含發起者資金的類似錢包，將資金合併。如果沒有達到目標，這筆錢會自動送回所有人的個人錢包。集資問題解決了。自我擁有的無駕駛計程車，我們來了。

當然，滿世界都是無駕駛計程車的地方，就是沒有人類計程車駕駛的用武之地。如果這些區塊鏈2.0的概念很多都得以實現，不但律師、投資銀行家、股票經紀人這些人要擔心被淘汰，還有許多其他「以信任為基礎」的服務需求，在區塊鏈運作的世界也會變少。稍後在第十一章，我們將探討社會該如何應對因此而出現的痛苦過程。但現在我們只探索這項科技本身的技術，並討論發明者認為將改變我們經濟的諸多破壞性創新方式。

與物聯網經濟相輔相成的「智慧合約」

保證契約（assurance contract）只是最盛行的其中一種區塊鏈2.0概念形式，「智慧合約」最早是由尼克・薩博提出的概念，有些研究人員相信薩博就是中本聰。最關鍵的地方是，這個概念宣稱區塊鏈可以取代法律制度這個受信任的最終第三方。與其找個法律事務所草擬書面協議，由法官強制執行，如果有一方未能償付應付款項，所有伴隨這些制

度介入而產生的支出與不確定性，就由軟體自動執行這些義務，而執行標準是由去中心化區塊鏈驗證。想像一個標準託管協議，負債的房屋擁有人每月儲存一定數額，以確保繳付房屋保險及稅務。以這個例子來說，那些支出可以用加密電子貨幣支付，並存進一個中立的錢包，全都在稅金和保費款項到期時自動啟動。區塊鏈使得大家都坦白誠實，而且移除了一整層的銀行官僚機構，降低了成本。

金融市場在接受區塊鏈2.0創新的時機尤其成熟。許多現代證券合約已經系統化編碼、數位化，也自動化了。但還是由華爾街銀行管理，並由權柄甚大的律師擬定和訴訟，賺取六位數或七位數的律師費。想像一下，在金融危機期間招惹惡名的衍生性商品種類，信用違約交換（credit-default swap，簡稱CDS）若是建立在類似區塊鏈的去中心化基礎結構。CDS合約有保險功能，如果債務人被視為違約，需要有一方（通常是投資銀行或保險公司）支付給另外一方（大多是借錢給第三方債務人的貸方）。爭議通常出現在什麼條件構成「信用違約事件」（credit event），而要啟動這樣的支付方式，有時候需要由銀行主導的實體，例如國際交換交易暨衍生性商品協會（International Derivatives and Swaps Association, ISDA）做裁決，而且常常牽涉到律師及法院訴訟。但如果CDS合約存放在區塊鏈，理論上仲裁過程就能去除這些第三方中介者。只要債務人的錢包沒有付款，就會從保險方的錢包啟動相應的比特幣付款，支付給由CDS保險的投資人。沒有模糊曖昧，沒有法律質疑，全都輕鬆且花費低廉地以標準化軟體處置妥當。

但「智慧合約」不見得只限於金融業。如果搭配「智慧財產所有

權」（smart property），也就是契約、權利資格，以及其他所有權的證明，全都轉化成數位形式並由軟體運作執行，這些合約允許自動轉移實體資產如房屋或汽車，或者無形資產如專利權的所有權。同樣地，軟體會在合約的責任義務符合條件時開始進行轉移。由於現在企業忙著在幾乎所有裝置和所有商品加裝條碼、QR碼、微晶片，以及藍芽天線，新興的「物聯網」應該就能讓許多實體財產得以用這種方式轉移所有權。

有個創意解方可用在以信貸購買的汽車。現在如果汽車車主錯過繳款時間，財務公司得花錢費力收回汽車的所有權和實體財產，這就牽涉到律師、代收代理人，最嚴重的情況是還扯上貨品回收員。但根據智慧合約，如果沒有及時付款，數位化所有權會自動歸回財務公司的數位錢包。此外，汽車鑰匙會透過無線網路跟一個線上加密系統配對，需要有個汽車的特殊遙控數位「鑰匙」才能發動。要是發生違約了，系統會移除這把鑰匙，拒絕讓貸款人使用汽車。無疑，這聽起來令人困擾又好像老大哥在監視，但有實際且普遍的優點。藉由去除無效率、官僚主義，以及體制的成本，這種自動化沒收資產的做法可以壓低融資成本。理論上，這樣能為數百萬信用記錄不佳的人提供能力可及的融資方法，目前金融公司因為沒有把握這些人的貸款安全有保障，所以拒絕融資給他們。而且合約也不見得完全都是強制性：擬定內容時可以接受不在線上的協商及法庭調解。

智慧合約的另一種應用是，如果政府汽車執照的發照單位能夠理解汽車編碼登記，並能實行由區塊鏈核可的轉讓，就能達到高效率。車輛管理局（Department of Motor Vehicles）消失有誰不喜歡？當然，車輛

管理局的員工另當別論。

破壞性創新：去中心化自治應用程式

　　這些區塊鏈2.0創新方案有許多在廣為推行採用上，存在著令人卻步的技術、法令、金融，及文化障礙。有幾百種此刻正在進行當中，還有很多似乎計畫尚不完善，可能永遠也無法起步。但是投資在裡面的精力與創新腦力相當可觀，也清楚顯現在一連串態度認真的新創事業及發展計畫。

　　這個領域的先驅是2012年下半年推出的「彩色幣」（Colored Coins）計畫；該計畫的目的：讓人可以直接在比特幣區塊鏈上交換數位化證券及法定貨幣，例如，兩個人可以制定合約，直接以對歐元的數位所有權，交換對黃金的數位所有權。從此之後，這個領域就充斥著區塊鏈2.0新創公司與計畫，包括Next、瑞波、萬事達幣（Mastercoin）、Ethereum、BitShares、Counterparty，以及Stellar。各家公司與計畫提供以區塊鏈為基礎的特別設計平台，讓其他實體可以創立點對點合約，發行並允許交易數位資產與數位化資產，或是安裝特別軟體驅動的應用程式，全都是去中心化運作。各項計畫也發行各自的錢幣或數位憑證，如未來幣、萬事達幣、ether、bitshares，以及Counterparty的XCP，促成許多類似交易的交換，交換中的兩造之間必須利用這些協定，執行去中心化應用的往返功能。這些都能在特殊山寨幣交易所，如Cryptsy，交換比特幣和其他加密電子貨幣，而它們的

價值應該會根據各自所屬的協定成功與否而漲跌。不過，這種區塊鏈2.0「錢幣」最好當成是一種內嵌資訊，可在區塊鏈上傳遞的數位導管（digital vessel），而不是當成貨幣。它們是執行智慧合約、交換數位資產，以及其他各式各樣去中心化行動得以進行的載具。

科技迷偏好殺手級應用這種徹底破壞性創新的科技，若發展到極致，推動每一家公司的構想，都是跟我們想像的一樣有破壞性。大衛·強斯敦是萬事達幣基金會的資深董事，該基金會負責協調萬事達幣計畫的募資，這項計畫提供開發人員一個特殊軟體平台，設計可在比特幣區塊鏈上運作的去中心化特殊應用程式。他說區塊鏈科技「將加大共享經濟的威力」，在這股新興趨勢中，公寓擁有人能用Airbnb.com出租類似旅館的房間，而車主能在以智慧型手機為主的Uber及Lyft登記為個體戶計程車司機。想法就是我們若能將經濟去中心化，並孕育多種點對點交換的形式，大家就能找出可獲利的方式，將自己擁有或能控制的東西，轉化成可銷售的服務。強斯敦最為人所知的就是鑄造出DApp這個名詞，也就是「去中心化自治應用程式」（decentralized autonomous application），以此形容能在區塊鏈為基礎的環境中蓬勃發展的特製化軟體程式。他口氣興奮，滔滔不絕地列舉各種DApp的例子：完全去中心化的股票交易所；相互連結的電腦網絡，能貢獻及使用集體的共同硬碟空間，全都以加密電子貨幣支付；「無線網格網路」（meshnet），使用者收費將頻寬貢獻給無線網路連線用戶的低成本網絡，讓這些用戶得以繞過目前擔任集中式網際網路服務供應商的有線網路公司及電話公司。

企圖實現這種大規模破壞性創新的新創公司與非營利計畫，基本上有兩種不同形式。有些直接使用比特幣區塊鏈進行他們的活動，包括彩色幣、Counterparty，以及萬事達幣。正如比特幣有自己的核心通訊協定（我們在前面的章節討論過，核心通訊協定是為比特幣電腦網絡奠定基本規則的軟體程式），這些計畫也都有自己的基礎通訊協定。這樣一來，它們就成了第二層平台，可以在這上面建立第三層的服務和應用程式。這些區塊鏈2.0供應者的平台，讓顧客能利用底層去中心化比特幣區塊鏈的力量，做各種迥異於單純交易比特幣的事，如智慧合約、智慧財產權交易、數位資產交換等等。依照它們的模式，基本的比特幣交易通常都是小額，最低到「聰」（0.00000001比特幣）。那是因為相對於在網絡中傳送去中心化應用的關鍵後設資料（metadata），這種更為重要的目標，比特幣的價值根本不值一提，雖然說也需要一些價值交換才能進行資訊傳播。這些供應者決定投入比特幣，是因為先行者優勢已經讓它成為目前交易量最大、挖礦最多、最流通的加密電子貨幣，加上有驚人的全球計算能力網絡，確保使用者有個強健可靠的網絡，能驗證他們的經營誠實可靠。

　　其他區塊鏈2.0計畫採用不同的哲學。他們不想強用比特幣通訊協定，去做原本沒有設計要做的事。舉例來說，如果整個礦工獎勵制度，是根據確認比特幣交易給予報酬，他們為什麼要投入資源，支援安裝數位化財產證明所有權？雖然有些開發人員企圖調整比特幣的核心軟體，把它變得有更多功能，但這些人覺得，核心區塊鏈若用來處理這種不同的新工作負擔，能力上有結構性限制。他們認為最好是動手建立一個全

新的網絡，一個全新的區塊鏈。這樣就能重新思考網絡的獎勵制度，調整到能鼓勵電腦節點確認那些設計為內嵌大量額外資訊的交易。我們在第六章討論過Next計畫的「權益證明」概念，這個概念是這一波行動中的佼佼者。但更大膽、更急切的新區塊鏈計畫已經出爐。其中一個認為自己的科技可以徹底改造公司這個概念。

在區塊鏈上運作的公司

對丹尼爾‧拉瑞莫（Daniel Larimer）來說，擴展區塊鏈2.0構想的一個基本觀念障礙，來自專用術語。一般人很難將加密電子貨幣歸類，究竟是數位化證券、虛擬貨幣，還是某種憑證，或是用在應用程式的軟體？對這位BitShares的創辦人來說，他相信如果中本聰將比特幣描述為一種經營支付系統的公司，所有權股份拿來充當系統的貨幣，那麼大家就更能理解原始計畫，以及之後的區塊鏈2.0計畫。可是他們卻不當地執著於將比特幣視為金錢貨幣，而不是只當成貨幣的一種形式。「實在很難解釋比特幣是什麼，因為大家不了解貨幣。即使專家的意見也不一致，」拉瑞莫說。「但事實上，比特幣並不會因為被拿來當貨幣使用，就不再是公司的股份。黃金不會只因為被當成貨幣使用，就不再是確確實實的耐久金屬。金錢貨幣是根據它的用途而定義，而非它本身是什麼。」就他的定義，比特幣是「從交易手續費中賺取營收的公司」。它必須付錢以確保系統安全無虞，「而且為此雇用小包商，也就是礦工……支付的報酬就是包含股份在內的新發行比特幣。」等拉瑞莫開始

這樣思考比特幣，他就看到無數種可能性，可以創造其他公司，發行各自的數位「貨幣」為股份，並在區塊鏈上運作業務。

大衛‧強斯敦和其他人著重在設計DApp，拉瑞莫和BitShares卻全放在DAC，也就是「去中心化自治公司」（decentralized autonomous corporation）。（其他人則用DAO縮寫，也就是「decentralized autonomous organization，去中心化自治組織」。）這些團體由多個股東持有，例行的財務決策，比如何時釋出資金以支付費用、紅利股息給多少，都是由公司的主導軟體自動執行，並託付給經區塊鏈驗證的防竄改系統。策略中有任何需要修改軟體的調整，都交由股東投票，一切都在不容置疑的區塊鏈上驗證完成。但其他時候，這個企業實體是由自動導航運作，不需要受信任的員工，如財務主管或薪資結算會計處理現金，不需要董事會掌控管理。麥克‧赫恩的無駕駛計程車就是類似這樣的運作；只是汽車不是自己擁有自己，而是由計程車服務的加密股東擁有。

拉瑞莫眉飛色舞地詳細說明一個接一個在BitShares平台建立的DAC構想。這個來自維吉尼亞黑堡、身材清瘦的開發人員，談到音樂人建立DAC發行歌曲的股份。歌迷成了錄音室工作的資助者，而不是由唱片公司出資。等到一首歌走紅，歌迷在這首歌的數位股份就會升值。「這將版權的概念顛倒過來了。」拉瑞莫說。他也對自動化「差價契約」（contracts for difference）大感興奮，這種契約讓人可以對兩種資產的價格進行投機買賣，如果傳達給安裝在區塊鏈的軟體程式的市場數據顯示，「價差」跨過預定的門檻，就會收到自動執行後的款項。他甚至看到以區塊鏈為基礎的口碑行銷正在興起，從餐廳老闆到承包商

到自由記者，所有人都能根據數學標準和市場力量來行銷自己。區塊鏈不可置疑的推薦記錄不但能創造比臉書的「讚」，及 TripAdvisor 的評論誠實許多的系統，最終還能讓企業和自由工作者根據這些口碑建立證券，這是將會計師稱為商譽的東西自動貨幣化的做法。

拉瑞莫很喜歡的一個構想，是以區塊鏈為基礎的防貪腐投票。根據這個模式，每個選舉人可使用一個加密私密金鑰，寄出一小筆基本上不值多少的加密電子貨幣到指定的投票錢包，建立一個永久性不可辯駁的投票，且在區塊鏈上留有時間印記以防造假。「我們的目標是強化民主。」拉瑞莫實事求是地說。跟他類似的構想已經付諸實行，許多人受到電腦化投票興起的激勵，而電腦化投票雖然可望做到有效率，如果延伸到線上投票，也可望擴大參與，但也引來選舉人擔心，那些能接觸計票系統專屬軟體的人有舞弊之虞。馬里蘭州塔科馬公園市政府，過去五年一直使用一套加密遠距投票系統的不同版本，這個系統讓選舉人可以檢查自己的投票是否正確計數，但又不失匿名性。最近幾年，名氣響亮的密碼專家兼 DigiCash 創辦人大衛・喬姆就在從事這類計畫。

加密電子貨幣的 Android 系統

2013 年中，記者維塔利克・布特林也在思索比特幣是怎樣創立的。在他看來，軟體開發者若要創造強健、但又容易使用的應用程式設計介面（application programming interface, API），比特幣的核心通訊協定太過龐大笨重。所有建立在這之上的次級協定也同樣狹隘。他根本

就是在說，比特幣就像視窗作業系統創造出來之前的DOS系統。

如果他能設計一個完全獨立的通訊協定與區塊鏈，支援以任何程式語言寫的各種應用程式，就像開發者所說的「圖靈完備」（Turing complete）？如果它可以支援任何去中心化的服務，如貨幣交易系統、智慧合約、股東登記、投票系統、DApp、DAC、DAO諸如此類的，並讓開發人員設計出他們認為市場正需要的介面？他想出來的解決辦法迅速征服了加密電子貨幣世界：一個完全重新設計、多用途的去中心化區塊鏈，可以充當開放平台，安裝各式各樣的合約和去中心化應用程式。他稱之為Ethereum。

「我們希望成為加密電子貨幣的Android。」布特林說，指的是Google設計的行動作業系統，可用在多種智慧型手機型號，截至2014年更啟發了超過一百萬種應用程式。「在Android系統上可以安裝Google地圖，可以安裝Gmail，可以安裝任何你想要的東西。那就是我們希望加密電子貨幣發展的目標。Ethereum提供基本層，如果想安裝個錢包，有個應用程式可用；如果想安裝個區塊瀏覽器（block explorer），可以自己設計一個；或者是商業支付解決方案，還是任何東西都行。」

布特林是毫無正規密碼學背景的自學電腦怪客兼駭客，最早是在一篇白皮書中提出他的願景。2013年11月，他將白皮書發表在GitHub，這是開放原始碼程式設計計畫的重要資料庫，軟體工程師可提出構想並合作軟體開發。「我真心期待能有五個左右的密碼學專家馬上將之貶得一文不值，並說明怎樣都不可行的理由，或者是說，『現在已經有十

個計畫在做這個東西了。」」他說。但結果正好相反，反倒在密碼學專家和軟體工程師之間激發想像力的火花。到了2014年1月，我們在邁阿密的一場比特幣研討會場邊找上布特林時，幾個月前才孕育出來的Ethereum已經招攬到十五個全職開發人員的團隊，由專研C++程式語言的知名英國軟體工程師蓋文‧伍德（Gavin Wood）帶領，另外還有將近一百個兼職開發人員貢獻心力。他們在瑞士楚格建立據點，並開始建立一個全新的多功能區塊鏈平台。

這個團隊也計畫舉辦募資活動。這次活動被形容是Ethereum內部專用貨幣ether的「預售」[2]籌募到超過2.9萬比特幣，8月底時價值超過1,450萬美元。以這樣的標準來看，並考慮到相對短暫的六週期限，我們可以持平地說，那是史上最成功的群眾募資行動，打敗如Kickstarter等募資平台完成的任何一次募資。

更不用說，俄裔加拿大籍的布特林並不是一般的青少年。我們在邁阿密碰面時，他還不到二十歲，他解釋一開始在2011年3月是怎樣對比特幣產生興趣，以及那一年的9月，還在中學的他又是怎樣受雇於瑞士比特幣創業家米海‧阿利希（後來成為Ethereum計畫早期共同創辦人），成為《比特幣雜誌》的首席撰稿人。他的酬勞只以比特幣支付。隔年布特林進了安大略的滑鐵盧大學，攻讀電腦科學。但在校期間，他經常分心在加密電子貨幣的事業活動，他大量閱讀並撰寫相關主題，並為亞利克斯‧米茲拉希（Alex Mizrahi）的彩色幣計畫擔任兼職獨立開發工作賺取獎金，該計畫是早期的區塊鏈2.0方案，將資產及合約的資

2. 為了遵守瑞士法令，ether在募資活動中不稱為貨幣或證券，而是一種運作未來應用程式所需的軟體。

訊嵌入比特幣交易之中。隨著比特幣的價格飆漲，以及對這個話題的熱度日增，這個加拿大青少年從大學輟學，全心投入加密電子貨幣。（布特林在告訴我們這些時，在旁傾聽的比特幣傳道者羅傑・維爾大叫：「明智的決定！」）

布特林繼續在世界各地傾聽比特幣社群，靠的是繼續給《比特幣雜誌》供稿收取的比特幣，那些文章迅速成為加密電子貨幣新人及老手的重要讀物。他造訪新罕布夏州為自由意志主義理想奉獻的自由州計畫（Free State），在歐洲各地參加比特幣聚會，聯繫上倫敦知名程式設計師阿米爾・塔基（Amir Taaki）領導的地下激進駭客團體，並在西班牙一個他形容為「無政府－左派主義」的公社逗留好幾個月。在這段期間，他蒐集想法與觀點，幫他補充重大構想的細節。

怎麼聽都像是具備MBA資歷的財務工程師，布特林滔滔不絕地說起可在Ethereum運作、並協助徹底改造華爾街的應用程式概念：以數位貨幣計價的衍生性金融商品合約，傳統貨幣與商品可藉此像數位借據憑證一樣進行交易；以Ethereum為基礎的證券商品，不需要投資銀行承銷認購就能運作；去中心化演算法，挑戰避險基金、投資銀行，以及華爾街狂賭豪客用以戰勝市場的「黑池」（dark pool）邪惡投資工具，與高頻交易（high-frequency trading）機器。但他承認自己只是拋出想法。

目前Ethereum是未經檢驗的計畫。在我們寫作之際，以ether為主的礦工報酬模式，以及取得報酬的證據制度還在發展之中。沒有人敢肯定網絡是否穩定，是否能確保參與的礦工基礎夠廣，避免我們在第六章

討論過的算力集中威脅。不過，Ethereum有大量才華洋溢的員工和充裕的戰備經費，就是為了克服這些難題，將結構做到完善。很多人貢獻智慧就為了建立最極致的去中心化平台。

搶攻每日交易額5兆美元的金融市場

在布特林將目光放到建立全新的區塊鏈之前，另外一派區塊鏈2.0開發者，開始將去中心化加密電子貨幣總帳帶往另外一個方向。他們認為不必徹底修改傳統法定貨幣經濟，就能大砍以這些貨幣轉移資金的成本。只需要簡化金融體系的後台即可。

這次擔任先鋒部隊的又是杰德・麥卡列博，那個創立Mt. Gox交易所的善變又遁世的創新者，幾乎是一手創立讓人可以在法幣經濟與比特幣經濟之間來回的工具。麥卡列博的新計畫稱為「瑞波」，是與網際網路創業家亞瑟・布里托（Arthur Britto）及克里斯・拉森（Chris Larsen）共同創辦的，後者更是各種點對點金融計畫的創辦人。瑞波計畫的目標大膽設定為，取代金融機構賴以彼此寄送資金的大部分中介基礎結構。

跟其他區塊鏈2.0計畫一樣，瑞波計畫有自己內部的貨幣XRP，平常又多稱為瑞波幣（亦稱波紋幣），可充當轉移資訊的載具，以及網絡參與者和投資人的價值儲藏，如果使用者想要低廉地用歐元換日圓、或投機買賣瑞波幣本身的話。但這個系統不同於其他加密電子貨幣，並非靠貨幣獎金或交易手續費為誘因，讓用戶網絡確認交易。沒有窩居在地

下室的礦工一天二十四小時、全年無休地運轉電腦，一心追求瑞波幣。相反地，交易總帳通常是由使用總帳的「閘道」[3]（gateway）及建立數位資產與合約，並由在瑞波網絡上交易的人來確認。閘道可能是銀行、匯款服務、資金轉移機構，或是交易所，而且理應免費貢獻計算資源給網絡。數位資產交易商就是有黃金背書的山寨幣設計者，或以法定貨幣計價的合約設計者。不像比特幣每十分鐘一個區塊，他們以共識制度確認交易，根本上就是即時發生且耗費最少能源。他們這樣做的動機，純粹是出自讓系統運作順暢的共同利益。

圈外的顧客可以找上其中一個閘道機構，要求將資金或任何可以數位化憑證代替、並在XRP交易的資產寄送給其他人，對方可以從任何地方的雙向閘道，以自己選擇的貨幣收取款項。這些閘道並非傳遞實質的貨幣給彼此，而是建立一個可交易借條的總帳，一個閘道付出給顧客的款項，可以由借條持有人領取，履行另外一個顧客的索款。如果一場交換中的兩造閘道信任彼此，就沒有必要使用XRP交易的「無信任」去中心化網絡；而是直接契約交換。這在某些方面模仿了穆斯林世界的哈瓦拉（hawala）體系，那是一個延續幾世紀之久的全球性貨幣兌換網絡，利用的是歷史悠久的跨境信任關係，根據債務可以互換的協議而將顧客的錢寄往世界各地，同時有部分以比特幣為模型。

等到瑞波網絡建構完成，就能互相交易法定貨幣計價的借條憑證，創造實際匯率。瑞波實驗室希望能為去中心化全球交易所吸引到足夠的貨幣交易閘道，才能建立充分的流動性，比目前透過大型國際銀行交易

3.該網絡的管理公司瑞波實驗室（Ripple Labs）稱使用總帳的團體為「閘道」。

台運作的集中式外匯系統，提供更有吸引力的匯率。瑞波計畫的去中心化結構可望讓買賣雙方接觸到範圍更廣、價格更公平的選擇，縮窄買賣之間的價格落差，即為銀行賺取利潤的價差。這麼說，你可能會感覺到機會了，以銀行為中心的全球外匯市場，2013年每日交易額超過5兆美元。那是全世界最大的金融市場。

但瑞波計畫除了縮窄外匯價差，同樣要去除中間人。它移除了支付業者、結算機構、外匯銀行、保管服務，以及ACH（automated clearing house，自動清算系統）網絡的需求。就像比特幣，瑞波計畫著眼於目前包含在國際與國內資金轉帳、每年幾兆美元的中間人手續費，特別是華爾街銀行用高得離譜的價格，提供給小型或區域性銀行的相關服務。瑞波正積極向這些小型銀行或區域性銀行推銷，不是沒有原因。聖路易斯聯邦儲備銀行（Federal Reserve Bank of St. Louis）副主席大衛・安多法托（David Andolfatto）就稱頌瑞波削減金融體系的浪費。到了2014年中，這個概念才開始引起一些早期採用者的共鳴。號稱管理拉丁美洲最大跨境支付網絡的英國AstroPay，簽約加入成為該區域六十萬商業客戶的閘道；已經率先為比特幣企業提供服務的德國Fidor銀行，宣稱計畫採用瑞波，提供超級便宜的國際轉帳，還有美國的CBW銀行與跨河銀行（Cross River Bank）也簽約加入。另一方面，瑞波實驗室這時已經從重要的矽谷公司吸引到650萬美元的投資，其中包括網景先驅馬克・安德森的創投工具安霍創投、Google創投基金（Google Ventures），以及光速創投。最令人寄予厚望的是，這家新創公司宣稱與大型國際銀行展開密集討論，提供機會削減全球資金轉移

成本，並取得競爭優勢。任何銀行若沒有大舉投資支付基礎建設的中介功能，而瑞波又把這個功能變得多餘，對它們來說當然頗具吸引力。但對已經建置這種基礎建設的銀行來說，吸引力就小多了。

不過到了2014年中，瑞波在科技迷和個人之間引起的熱情似乎高過銀行家。這項計畫有一批狂熱的追隨者──跟比特幣不同，但也是熱情澎湃的一群人。有時候，這些狂熱愛好者被拉進與比特幣玩家的衝突，有些比特幣玩家抨擊瑞波是與金融體系合作，而不是與之作對。有部分則因瑞波網絡是由私人營利公司營運，而不是採取像比特幣的去中心化無主結構，這引起加密電子貨幣純粹主義者的懷疑，他們經常誤將它定義為集中式系統。儘管該公司費盡千辛萬苦創造透明又保持距離的規則，發行並傳播XRP貨幣，但不可避免會在Reddit和其他加密電子貨幣一族偏愛的論壇遭到抨擊。

山寨攪局

瑞波以營利為目的的問題在2014年5月急轉直下，當時麥卡列博做出令人嘩然的宣布，將持有的XRP全部賣出。這位共同創辦者在Reddit的一段簡短留言表示，將90億XRP的一部分捐給慈善團體後，他打算在兩個星期將剩下的都賣出。這相當於最初1,000億XRP貨幣供給的9％左右，XRP不像比特幣的發行時間拉長到一百三十年，而是在2012年一次完成。麥卡列博的說法等於在無意間透露，他跟共同創辦人拉森及布里托決定將最初發行的20％分配給自己。（剩下的80％交給

瑞波的OpenCoin基金會，由基金會協調在一段時間內逐步釋出，將貨幣的價值與交易工具的實用性發揮到最大。）但在他就事論事的留言中其實沒有解釋自己的行動：「因為我無限崇敬社群成員，並希望做到透明公開，所以我在開始行動之前公開宣布。只是告訴大家一聲……XRP拍賣來了。」

　　有這樣大量的錢幣即將進入市場，XRP的價格不可避免會遭到重創，在山寨幣市場交易的兌比特幣匯率兩天內流失45％。麥卡列博在Reddit的留言串熱鬧起來。有些評論者讚賞麥卡列博對拋售行動如此坦蕩；其他人則抨擊他製造瑞波的恐慌疑懼。瑞波實驗室則表示這次出售並不重要，因為XRP的價格不影響加密電子貨幣在網絡傳送款項的能力。但事情後來卻一發不可收拾，因為加密電子貨幣交易所Kraken的執行長傑西・鮑威爾（Jesse Powell）在瑞波本身的公開論壇上宣布，他要辭去瑞波實驗室的董事職務，因為執行長拉森拒絕鮑威爾的要求，將分配給創辦人個人的XRP轉給公司。（做出這樣的要求，道出了瑞波創辦人和瑞波幣持有人之間的尷尬關係。儘管一般新創公司的投資人樂見創辦人致富，但也期待發行加密電子貨幣的人，不會利用這個角色的獨有權力，不會像傳統中央銀行一樣實施鑄幣稅，光靠著製造貨幣為自己牟利。）瑞波管理階層的回應，是控訴鮑威爾說謊並寄出警告信，要求收回言論。鮑威爾後來在網路上貼出這封標示為「機密」的警告信，同時附上證明自己所言不虛的注解。原本快樂的瑞波社群，頓時充斥著仇恨與不信任。有些人稱之為杰德末日（Jedmageddon）。

　　這起事件三個月後才算善後完成，當時瑞波的管理階層與麥卡列博

達成協議，將出售XRP的行動分在七年完成。另一方面，拉森同意捐出70億XRP（當時價值3,300萬美元）給一個致力於協助金融服務水平低下者的獨立基金會。XRP的價格回穩。

拉森沒有輕輕帶過瑞波實驗室企圖賺錢的事。儘管「加密貨幣世界」有時會懷疑營利機構的所有權結構，「在跟銀行會面洽談我們的服務時，他們不在乎，」拉森說。「他們想聽到的是它能做什麼，而他們看到了好處。」不過，由於有些山寨幣一推出就價格飆漲，一等投資人開始懷疑創辦人在要「拉高倒貨」的騙局，價格就一落千丈，因此每當有新的加密電子貨幣創造出來，總是很難打消利益衝突的感覺。這又回到我們在第五章討論的鑄幣稅問題，而中本聰選擇透過比特幣競賽來解決這個問題。

杰德‧麥卡列博是用全新的計畫來證明，避免這些自利的觀感很重要。2014年7月推出的Stellar計畫，有幾位重要投資者的資金支持，包括柯斯拉創投（Khosla Ventures）的基斯‧拉波斯（Keith Rabois），他早期創辦了PayPal，以及先進支付處理軟體製造商Stripe。Stellar這項計畫幾乎完全複製瑞波，只是有幾個重大差異。在最初發行的1,000億稱為stellar的錢幣當中，95％都是發送出去，其中有一半給透過臉書報名的早期申請人，一半給專注在改善貧窮問題和經濟發展的慈善事業，以及加密電子貨幣的早期採用者。儘管保留5％給創辦人和初期投資者，但是若要贏得盤據在Reddit、Bitcointalk及推特等勢力龐大的加密貨幣狂熱分子信任，大手筆贈送似乎有其必要。

籌資活動大災難

　　萬事達幣最重要的客戶之一MaidSafe的經驗，進一步突顯區塊鏈2.0計畫在透過內部貨幣籌資面臨的隱患。以推動匯集磁碟儲存量與計算資源的產品來說，MaidSafe別出心裁。但以籌資者來說，就證明沒那麼聰明了。MaidSafe的籌資經驗，說明了以客觀疏離方式發行新鑄加密電子貨幣的挑戰，尤其是創辦人在向投資人保證，他們沒有將未經授權的鑄幣稅留給自己或事業夥伴時，要面對的難題。

　　MaidSafe創立的信念是，包括大多數家庭電腦使用者在內的許多人有「冗餘」的儲存，他們的電腦和外接硬碟有多餘的未使用磁碟空間，可以借給那些儲存「短缺」的人。藉由網絡媒合這兩群人，可以把計算資源變成低價就能取得，方便軟體工程師為我們去中心化未來的所有好東西寫程式。另一方面，其他人可以將未使用的磁碟空間變成賺錢的東西。如果拿100美元1T的外接硬碟，和2014年相同容量一年價格從120美元到500美元的Dropbox、Google硬碟，以及Amazon Cloud的付費雲端儲存相比，就能算出這道數學題。

　　MaidSafe的名字來自「大規模網際網路硬碟列陣，人人皆可安全存取」（Massive Array of Internet Disks, Secure Access for Everyone），目的是要避免目前以數據中心為主的外包儲存模式醞釀的「生態浩劫」，創立MaidSafe的蘇格蘭工程師大衛・爾文如是說。他表示，數據中心浪費大量電力，因為將大量未充分利用的計算能力，儲存在需要空調及昂貴維修的巨大倉庫。從網絡分配資源觀點來看，是相當

沒有效率的做法。為了解怎樣才能真正優化資源網絡，爾文研究螞蟻群和自然生態系統中的其他分子。他表示，自然界基本上是各種物種共同存在的龐大去中心化系統，沒有中央組織。他發現例如螞蟻，常常會改變自己在整個群體的角色，依照團體當時最大的需求調整職責。他的目的就是設計一套電腦網絡來做同樣的事，所以網絡巨大匯集池中的每個節點，可在消耗及供應儲存空間兩者之中轉換。

　　至於 MaidSafe 參與者，用來支付或賺取共享計算資源的內部貨幣，爾文求助於萬事達幣，這個以比特幣為基礎的去中心化應用程式平台。萬事達幣設計一場去中心化募資活動，不用中間人，而是在萬事達幣平台和比特幣區塊鏈上公開透明地進行，同時也推出新的貨幣「安全幣」（safecoin），籌募資金支應 MaidSafe 的持續發展。這樣的設計讓投資人在購買安全幣時，可以用比特幣，或者用萬事達幣。好消息是根據當時的匯率，這次募資五個小時至少一舉吸收到700萬美元。壞消息則是需求暴漲，導致安全幣的傳送出現嚴重當機，有部分是因為主辦方在銷售開始前的兩個星期，提出有利萬事達幣持有人的價格。這代表短期內，能以萬事達幣購買到的安全幣數量，要比用從市場取得的等值比特幣購買到的更多。事實上，這意味著萬事達幣的價格是在 Cryptsy 的匯率兩倍之高。精明的投資人認為這是典型的套利機會，並展開從中獲利的策略。得知 MaidSafe 計畫的許多開發者和長期投資者，會購買萬事達幣當成取得安全幣的途徑，這些投機客壟斷市場並哄抬價格，直到套利差距消失為止。但這樣一來，就沒剩下多少萬事達幣給想要安全幣的人了。等到銷售結束，萬事達幣人為支撐的價格不可避免會重挫，

留下一堆憤怒的投資人握著流通性極差的山寨幣，卻得不到安全幣。MaidSafe與萬事達幣企圖補救，打算買回部分新的安全幣，再以折扣賣出換成比特幣，但整件事留下了惡劣印象。可以想見，一些不勝其煩的投資人果然在比特幣留言板上，惡意攻擊這是哄抬價格倒貨的騙局。其實這比較像是計畫不夠周詳。畢竟MaidSafe本身的處境也不利，因為萬事達幣價格暴跌，迫使它將籌資總額調降到550萬美元。不僅如此，原本頗具獨創性的新產品，這下倒楣地只讓人聯想到一場籌資活動災難。

使用者習慣

MaidSafe的問題無疑影響了其他區塊鏈2.0創新者，思考怎樣發行新貨幣、籌措資金，並維持社群的信心。但他們也必須設法維持合法性。這個疑慮在2014年特別明顯，當時證券交易委員會對「中本聰骰子」的前所有人艾瑞克・沃利斯處以3.5萬美元的罰鍰，並強迫他放棄透過未註冊銷售、出脫該計畫股份而獲利的1.5萬美元。類似Ethereum的大計畫不僅會吸引到可靠的開發人才，也會和一些經驗豐富的律師及財務工程師簽約，讓他們擬定讓大家都滿意的交戰守則。

不過，這裡的「大家」包括一種特別難討好的分子：監管機構。目前擔任加密電子貨幣創新者與政府監管單位之間聯絡人的律師，正絞盡腦汁要讓監管機構就現有法律制度不曾考慮過的概念制定規則。「你認為從監管的角度很難理解比特幣是什麼，那好，我們現在來談談理解一

家自治企業是什麼？」華盛頓博欽法律事務所（Perkins Coie）資深律師雅各・法柏（Jacob Farber）說。「對他們來說，那就像《駭客任務》（The Matrix）裡的東西。」

開發人員或許在技術方面進展超前。如果比特幣的區塊鏈最後成為這些新應用的預設協定，那就需要做點重大的升級，才能實踐所有影響深遠、改變生活的前景。例如比特幣一秒鐘只能處理七筆交易（威士可處理一萬筆），這都是因為能進入一個交易區塊的數據量有清楚嚴格的限制。這個限制必須大幅提高，系統才能擴大到在比特幣支付之外，還能包含所有其他價值交換。有些人也擔心，如果嵌入高價值資產合約，礦工會失去確認交易的誘因，意思就是礦工的報酬可能與區塊包含的價值不相稱。而比特幣對最小筆交易收取的手續費也有問題；這個政策和數據限制類似，設計目的是為了遏止作弊，讓有意作惡者發動大規模分散式阻斷服務攻擊（distributed denial of service, DDOS）的代價高到難以承受。問題是，這些手續費也可能高昂到抑制發展一些區塊鏈2.0應用，而這些應用牽涉到的大量個人資料交換，可能金錢價值甚低或甚至沒有價值，例如以區塊鏈為基礎的投票或加密訊息傳送。好消息是，全球各地從事比特幣開發的社群，紛紛企圖解決這些問題，比如修改核心通訊協定，或者為新應用找出變通方法。

但是就算解決了技術問題，如果這些計畫是要達到讓主流社會採用，前方仍有一些重大的行銷挑戰。就拿智慧合約這個概念來說，傳統的合約通常需要由律師裁決，因為人生比一份合約或軟體程式碼能描述的要複雜得多。如果有人貸款違約，給債務人一些通融，或許較符合債

權人的長期利益。但是一份由機器運作的自動化合約能明白這一點嗎？求助於法院，因為有人能梳理各種細微差別和利益衝突，大體上對社會有價值。以我們知道的破產來說，這個歷史悠久的機制鼓勵東山再起，並提供第二次機會，幫助美國經濟比其他對債務人沒那麼寬容的地方，更能成功從危機中復甦。

一般人可能對放棄這些選項猶豫不決；他們可能對自動化智慧合約的說一不二感到不安。但是以區塊鏈為基礎的解決方案如果能夠確立，其效率可望大幅降低價格。因此，混合模式或許有其必要，在區塊鏈智慧合約附上司法途徑，或是其他離線仲裁手段。

混合，折衷，務實的解決方法——如果區塊鏈2.0概念要突破假設性領域，進入真實世界，一定有這種思維的空間。有些僵化的意識形態立場必須加以調和。這種情況已經在發生。有些新的計畫正趁著比特幣分散性去中心化結構之勢發展，但也利用機構內部集中式結構的權力和效率，為使用者創造價值。

2014年夏天為人所知的瑞優幣（Realcoin），是由多產的比特幣投資者布羅克·皮爾斯和原先從事廣告業務的李維·柯林斯（Reeve Collins）創辦。瑞優幣是新的加密電子貨幣，承諾持有人有權利隨時將瑞優幣兌換成等值的美元。這個數位錢幣可以在比特幣區塊鏈上交易，其實就是讓人可以輕鬆又便宜地將資產寄送到任何地方給任何人，理論上甚至1美元也行。這個看似簡單的構想，問題在於要維持這種數位錢幣的價值，需要信任瑞優幣能履行承諾。這是在原本應該無信任、去中心化的環境，重新引進信任與集中交易對手的風險。瑞優幣相當聰

明地繞過這一點，方法就是承諾維持以美元計價的資產永久儲備，並即時公布持有部位，而且只要可能，都使用區塊鏈證明其會計的正確性。這是許多比特幣玩家無法忍受的集中式做法，儘管公開透明。

概念類似、但甚至更集中化的版本則是比特儲（Bitreserve）。這家新創公司由哈爾西‧邁納（Halsey Minor）推出，即科技新聞評論服務CNET的創辦人；這項服務讓人將比特幣從數位錢包匯入個別的比特儲帳號，之後可利用這項服務的內部化系統，立即以現行匯率將之轉換到美元、歐元、或日圓帳戶。一旦進入內部系統，還可以便宜、公開透明且即時地，在世界上任何地方的比特儲使用者帳戶之間轉移。就跟瑞波一樣，比特儲以法定貨幣表示的持有部位，其實是可交易的借條，而不是真正的美元權利。不同於瑞波，而與瑞優幣相似的是，比特儲本身持有真實法定貨幣儲備為後盾，而且餘額即時更新公布。優點是比特儲有集中在伺服器的系統可支持那樣的價值，使用者獲得的價值儲藏有保障，而且是以自己選擇的貨幣計價。集中化在這裡是提供一個方法，解決去中心化區塊鏈持有比特幣的波動，但保留了迅速且代價低廉地以數位方式轉移資金的能力。

比特儲的可行性仍有待證明，但邁納的構想值得深入思考，大致了解諸如法定貨幣儲存和集中式伺服器等傳統做法，如何讓加密電子貨幣的革新層面付諸實際應用。這背離了大部分加密電子貨幣重大概念背後「不計一切代價去中心化」的原則，但如果看到有更多類似比特儲的新創公司興起，那也不令人意外。

去中心化挑戰既得利益者？

「打個比方，就像我們是亨利‧福特（Henry Ford），明明還在努力汽車這個不可思議的新發明，但都還來不及開始生產 Model T，卻已經在說：『嘿，我們來建造一艘火箭船吧！』」Blockchain.info 執行長尼可拉斯‧卡瑞說。他希望只能提供有限服務的開發者社群，能專注在徹底弄清楚比特幣，之後再進展到那些新的應用。

但是要阻止夢想家做夢是不可能的。區塊鏈的建立，以及伴隨而來改造人類互動與從事商務方式的機會，開啟電腦怪客源源不絕的想像力。他們察覺到將有一場革命，也鎖定了目標，無論我們是否準備就緒。

不但諸如 Ethereum 及 MaidSafe 等新創公司，推行大肆炒作的加密電子貨幣計價籌資活動，類似 Swarm 等的特別育成中心，也正創造以加密電子貨幣計價的投資工具，鼓勵發展其他由加密電子貨幣融資的去中心化新創公司。一層加一層，平台上再加平台，這東西可能令人暈頭轉向，但重點概念就是，新的軟體應用可以將類似比特幣的可擴展平台，變成強大的變革動力。

新的新創事業正努力應對該領域持續湧入的創新，並了解這些創新。一家叫做 Chain 的公司，提供高度專用軟體及網絡管理服務，給願意在比特幣之上或其他區塊鏈及通訊協定之上，建立去中心化應用的公司。而 Coinist 給自己的設定是評等機構，目標是大量湧入的數位資產及出現在區塊鏈 2.0 平台上的加密電子貨幣，如 Next 及瑞波等。創辦人

約翰‧韋倫（John Whelan）將公司定位成加密電子貨幣的穆迪投資者服務公司[4]（Moody's Investors Service）。如果他的服務有市場，等於承認即使不考慮去中心化區塊鏈交易本身，這些新資產的發行者本質上就是需要信任的集中式機構，因此需要對他們的可信任程度做客觀評估。另一方面，來自特拉維夫的創投公司Aleph，為了育成區塊鏈2.0計畫，提出5萬美元算是投資獎金的賞金，讓新創公司針對妨礙這些計畫發展的障礙設計解決辦法。至少有一家顧問公司Humint正在輔導公司甚至個人，如何建立自己的公司及個人化數位錢幣。

尤有甚者，蘇黎世的Open Transactions在競爭終結所有後設計畫（meta-project）的後設計畫。這是發展出一套軟體程式，指示伺服器將所有在一個去中心化、環環相扣的結構中相互競爭的區塊鏈、通訊協定，以及錢幣連結起來。為了將極度複雜的概念盡量簡化，它企圖在截然不同的平台之間建立閘道，但又不將珍貴的資訊交託給守門員或支付任何手續費。如果能夠成功，這樣的計畫就能建立毫無縫隙、自我運作的單一去中心化交易所，一個巨大的網際網路市集，裡面什麼東西都能即時交易、轉讓及定價。Open Transactions的創辦人克里斯‧歐頓（Chris Odom）想逆轉一股趨勢，也就是比特幣連結其他平台的路徑，不管是透過其他加密電子貨幣還是法定貨幣經濟，都得經過受信任的第三方運作；宣告倒閉的比特幣交易所Mt. Gox就是能突顯這種做法危害的例子。「這不是中本聰的夢想。」歐頓說。

---

4. 美國三大信用評級公司之一，於1909年首創對鐵路債券進行信用評級。1913年開始對公用事業和工業債券進行信用評級。1975年美國證券交易委員會（SEC）認可為「全國認定的評級組織」。

我們不知道中本聰的夢想，是否包括在他原本定義僅限於貨幣與支付系統的範圍之上，目前建築的所有區塊鏈2.0應用。但在開門迎接這些組成企業與社會的新方式之際，他或許無可避免也釋放出歐頓在評論中暗示的緊張壓力。中本聰引發的去中心化運動，正與它企圖破壞的既有商業及法律制度衝突，不但在整個社會引起緊張情勢，也在加密電子貨幣社群內製造緊張。這條戰線就是下一章的主題[5]。

---

5. 在本書編輯的最後階段，加密電子貨幣社群一些舉足輕重的軟體開發者提出大膽提議，有機會加速區塊鏈2.0創新，並整合各種不同加密電子貨幣計畫，結果引起軒然大波。這個名為Sidechains的計畫在一份白皮書中概略提出要點，提出的這群人中包括亞當‧貝克，他早期在雜湊演算法的成就，為比特幣軟體奠定基礎；另外有兩名比特幣核心開發團隊的成員。該提議讓人能以透明公開、去中心化的方式，將數位貨幣在不同的區塊鏈之間進出。目的是讓投資者利用比特幣挖礦基礎設備的力量，開發新的加密電子貨幣創新概念，卻又不會危及比特幣的核心程式碼。

第十章

最根本的問題——如何建立信任

「權力的傲慢就是盡量以金錢代替理想。」
——法蘭克・洛伊・萊特（Frank Lloyd Wright）

　　蓋文・安德列森開門進入他分租來的破舊辦公室，地點就在麻州阿默斯特大學城一棟不起眼的建築，Dunkin' Donuts甜甜圈店的樓上。這個房間不過就是一張臨時湊合的塑膠辦公桌和他的電腦，一台蘋果iMac。一個星期前，他清空了在家中跟妻子蜜雪兒及兩個小孩共用的書房，蜜雪兒是麻州大學地質學教授。安德列森認為一個人若是實際負責，而非有名無實地經營達80億美元的經濟，需要的不只是一個家庭辦公室。就算新辦公室樸實簡陋，也有隱私不被打擾的優點。而今天，他可能就需要。

　　那一天是2014年2月10日。早上他在收電子郵件時，發現收信匣塞滿了來自世界各地驚慌失措的訊息。一夜之間，苦苦掙扎的數位貨幣交易所Mt. Gox，這次真的回天乏術了，竟然警告使用者，比特幣的底層軟體有危險錯誤，會讓駭客建立假的交易代碼，並要求支付無憑據的款項。這下子，只要持有比特幣的人都找上安德列森求助了。比特幣不

受管制又無人領導的結構提供了多種用途，這一直是它的一大強項，但此時缺乏監督的缺點暴露無遺。

　　雖然比特幣的核心開放原始碼允許任何人仔細研究，並提出補充及改進，但只有少數人有密碼可以進入核心通訊協定的程式碼，基本上就是被指派進入核心開發團隊的五個人。這些人當中，肩負監督程式最大責任的就是安德列森，比特幣主要代表團體比特幣基金會的四十七歲首席科學家。比特幣基金會付費請他協調幾百位分散各地的科技迷，加入改進開放授權軟體。此時此刻，比特幣社群需要解答，而少了執行長、技術長，或任何中央管理機構可找，安德列森就是他們最大的希望了。Mt. Gox 說的「交易延展性」（transaction malleability）錯誤到底是什麼？有多嚴重？區塊鏈會受到損害嗎？大家的錢安全嗎？

錯誤的原始碼

　　抵達辦公室後，安德列森花了一些時間看過那些信，嘗試判斷問題的本質。在他看來，Mt. Gox 聲明中說的「交易延展性」頗有蹊蹺。這個問題早在 2011 年就發現了，開發者論壇也討論過很多。這個問題指的是補充錢包軟體的一項功能，是伴隨原始核心協定程式碼建立的，能在交易之後的短暫空窗期內允許修改交易身分（ID），以便能批次處理一筆以上的交易。理論上，這代表詐騙者可以讓像 Mt. Gox 的交易所誤以為一筆計畫支付的款項不曾發生過（其實就是裝得像是這筆交易不曾落入詐騙者的錢包），並要求重新寄送。而這個安德列森口中的「怪

事」，也就是交易代碼的延展性，雖然有問題，卻是刻意為之的功能，算不上是缺點或錯誤；如果外匯交易所採用基本會計程序，檢查內部記錄向外流出的比特幣，這個問題很容易解決。安德列森意外的是，交易延展性在比特幣開發者論壇已經有詳細討論，而積極參與論壇的Mt. Gox執行長馬克‧卡佩雷竟然不知道、或是沒有做好預防措施。

安德列森的結論是，Mt. Gox誤解或故意將自己的內部問題顛倒是非，而且不公平又不正確地將問題歸咎於比特幣本身。他匆匆在比特幣基金會的部落格貼了一篇文章這樣說。文章的標題〈與Mt. Gox的聲明正好相反，比特幣沒有錯〉，宣稱通訊協定完整健全，並簡單提醒企業管理錢包時要採取「最佳措施」。

這個話題促使安德列森設法徹底找出個解決辦法，終結交易延展性這項功能，這個問題因為其他更迫切的任務已經推遲一段時間。根據廣泛的共識，這是惱人的麻煩，但是若要移除又牽涉到一些複雜的工程。不過，就他所知，核心程式碼沒有立即的威脅。他利用IRC聊天室，跟兩個在歐洲、另兩個在美國的同事討論這件事，參與的還有一些別的開發人員，但是此事沒有急迫性。應該是說，在加州山景城（Mountain View）的比特幣軟體工程志工格瑞哥利‧麥斯韋爾傳來新的訊息之前，沒有急迫性。

麥斯韋爾跟卡佩雷徹夜長談，做了些深入研究，了解到標準錢包軟體的底層程式碼確實有問題，而且可能是大問題。他認為這個問題可能讓心懷不軌的人駭進交易記錄，做些不法之事。基本上，駭客可以將交易延展性這種怪事變成一種DDOS（分散式阻斷服務）攻擊，並以虛假

的交易代碼淹沒網絡。安德列森後來說，這是「視而未見」的事情之一。區塊鏈本身的完整並未受到破壞，因為交易延展性功能和藏在補充錢包軟體的錯誤，都不在命令挖礦與區塊鏈管理功能的核心通訊協定。不過，交易所和其他經常交易的個體，則可能遇到多次詐騙付款的要求。比特幣網絡是安全，但由此而生的比特幣生態系統就麻煩了——全都因為中本聰引進的原始軟體中潛藏的錯誤。安德列森告訴我們，這個創辦人是個才華洋溢的「孤狼」軟體工程師，卻是有些懶散的經營者，他的程式從來沒有做過大部分開發工作例行該做的測試。

中本聰本人，或者這個聊天室匿名使用者代表的任何人，選擇了戴眼鏡、秀氣的安德列森做目前的工作。在比特幣的初期，這位出身澳洲的軟體開發者曾與比特幣隱姓埋名的創辦人來回聯絡過，探討比這更大的問題。2010年時，有人悄悄告訴他們兩人說，軟體有個錯誤可能讓人使用了別人的比特幣。中本聰沒有聲張問題，只是自己修改好，並對這個剛成形的社群宣布，大家應該使用新版本的程式碼。在那之後不久，中本聰與另外一個核心軟體工程師賈齊克商量過後，決定由安德列森擔任領導人，協調能夠接觸到程式碼的這個核心開發小組。安德列森說，中本聰告知他，被選中是因為他行事沉穩。

此時，這位電腦工程師發現壓力程度上升。他擔心隨著Mt. Gox將所有人的注意力吸引到交易延展性問題，會有人趁機利用麥斯韋爾發現的錯誤。但是根深柢固的問題沒有那麼容易從程式中移除；這需要寫上可觀的新程式和測試。另一方面，全球比特幣社群也在焦慮不安；不僅Mt. Gox對程式錯誤的說法令人不解，Mt. Gox又凍結顧客存取比特幣

權限，更令一些人覺得恐慌。安德列森連夜在聊天室與開發人員同行商量怎樣保護網絡。到了凌晨兩點鐘，他發號施令，將隔天的修補工作交給團隊的另外四名成員，分別在山景城、亞特蘭大、蘇黎世，以及荷蘭恩荷芬（Eindhoven）。他終於可以睡覺了。

　　但是到了早上，事情並未恢復平靜。一夜之間，隨著這個弱點的流言傳出，許多人忙著從中牟利。他醒來時，發現交易所Bitstamp及BTC-e，連同其他比特幣經紀商和服務被迫暫停業務，因為已經不堪洶湧而至、利用交易延展性錯誤的偽造請款。這些一般比特幣錢包軟體的重量級商業用戶，正遭受開發者最擔心的類DDOS問題。比特幣的價格從二十四小時前的703美元，一夜之間跌到535美元。

　　安德列森又去找核心開發人員。這時，他們不但要解決錯誤，還要幫忙交易所恢復正常運作。受雇於亞特蘭大支付處理業者BitPay，但被視為比特幣開發團隊永久成員的賈齊克，全神貫注在寫「修正程式」緊急應變方案，讓Bitstamp、BTC-e和其他受影響的業者可以安裝，同時等待永久性解決辦法出爐。阿姆斯特丹的范德蘭（Wladimir van der Laan）也是比特幣基金會員工，跟安德列森一起研究更長久的解決辦法。他們深入比特幣軟體程式碼，找出錯誤，並一一進行排除錯誤之後再測試整個系統等繁瑣程序。受雇於XIPH基金會維護網際網路不受特殊利益干擾的麥斯韋爾，以及在蘇黎世為Google工作的彼得・烏沃，是兩位開發者志工，他們盡量在日常工作以外擠出時間。在這段期間，不斷有來自軟體開發者、礦工、比特幣投資者，以及交易商的詢問。比特幣安全嗎？為什麼會發生這種事？

比特幣的強大智囊團

我們在危機期間的一個晚上跟安德列森說話。「我得去睡了。」他說。「我得保持頭腦清楚。我得告訴自己，『不是全部都要靠我。』你們也知道，開放原始碼的哲學有一點就是，如果你有問題，別期待有人替你解決，自己去解決。也許我們做得太好，大家太不當一回事，以為核心開發團隊無論什麼問題都能在瞬間解決。那是不合理的期待。我們是五人小組，而且只有三個是全職。」

想像有個政府面臨同樣規模的貨幣危機，若以美元計，國家財富在兩個星期少掉四分之一。這種事情在新興市場屢見不鮮。想像一個國家的財政部與央行的員工大軍展開行動穩定經濟；再想像IMF的特種部隊提供技術和財務支援。把這些跟這五個人（其中兩人還是義工）所面對的相比，可想而知比特幣經濟的結構有多大的不同，以及維持像這種開源模式的挑戰又有多大的差異了。

比特幣核心團隊最精簡的安排是少到最徹底，毫無遮蔽的牆壁，以及安德列森從新英格蘭一家投資公司分租而來、一四四平方英尺（約合四坪）的辦公室裡單薄的辦公桌，反映的組織結構就是從根本去中心化。管理貨幣系統的國家機構，以及實際管理資本主義經濟的公營機構，都是等級分明；責任理應由執行長總結。那麼這對無人實際管理的比特幣來說代表什麼？安德列森是某種不存在東西的替身。

安德列森的團隊花了將近一個月才徹底解決錯誤，但賈齊克的臨時修補程式確保除注定完蛋的Mt. Gox以外多數交易所，都能在那個週末

恢復正常及運作。而在這場危機情況最危急的時刻，比特幣的價格下跌32％，掃掉了30億美元的財富，之後又在2月下旬收復部分失土。

但是也有比較正面的事情出現。儘管首席軟體工程師哀嘆，那一晚全世界的重擔都壓在他的肩上，但是最後開放原始碼的安排，在Mt. Gox倒閉之後對比特幣軟體有好處，因為眾人集思廣益解決問題，大家都能受益。這五位核心開發者承擔大部分的重擔，但是社群中許多才幹出眾的軟體工程師也貢獻想法及程式解決方案，並對核心團隊的成果做壓力測試。因此，儘管比特幣缺乏中心領導，造成無人可總結責任的問題，但深厚的全球人才板凳，通常也意味著從類似的危機中，會出現有明顯改善的軟體。

「大約有一萬名全世界最優秀的開發者參與這項計畫，」安霍創投合夥人之一的克里斯·迪克森說。「因為他們並不是待在一家叫做比特幣有限公司的建築，大家似乎都忽略了這一點。」迪克森說他的團隊「看準電腦科學創新，而且既然開放原始碼合作就是如今電腦科學創新出現的方式，那就是我們要押注的東西。我肯定不想跟一萬名最聰明的人作對。」這個巨大的智囊團正是關鍵因素，讓他不擔心比特幣軟體尚未發現的各種錯誤，並認為最偉大的創新尚待建立。「看到那些批評說『比特幣有這種瑕疵、有那種瑕疵』時，我們就像看到『好吧，太好了。比特幣有一萬個人在努力。』」

過程並不順利，但是這個遍及全球的廣大軟體開發者社群，終究跌跌撞撞地找出大家同意的解決辦法。這也不完全算是民主，因為最後必須由五位核心成員決定該怎麼辦。但核心團隊本身採取共同商討的方

式，並付出很多精神關注社群的建議，頻頻以廣播訊息溝通。如此一來，比特幣的開源程式，也是近來無數其他軟體計畫採用的合作開發模式，就能高明地利用群眾智慧。這是為什麼說，Mt. Gox 倒閉確實為比特幣的安全問題（就算不完全是財務安全）快速催生一些十分優異的密碼學解決方案。去中心化開源的安排，意味著混亂情況不時會降臨，但也代表能快速出現進展及改善。

海星挑戰：加密電子貨幣難以監管

　　Mt. Gox 倒閉和之前的絲路掃毒，有助於激發比特幣內一場運動，一個由創業家與商業人士組成、日益擴大的群體所領導的運動，在原本毫無法紀的領域引進更歡迎管制的看法。有人開玩笑說，時候到了，這群叛逆小子該長大了。這種想法違背一些早期有自由意志主義傾向採用者的看法，他們認為政府是多管閒事的存在，會破壞這個自由放任的計畫；但那些後來者沒有那麼重視比特幣的哲學使命，而是將監管視為救助比特幣的途徑。他們認為，加密電子貨幣若沒有監管，會繼續被普羅大眾視為風險高的次要產品，永遠無法像破壞性創新科技那樣發揮潛力。當然，這種看法在比特幣陣營內引起分裂，以意識形態出發的早期採用者為一派，新一波較為務實「穿西裝的」則是另一派。

　　另一方面，執法單位的確擔心罪犯受到加密電子貨幣不受管束的匿名性吸引，金融監管單位則憂心，投資比特幣和比特幣產品的人會受到詐騙。但管制加密電子貨幣，說比做容易，因為有所謂的「海星挑戰」

（starfish challenge）。

2006年的《海星與蜘蛛》（*The Starfish and the Spider: The Unstoppable Power of Leaderless Organizations*）一書中，歐瑞・布萊夫曼（Ori Brafman）與羅德・貝克斯壯（Rod Beckstrom）提出一個比喻，解釋開源合作的力量和確立比特幣特色的去中心化決策。作者告訴我們，如果切掉蜘蛛的腿，牠會跛足殘廢，如果切掉頭，蜘蛛就會死。但如果切掉海星的腿，牠會長出新的腿，被切掉的那條腿又會長成全新的海星。至於頭或腦，牠一概沒有。同樣地，去中心化組織沒有中樞弱點，因此幾乎不可能關閉或摧毀。布萊夫曼及貝克斯壯探討了一些在海星式去中心化優勢下，蓬勃發展的當代網際網路組織：例如維基百科、Craigslist，以及Skype。他們還引用網路以外的例子：沒有領導人的匿名戒酒會（Alcoholics Anonymous）、阿帕契族（Apache），以及我們這個時代最大的去中心化組織：基地組織（al-Qaeda）。

Napster及BitTorrent的經驗也頗有啟發性。雖然前者開創性的檔案共享服務，造成唱片公司對音樂事業的控制遭受挑戰，但其網絡卻是集中式的，由可知的伺服器控制。因此，挾著侵犯版權的判決，政府機構最終得以將它關閉。相反地，BitTorrent沒有特定的存身之處，不可能將它關閉，這也是為何它的檔案共享服務得以倖存。

BitTorrent之所以能倖存，正如比特幣一樣，都是分散式（distributed）網絡，亦即去中心化的終極形式，根據的是計算機先驅保羅・巴蘭（Paul Baran）於1964年一份影響深遠的報告中，提出的網絡結構模式。就比特幣來說，只要沒有單一礦工收攏到51％算力的控制權，管

理貨幣系統的挖礦網絡，就有充分分散的權力結構。沒有單一個體能控制系統，意思就是沒有弱點可攻擊。這並不是說圍繞著這個網絡建立的生態系統沒有弱點；有缺點的交易所如Mt. Gox，其問題即是我們稍後將討論的再次集權（recentralized control），或是與前述生態系統互動的軟體附帶的錯誤。但分散式網絡本身，是隨意一群電腦集體決定比特幣是什麼、應該如何運作，根本不可能關閉。

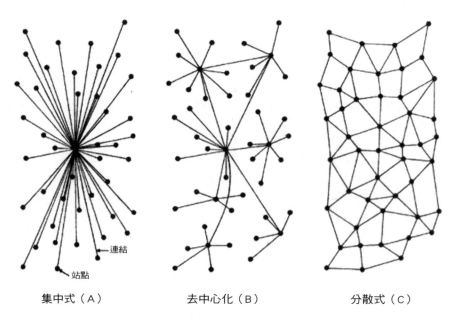

連結

站點

集中式（A）　　　　　去中心化（B）　　　　　分散式（C）

保羅‧巴蘭的網路集中／去中心程度
──保羅‧巴蘭1964年論文〈論分散式通訊網絡〉（On Distributed Communications Networks），見計算機歷史博物館（Computer History Museum）網站；圖片由計算機歷史博物館提供

THE AGE OF CRYPTOCURRENCY

監管單位要如何應對這樣的困境？沒有一個執行長負責這個貨幣，也沒有人可以傳訊，要怎樣控制比特幣經濟？法律的設計是為了處理中央集權機制，這種機制裡有可確認的經理人為組織的行為負責。

有個插曲如果在比特幣研討會中提起，通常會引來得意大笑，而這個插曲就能說明問題。2013年6月，金融機構管理部加州分部（California Division of Financial Institutions）對比特幣基金會發出警告信，表示基金會需要有政府發給的正式轉帳執照。但基金會根本沒有從事任何業務；它的任務是推廣比特幣的採用率，與政府就監管事宜聯絡，並資助開發工作以保護比特幣的開源協定。但如果不找他們，那要找誰？

許多立法人士依舊很難理解他們面對的困難本質。2014年2月，西維吉尼亞州民主黨參議員曼欽（Joe Manchin）要求禁止比特幣。但這樣做牽涉到什麼？你可以把它當成不合法，但那會立刻面臨憲法挑戰。你到底是要禁止民眾擁有什麼？數位代碼？它的核心是一種通訊形式。這就關係到第一修正案[1]的權利了。還是說它是一種商品，可以交易換取別的東西？如果是，那又引發商業與財產權的問題了。很難看出要如何將比特幣納入管制物品的法律定義，如兒童色情物品或非法毒品。不過，最大的重點是：要怎樣管理監督？這又跟BitTorrent的問題一樣了。沒有一個中央伺服器可以讓聯邦政府關閉。

不過，儘管比特幣玩家相信自己的加密電子貨幣領域堅不可摧，政

---

1. 美國憲法第一修正案禁止美國制訂任何法律以確立國教；妨礙宗教信仰自由；剝奪言論自由；侵犯新聞自由與集會自由；干擾或禁止向政府請願的權利。

府卻有無上的公權力。他們有各式各樣的方法可以讓加密電子貨幣難以為繼。正如愛爾蘭央行（Central Bank of Ireland）官員蓋瑞斯·墨菲（Gareth Murphy）在都柏林一場比特幣研討會說的，「如果摩西從山上帶著法律下來，大家也不會意外。」

政府說話了

在美國，第一個從山頂下來的是FBI於2013年掃蕩絲路。雖然這對比特幣的聲譽造成嚴重打擊，並在政府官員及普羅大眾的心中留下負面印象，但也可以說為監管單位以更有建設性的方式參與比特幣社群鋪路。由於FBI扣押了比特幣並打算拿來拍賣，等於默認這些數位代碼有真正的價值，間接蓋上了合法的戳章。除此之外，這次行動大有斬獲，也讓美國執法部門對比特幣沒有那麼畏懼。官員知道他們可以利用區塊鏈，作為追蹤交易和監視使用者的工具，雖然要辨識他們的身分並不容易。

掃蕩行動的一個月後，財政部金融犯罪執法局（Financial Crime Enforcement Network, FinCEN）竟對加密電子貨幣採取出人意表的通融友善態度。FinCEN發出處理指導方針，將比特幣支付業者和交易所視為合法實體，需要註冊且必須遵守各州有關資金撥付執照的規定。這為眾所期待的2013年11月參議院聽證會做好準備，當時FinCEN主管珍妮佛·夏斯基·卡爾維利說的話，令除了嚴守教條的比特幣玩家以外的眾人狂喜：「將虛擬貨幣納入監管架構範圍的決定，在尊重且遵守法

律基本規定的人看來，應該視為有利該領域的發展。這個決定承認虛擬貨幣提供的創新，以及可能為社會帶來的優點。」

政府說話了。政府不但不太擔心加密電子貨幣，反而從裡面看到優點。就算比特幣玩家不是政府管制的頭號支持者，FinCEN的規定也不過是將早就用在美元匯款業者、支付業者，以及外匯服務的規定加以延伸。至少理論上是平等待遇。比特幣事業獲得了合法性。

但這只是開始。合法性需要的不只是聯邦機構的同意，尤其是在美國，資金撥付業務關係到州政府，也關係到聯邦政府。比特幣事務仍舊必須獲得州政府發給許可執照，這又需要向每個州政府機關解釋這些陌生的活動，並證明他們都有遵照程序，避免洗錢和其他不法使用轉帳制度的活動。取得許可執照勞神費力又冗長，不可預測又官僚。

有些州如德州，採取格外通融友善的立場，認為加密電子貨幣不在他們規定的範圍之內，因此沒有許可執照也可運作。這使德州一些對科技友善的地區，如奧斯丁，就有一批商店門市設立比特幣ATM，讓人可以當場做比特幣和現金的雙向兌換。另一方面，許多企業一直在其他地方運作，認為終究能在那些州獲得許可。即便如此，新創公司對顧客的服務很多都陷入停滯（就算這些公司不斷以驚人的速度進行創新和開發），因為沒有多數州政府頒發的許可執照，管理團隊無法確定是否會被起訴。這些官僚作風造成的延誤，意味著美國的比特幣交易所，如Kraken及CoinMKT，面對管制少很多的歐洲競爭對手如Bitstamp及BTC-e，要陷入苦戰。

大約是夏斯基·卡爾維利現身參議院的前後，紐約州金融服務管

理局胸懷大志的主管班傑明‧勞斯基表示，他在研究構思一個特別「BitLicense」，為數位貨幣產業量身制定一套規定。基於紐約在全球金融界的卓然地位，比特幣社群的許多人期待此舉能成為其他州的示範。勞斯基採取積極主動的做法。隔年2月，他舉辦比特幣管理規章的聽證會，會上一些有錢、有人脈的新進比特幣創業家前來作證，其中包括泰勒與卡麥隆‧溫克萊沃斯兄弟、第二市場執行長巴瑞‧席爾伯特，以及Circle的傑瑞米‧阿萊爾。聽證會過後，勞斯基在Reddit進行一次「有問必答」（Ask Me Anything, AMA）單元。這是大膽卻聰明的策略。Reddit的比特幣社群是強悍又桀傲不馴的一群人，也不是以尊重當權者聞名。

　　勞斯基在論壇進行得相當順利。他藉由承認自己是Reddit新手來破冰。比特幣玩家大多客氣回應，但問題強硬卻務實。有一個人以英國匯豐銀行為例，不久前才針對與墨西哥販毒集團有業務往來的指控，和美國政府達成19億美元的無罪和解，這個人問：「為什麼說到洗錢，其他都能從雷達底下溜過去，比特幣卻要被狠狠打擊？」但問得最多的問題是，哪些種類的比特幣交易歸類在資金撥付規則之下，以及勞斯基對「虛擬貨幣」的定義。他的回答顯示，他願意和社群就這些問題進行建設性的對話。

　　比特幣企業等待紐約的新許可執照規定之際，也持續面對取得合法性的障礙，其中就有小心謹慎到瀕臨偏執狂的銀行家。自從911後推行的愛國者法案（Patriot Act）和其他提案，企圖耗竭恐怖分子與其他不良分子的資金（只是成就有限），銀行為加強遵循法規，由高級主管

負責執行嚴格的「反洗錢」（anti-money-laundering, AMI）及「了解顧客」（know-your-customer, KYC）新規定。他們的權力在金融危機之後又進一步提升，因為陶德—法蘭克法案[2]（Dodd-Frank Act）從多方面重整美國金融體系，讓銀行更加擔心與政府監督單位起衝突。顧客的業務模式若稍微逸出正常範圍，法務人員的第一個反應就是拒絕，也許之後會再試圖了解情況。在這種環境下，比特幣這樣的字眼就像痲瘋病的標籤。加密電子貨幣產業的許多人必須在海外與銀行建立關係，尋找其他業務營運的應變方式。

沒有銀行帳戶的問題很難迴避。並不是每個人都能像錢包與比特幣分析公司Blockchain一樣，以比特幣支付員工和供應商，不使用一般銀行帳戶。這家總部位於倫敦的公司，代表比特幣玩家夢想中的無銀行理想，但目前大多數企業發現很難複製。他們要怎樣和期望以法定貨幣收支款項的供應商及顧客互動？這對比特幣交易所尤其艱難，沒有銀行帳戶就落得要接受現金、儲存現金，並付出現金才能換得比特幣交易。這根本不是擴大業務規模的做法。

無法定機構監管

問題也不能全怪過度積極的銀行法務人員。銀行從政府那裡收到的信號含糊曖昧又相互矛盾。FinCEN對比特幣通融友善，聯準會則是愛

---

2. 該法案旨在通過改善金融體系問責制和透明度，以促進美國金融穩定、解決「大而不倒」問題、保護納稅人利益、保護消費者利益。

恨交織——聯準會主席葉倫（Janet Yellen）在一次國會山莊的聽證會指出，聯準會無權監督比特幣，將問題踢回給國會議員解決。不過，比特幣玩家卻揭露，負責整頓破產銀行、確保保險範圍內的存款戶不受影響的聯邦存款保險公司（Federal Deposit Insurance Corporation, FDIC），派人向銀行法務人員施壓，不得沾手比特幣。這種說法很難證實。FDIC一直向銀行家傳達對高風險類別商務的疑慮，而比特幣企業被銀行法務人員告知，他們就屬於這個類別。但又沒有一種總括保險單（blanket policy）；FDIC監督者只能視情況自己判斷。不過，在Mt. Gox的5億美元破產案之後（這起事件對這場辯論的意義，稍後會討論）。如果比特幣在FDIC看來是高風險，也不令人意外了。不同於Mt. Gox的債權人，它的日本銀行瑞穗銀行避免了巨額損失，但是被拖累到這一團亂之中，也提醒FDIC官員，銀行從事比特幣業務的風險。

美國司法部傳遞給銀行的訊息，也和FinCEN的友善訊息矛盾。2013年，司法部推出被稱為「營運瓶頸」（Operation Choke Point）的提案，調查跟銀行打交道的商家，業務是否屬於未必違法、但有高度詐騙風險。邁阿密的律師安德魯‧伊托曼（Andrew Ittleman）偶然間成為這個主題的專家，他告訴我們，營運瓶頸提案目前占用了他大部分的時間，主要是他的客戶是比特幣服務及藥用大麻的合法供應者，還有一些是色情刊物出版商和槍枝販子。法律有寒蟬效應，銀行或許不會違法為這些業務服務，但是司法部審查的風險也足以嚇阻他們這樣做。伊托曼的客戶被重要的融資工具拒於門外，他為客戶努力奮戰，只不過這是一場艱難的戰役。他說，這個問題應該由民權運動人士，如美國公民自

由聯盟（American Civil Liberties Union），上訴到最高法院。

　　大約在美國有關監督管制的爭議進行得如火如荼之際，同樣的情況也在其他國家出現。中國人民銀行開始利用銀行控制比特幣，只不過手段較為直接。2014年4月出台的正式規定，明令禁止中國的銀行處理比特幣業務。在此之後，兩次歐元危機後成立的監管單位，歐洲銀行管理局（European Banking Authority, EBA）也介入了；7月，歐洲銀行管理局建議各會員國的銀行監管機構「勸阻信貸機構、支付機構，以及電子貨幣機構購買、持有，或銷售虛擬貨幣」，直到解決相關風險的「具體管理規則」擬定為止。比特幣基金會主要與政府聯絡的主管吉姆・哈波（Jim Harper）表示，歐洲銀行管理局已經逾越自己的保證，即要「辨認出金融活動中出現的風險，排出優先順序，若有必要，採取緩解措施。」他說，結果歐洲銀行管理局不是採取緩解措施，而是先發制人，側重在「阻止將數位貨幣整合到歐洲金融服務體系」。

　　哈波是華府自由意志主義智庫卡托研究所（Cato Institute）的研究員，2014年3月受雇於基金會，很快就開始非常忙碌。除了美國、北京，以及布魯塞爾採取的行動，許多新興市場國家也發布嚴厲聲明。玻利維亞表示將徹底禁止比特幣；孟加拉警告比特幣交易商，根據洗錢防制法，他們可能會被監禁；俄羅斯監管單位公布令人咬牙切齒的聲明，宣布盧布是俄羅斯唯一合法貨幣；至於厄瓜多雖然開門接納數位貨幣，卻表示只能由本國央行自己發行。

　　回頭說美國，3月25日，正好趕在4月15日的報稅截止日之前，國稅局公布備受期待的指導方針，宣布比特幣在法律意義上不是一種貨

幣，也不是一種商品，而是一種「資產」，就像不動產或股票，如果價值有變動，同樣要課徵資本利得稅。這是首次清楚說明比特幣交易應該如何計算課稅的命令。

從某方面來說，此舉將比特幣納入法律框架之中。有些人，特別是那些試圖以比特幣建立投資工具的人，樂見它有跟其他投資一樣的待遇，不是被課徵所得稅，因所得稅通常高於資本利得稅。但整個社群明文列出的目標，並不是將比特幣變成投機炒作，而是一種支付媒介。資本利得稅的規定可能使得將比特幣當成貨幣使用，變成物流運籌的惡夢。意思就是說，如果美國公民報稅，必須說明每一個取得、賣出，或用來採購的比特幣，以及這些交易發生的日期與價格。如果你在2014年4月以360美元買得0.5比特幣，並在6月9日以645美元賣出，你就得在2015年申報這筆獲利。很公平。但如果你用比特幣在Expedia購買一趟假期或是訂購披薩，是否需要說明價值的波動？國稅局的做法似乎削弱了比特幣作為貨幣的潛力。

以正面意義來說，國稅局至少去除了數位貨幣在稅務方面如何處理的不確定性，而且我們有理由相信，國稅局在檢討之後會提出免稅，以減輕遵守法律的負擔。除此之外，創意發明不斷的比特幣技術專家，做了許多人在管理規章出現時會做的事：他們認為這是創新的新機會。科技迷開始發想應用程式，能夠長久記錄個人的比特幣交易，並在報稅時間來到時，吐出一整年的盈虧淨值和永久記錄。

幾個月之後的7月，紐約金融服務管理局的勞斯基終於提出他的BitLicense提案。提案大綱說，任何在紐約從事儲存、交易、或寄送

「虛擬貨幣」的業務都需要許可執照，而且必須符合各種標準，以防止洗錢、恐怖分子融資，以及其他不法活動。其中包括法務主管要評估顧客在數位貨幣和法定貨幣操作的大致情況，維持一個尚未明確說明數量的備用資本，每次公司改變業務模式，都得向金融服務管理局更新狀況（對一些變化快速的小型新創公司，有時候是每個月一次），而最艱鉅的是，「虛擬貨幣」的儲備要與公司為顧客持有的數量相等。這是一筆沉重的負擔。

有些比特幣大人物一開始稱讚這次公告，也許言之過早了。「我們很高興主管勞斯基和金融服務管理局欣然接受比特幣和數位資產，並建立一套保護消費者的規章制度。」卡麥隆·溫克萊沃斯在一封電子郵件中如是說。確實，這些規定對資本雄厚、原本就遵循法律架構的公司來說不是大問題，例如溫氏兄弟的比特幣信託基金，說不定還能給他們帶來競爭優勢。但大多數比特幣玩家卻對眼前看到的事情驚慌失措。草案似乎拋出一張遠超過交易所和支付處理的網，暗示舊金山車庫裡隨便哪一家小型新創公司，都可能突然被官方的繁文縟節給扼殺。許多公司覺得這樣的負擔比銀行要遵守的更繁重，畢竟銀行只需要一組法務人員，不必用到兩組，而且只要將經營者與顧客的帳戶分開即可，不用比對著客戶持有部位維持一比一的資本。另一方面，新成立的數位商會（Digital Chamber of Commerce）創辦人培莉安娜·博林（Perianne Boring）認為，提案中對數位資產和數位貨幣缺乏明確區別，可能遏止新的區塊鏈應用。這對所有比特幣2.0計畫有什麼意義，還不得而知。許多比特幣玩家覺得BitLicense提案是刻意區別待遇，因為違反了長久

以來法令不得「針對科技」的監管原則；也就是說，當權者應該管制的是業務活動，而不是處理那些活動的科技。

比特幣社群的反應快速即時，說明這個隨機性的全球團體變得相當有組織。很快就有一份請願書在流傳，並有幾百人連署，包括比特幣的名人。請願書呼籲延長勞斯基設定的四十五天意見徵詢期，認為這對資金不足且華爾街經驗有限的科技公司來說，時間短得離譜。有些人提議採取更激烈的行動，並開始遊說紐約州議員限制勞斯基，將他塑造成扼殺創新及為紐約製造新工作的殺手。最戲劇化的是，可能是政治人脈最雄厚的比特幣玩家，Circle執行長傑瑞米・阿萊爾[3]，寫了一篇鏗鏘有力的部落格文章，陳述他高調又資金充裕的比特幣零售服務，可能必須將使用紐約網際網路服務供應者（ISP）位址的人拒於門外。阿萊爾斷定，如果紐約BitLicense成為其他州的樣板，對比特幣將有「毀滅性」效果。

這些壓力顯然有些成效。勞斯基同意再延長四十五天，並表示提案用意不是要困住小型科技公司。他勉強承認紐約金融服務管理局沒有「對事實的壟斷力量」，他表示該單位「認真」考慮送來的一些反對提案。在我們寫作之際，事情還在發展之中，也不清楚結果如何，但值得深思的是，比特幣玩家提出來的籠統暗示是否被人理解了。這個阿萊爾暗示的ISP「地區圍欄」（geofencing）概念，捕捉到了這些規定可能產生的地理分塊（geographic fragmentation）程度。所以，另外一個在比特幣聊天室討論的概念是：由紐約未具許可執照公司處理的比特幣，會

---

3. 阿萊爾代表數位貨幣產業在財政部的銀行保密法顧問團（Bank Secrecy Act Advisory Group）擔任顧問。

被視為不如那些有許可執照的公司處理的比特幣，造成市場一分為二，可疑、「骯髒」的錢幣相較於「乾淨」的錢幣會有折價。這對數位貨幣達到流動的全球性標準價格，恰好適得其反。正如比特幣基金會的哈波指出的，對於企圖控制金錢流動的管理者來說，也會造成反效果，因為會將比特幣事業推到美國機構管轄範圍以外、沒有約束力的地區。確實，隨著FinCEN的11月聽證會帶來的歡欣氣氛，漸漸變成對紐約笨拙處理BitLicense的驚慌氣餒，有些從美國發跡的比特幣企業開始有動作了。他們搬家。

監管套利：數位貨幣的避稅天堂

在全球化經濟中有個財務原理，面對監督管理及稅務負擔，企業的回應就是將營運轉移到沒有那麼約束的地方。這個現象被稱為監管套利（regulatory arbitrage），因為企業可利用一個地區的寬鬆態度，設法誘使另一個地區做出較為寬鬆的立場。2014年，這個問題在美國變成政治避雷針，因為一家又一家公司啟動「反轉」（inversion）合併，收購海外的競爭對手，再以對方的企業總部為總部，以降低美國的企業稅。加勒比海島國以及英吉利海峽的英屬自治地區，就根據這個概念建立一整套經濟模式，據說藏在這種避稅天堂的海外資金，大約在5兆美元至32兆美元之間。

這種取巧應對監管的做法，同樣也出現在加密電子貨幣世界。加密電子貨幣因為去中心化的分散式網絡，具體表現全球化數位世代不受束

縛的體制。因此毫不意外，隨著全世界的監管風景地貌成形，加密電子貨幣的開曼群島也建立了。

　　一些東歐和中歐國家對數位貨幣採取友善立場，因此成為比特幣交易所的發源地，最大的比特幣交易所之一BTC-e就在保加利亞，當地的稅務機構正式承認數位貨幣，而且對比特幣所得獲利的稅率只有10％。BTC-e的對手Bitstamp則位於斯洛維尼亞，而以數位貨幣計價的股票交易所MPEx在羅馬尼亞設有辦公室。但企業也會善加利用規模更大、更完善的經濟體中，更為開放的政策。

　　一個是瑞士，地點正好落在歐盟新管制單位的管轄範圍之外，但又具備西歐先進經濟的各種標誌，和極為成熟的金融與科技產業。瑞士金融市場監督管理局（Swiss Financial Market Supervisory Authority, FINMA）6月宣布，無意就比特幣起草特別規定，因為針對金融公司的現有規則目前已經足夠。這種不插手的態度，將瑞士變成金融密碼學計畫的聖地，在阿爾卑斯山楚格經營去中心化網絡計畫Open Transactions的克里斯‧歐頓這樣說。在歐頓稱為「加密谷」（Crypto Valley）中，Open Transactions的鄰居有Ethereum這個頗受矚目的區塊鏈2.0業者、比特幣ATM供應商Bitcoin Suisse，以及各種非金融密碼學計畫，如ProtonMail及Silent Circle，提供安全加密電子郵件及電話服務。

　　即使在英國，雖然同在歐盟境內，但在稅務及監管規章方面通常自行其是，看來對加密電子貨幣也是比較寬鬆。2014年8月，英國財政大臣喬治‧奧斯本（George Osborne）表示，英國會進行全面性研究，了解如何利用加密電子貨幣技術並制定規則，將英國變成「全球金融創新

中心」。雖然有些人擔心會重蹈紐約BitLicense令人失望的覆轍，但奧斯本的話肯定令人聽了大為振奮。他說以數位貨幣為主的「另類投資系統因為迅速、便宜又方便而頗受歡迎」，因此他希望「了解我們是否能夠多加利用，造福英國經濟」。甚至在此之前，各種比特幣公司也選擇以倫敦為基地，包括Blockchain和完全符合規章的高科技比特幣交易所Coinfloor。除此之外，一些英國避稅天堂小島，正競相成為全世界對加密電子貨幣最友善的地點。第一個完全符合管理規章的比特幣投資基金是在英屬澤西島（Channel Island of Jersey）推出的，而曼島（Isle of Man）也宣布比特幣交易所不需要許可執照，即可在當地自由營運。

　　不同於歐洲其他出重手的國家，墨西哥及加拿大反倒類似瑞士和英屬海峽群島展現的做法，也在爭取美國的加密電子貨幣企業。加拿大政府2014年6月打破對規範比特幣的沉默，但語意含糊，只是在一項旨在更新資金轉帳及洗錢防治法的全面性法案中，提及「虛擬貨幣」。雖然這樣的暗示對比特幣公司來說，等於加拿大自由放任的機會時代即將結束，但許多人卻認為這是令人鼓舞的徵兆，能將他們的產業合法化，並給予和現有金融服務相同的待遇。加拿大的幾大城市已經成為數位貨幣的迷你中樞。多倫多擁有積極進取的加速器Bitcoin Decentral，裡面就有數位錢包業者KryptoKit。另一方面，經營數位貨幣交易所並製造比特幣記帳卡的VirtEx，總部就在卡加利（Calgary），而全世界第一部比特幣ATM，就安裝在溫哥華市區的一家咖啡廳。至於墨西哥，該國政府7月宣布，將研究建立以區塊鏈為基礎的數位披索可能性，並深入了解該國如何利用去中心化加密電子貨幣網絡的優點打擊貪腐。雖然細

節不多，卻是史無前例的聲明，顯示對於以區塊鏈維持政商關係網誠實可靠的潛力，具有前瞻性的見解。

在中國人民銀行對銀行下達反比特幣指令後，一些中國的加密電子貨幣企業轉移到香港，香港在1997年由英國移交給中國後成為特區，而且金融中心的地位確保它開放市場、自由放任的立場。世界兩大最高科技的比特幣交易所ANX及Bitfinex就在這裡。唯一的問題就是香港的銀行，和美國及中國的銀行有大量業務往來，通常對新的比特幣企業戒備警惕。「所有銀行都對法務規定那些東西怕得不得了。」比特交易所Gatecoin共同創辦人兼執行長歐瑞連‧梅南（Aurelien Menant）說，他也管理一項以比特幣為主的亞洲慈善計畫。「非常輕鬆就能開設並註冊公司。很容易拿到執照。但之後呢……你一註冊為金融服務事業，就會被（銀行）列入黑名單。」他在香港接受我們訪問時說道。這讓人想起華府及紐約對金融界龐大而迂迴的影響力。

香港的銀行念茲在茲要讓北京和紐約滿意，新加坡則是威權政府與自由市場經濟原則的矛盾組合，對於在亞洲經營比特幣事業，代表比較友善的地區。國際比特幣支付業者GoCoin總部即位於新加坡，該公司創辦人是自稱「連續交易高手」的布羅克‧皮爾斯。正如同其他聲譽良好的加密電子貨幣中心，新加坡有一些地位穩固的比特幣交易中心，包括FYB-SG及First Meta，只不過後者在二十八歲的美籍執行長歐姐‧萊德科（Autumn Radtke）於2014年3月英年早逝後，被人放大檢視。新加坡金融管理局（Monetary Authority of Singapore）在2013年明確表達不會干預企業選擇比特幣交易後，又在隔年3月表示，比特幣

交易所必須履行一般洗錢防制規定的要求。但是大致來說，新加坡政府展現的是，對鼓勵加密電子貨幣創新抱持審慎關心。根據一篇報導，新加坡金融事業的支柱，國營大財團淡馬錫控股（Temasek Holdings），正在3,000億美元的投資資產組合中進行比特幣投資實驗。

要求監管比特幣的壓力

新加坡在2014年3月對比特幣進行管制，是在加密電子貨幣經歷艱困時期之後。壞消息的標題在這北半球的晚冬頻頻出現，讓心存懷疑的人和圈外人覺得看到「證據」，證明比特幣是毒販、駭客，以及管制不足的線上交易所任意妄為的世界，可能只說一聲就捲款而逃。對那些寄望這項科技發揚光大的人、把錢投進去的生意人而言，情勢發展成為他們摯愛的加密電子貨幣攸關生死存亡的危機，他們覺得需要一個更井井有條的監管架構。

事情從1月底查理・施瑞姆被捕開始，這個紐約比特幣經紀公司BitInstant的二十四歲主事者兼比特幣基金會副主席，被控與絲路的一名顧客合謀，給販毒利潤洗錢，只是後來被降為認罪協商。但更重要的是之後Mt. Gox的進展漸漸失去控制。Mt. Gox暫停顧客提款，並將問題歸咎於比特幣軟體出差錯，引來類DDOS攻擊，讓蓋文・安德列森徹夜未眠，最後又在2月28日宣布「遺失」價值5億美元的85萬比特幣，徹底宣告破產。其中20萬比特幣後來「找到了」，那是比特幣社群有些人表示，追蹤區塊鏈交易、回溯到Mt. Gox擁有的錢包之後，卻

發現這一筆錢神祕地沒有納入該交易所的破產申請之中。在我們寫作之際，剩下的比特幣尚未得到解釋。

我們很難想像有比Mt. Gox破產之後，扔下十二萬七千名投資者孤立無援更欺負投資人的案例。他們的經歷捕捉到，在將未受管制、去中心化、自由放任的比特幣世界，與井然有序、中央集權的傳統貨幣世界及商業法則融合時，必然會有的問題。對投資人來說，Mt. Gox代表兩個世界最惡劣的一面。一方面，它不受管制，日本和美國的金融及證券交易法，當時都不能適當地將比特幣事業納入規範架構。在Mt. Gox倒閉及日本破產法庭開始處理來自全世界的大量索賠之後，又面臨一個更根本的兩難：從日本法律的角度來看，比特幣是什麼？而在這個基礎上，它真正的價值又是什麼？其他未受管制的交易所，如Bitstamp及BTC-e或許會說，1比特幣價值600美元，但如果我們不能從法律角度定義比特幣，我們又怎能信任這些價格？那些債權人的索賠有任何價值嗎？

另一方面，雖然這樣說似乎有些奇怪，但Mt. Gox在某種意義上是個舊世界的傳統機構，採取的做法是集中控制眾人的資金。藉由容許眾人以美元和其他傳統貨幣交換比特幣，給人進入區塊鏈「無信任」、透明公開、去中心化環境的「方便路徑」，但是在讓他們進入這個環境的同時，卻也同時在貫徹比特幣企圖顛覆的那種倚賴信任、中央集權的環境。這個問題無從迴避，因為每一筆比特幣的買或賣，有一半牽涉到非加密電子貨幣，例如美元或日圓，以及那些不存在於去中心化區塊鏈上的貨幣。但最後的結果就是必須將錢交託給Mt. Gox。即使在你完成購

　　　　　　　　　　　　　THE AGE OF CRYPTOCURRENCY

買比特幣的交易之後，你還是無法從區塊鏈上控制這些比特幣，得等到Mt. Gox依照要求，將比特幣轉移到你的個人錢包。這和在華爾街經紀商那裡擁有帳戶無甚差別。如果它破產了，你對自己的資產並沒有想當然爾的直接控制權；你只能向破產機構索賠，並期望法院能強制執行。

許多加密電子貨幣開發者，對返回集中化模式的情況感到不安。有些人如Open Transactions的歐頓，正根據去中心化原則鑽研軟體解決辦法，讓人可以在不同的加密電子貨幣及法定貨幣領域之間來回移動，不必對集中式伺服器抱以信任。無論這種加密技術解決辦法是否有需要，或者更嚴格管制這些集中式交易所才是應有之道，這些都可以是辯論的主題。無論那一方面，我們都很難想像比Mt. Gox對集中式信任更罪大惡極的濫用。並不是因為它的老闆偷走了錢幣（這種說法沒有充分根據），而是因為整個業務營運，毫無受管制金融事業向來應有的受託人謹慎義務。前任紐澤西州長科爾津（Jon Corzine）的明富環球（MF Global）在2011年破產時，投資人驚覺這家經紀公司竟然伸手到獨立帳戶（segregated account），而獨立帳戶原本是為了保護他們的資金不被公司本身的帳戶所用。但如果這種做法惡劣，Mt. Gox似乎連獨立帳戶都沒有。這家交易所控制的所有比特幣都在它自己的錢包裡。

所以說，Mt. Gox是集中式且未受管制。在這樣的環境下，這家有三十多位員工的公司，所有決策責任幾乎都在執行長馬克・卡佩雷的身上。路透報導稱，只有卡佩雷知道Mt. Gox錢包的密碼，而他在2012年拒絕員工要求增加能進入錢包的人，以防他萬一沒有行使能力。除此之外，至少對一些人來說，他並不是那種讓人樂意由他以這樣集中的權

威，經營世界最大數位貨幣交易所的人。

　　2011年6月的駭客攻擊期間，比特幣價格跌到接近於零，交易所必須取消或者作廢的未完成訂單堆積如山，羅傑・維爾和中學好友傑西・鮑威爾打算深入了解。他們進駐Mt. Gox的東京辦公室，企圖解決這一團亂麻並重開交易所，這在當時是比特幣經濟的關鍵一環。為了趕緊核對完一萬筆取消或延誤的交易單，他們和Mt. Gox的員工週末也埋頭加班，卻發現卡佩雷那兩天休假。「這實在有點令人費解。」鮑威爾回憶道，目前是舊金山比特幣交易所Kraken執行長的他，也說卡佩雷當時向他承認，Mt. Gox在駭客攻擊下遺失了4,000比特幣。「我不由得猜測，他是否發現自己遺失的遠不只那些，所以那個週末必須休假，讓自己恢復平靜。」鮑威爾說。

　　持平來說，維爾和鮑威爾忙著讓Mt. Gox再站起來的同時，卡佩雷也在盡他的責任，恢復大家對交易所的信心，只不過他的做法對有正常稽核程序的現代金融機構來說，似乎有些怪異。卡佩雷以他MagicalTux的帳號，在比特幣論壇跟其他比特幣玩家互動，開玩笑似地證明Mt. Gox的償付能力。他請線上的聯絡人透過線上實況區塊鏈監視器，密切關注兩個比特幣位址，他會在這兩個位址之間轉移424,242,424,242[4]比特幣。這等同於加密電子貨幣版的舊式「資金牆」，亦即多年前銀行經理把錢堆放在櫃檯出納員的後方，勸慰恐慌的存戶不要擠兌。在他移動這麼大筆金額的比特幣後，這一招果然達到想

---

4. 這似乎是在諧仿道格拉斯・亞當斯（Douglas Adams）的幽默，在趣味科幻小說《生命、宇宙及萬事萬物》（*Life, the Universe and Everything*）的故事中，發現生命意義的答案是數字42，問題是，這個答案的題目卻是未知的。這個次文化元素頗受軟體工程師的狂熱喜愛。

要的效果。轉移這麼一大筆比特幣，顯示 Mt. Gox 比大家想的更有錢。三年之後，這段嵌入區塊鏈歷史的活動記錄，等於是卡佩雷指明了那些位址屬於 Mt. Gox 的錢包，因此給一群比特幣玩家提供追蹤區塊鏈的起點，結果發現了依然在 Mt. Gox 帳戶裡的 20 萬比特幣。

　　許多後來的推論，將這些事件跟 2014 年消失的其餘 65 萬比特幣聯繫起來。比較縝密的一種說法是，Mt. Gox 遺失的比特幣遠比它在 2011 年駭客攻擊時透露的更多，卡佩雷利用比特幣價格在那之後不斷飆漲，粉飾太平假裝一切都正常。如果是這樣，那就像是要打消虧損的龐氏騙局，而不是為個人牟利。這意味著隨著愈來愈多投資人加入，Mt. Gox 未獨立帳戶的比特幣持有部位價值也跟著水漲船高，卡佩雷以 Mt. Gox 的帳戶交易那些剩下的持有部位，之後登錄獲利，以應付那些不明就裡的投資人贖回要求。但是情況在 2013 年變得棘手，例如當時美國政府凍結 Mt. Gox 的美國帳戶，移動資金就難了，而且要維持那種反覆枯燥的龐氏作為也愈發困難。最後是 2014 年價格崩跌，使得整個遊戲無以為繼──推測大概是這樣。另外一種推論則是認為，卡佩雷完全掌握錢包的私密金鑰，結果卻遺失了，所以比特幣無法找回來。第三種推論是 Mt. Gox 堅持的說法：它是因為交易延展性瑕疵才失去那些比特幣，系統持續判斷錯誤地回應惡意操作者要求重新寄錢的詐騙作為。但對許多人來說，Mt. Gox 沒有注意到這種規模的騙局，似乎令人難以置信。比特幣脫口秀主持人兼開發者亞當・列文（Adam Levine）一直在追查 Mt. Gox 消失的比特幣，他說那彷彿「有人在你的眼皮底下一塊磚、一塊磚地將整棟房子偷走，而你在裡面做事，卻始終沒發現。」

我們或許永遠無法得知到底是怎麼一回事。我們不斷嘗試要找卡佩雷回應各種指控和推論，卻只得到有限的幾封電子郵件回信，內容不足以清楚描述他的立場。他有時候會解釋說，破產法庭在進行調查，他能說的有限。但很顯然Mt. Gox的管理結構，對這個規模的金融機構來說是行不通的。卡佩雷等於是同時身兼執行長、技術長、財務長，與法務長。他在2011年展現的錢包轉移術，或許就像詹姆斯・史都華（Jimmy Stewart）在電影《風雲人物》（It's a Wonderful Life）飾演的喬治・貝禮（George Bailey），在銀行擠兌時的經典表現般令人留下深刻印象，但那不是經營現代金融交易所之道。客戶毫無保障，他們的信任完全寄託在這個人身上。結合去中心化的比特幣蠻荒西部和過度集中的信任模式，就是一場等待爆發的災難。等到事情發生了，監管比特幣的聲音變得勢不可擋，也在比特幣社群內製造緊張壓力。

監管 vs. 絕對自由

比特幣那群「穿西裝的」開始態度嚴肅，監督管理、安全、法規要求，以及採用華爾街實務知識等行動，突然間都說得通了。BitGo高度安全的多重簽章錢包就在這個時候出現，提供類似瑞士銀行家要顧客在取回保險箱中貴重物品時，使用雙重鑰匙的制度，只不過是數位版本。包括Circle及Xapo等公司，也推出自己的存款保險服務，讓顧客安心。

另一方面，溫氏兄弟繼續向證券交易委員會要求，正式批准他們的溫克萊沃斯比特幣信託基金（Winklevoss Bitcoin Trust）為第一檔以比

特幣為主的指數股票型基金（exchange-traded fund, ETF），此舉可讓人投資比特幣卻不必直接擁有比特幣。後來，Atlas ATS 推出全球互通的交易所網絡，以來自柏修斯電信（Perseus Telecom）的技術，滿足高頻率交易公司的大量頻寬需求，並能提供成熟的電腦驅動規範，管理敏感的顧客關係。比特幣狂熱愛好者巴瑞・席爾伯特推出自己的比特幣基金，宣稱有後門門路得到聯邦監管單位的許可，預料可在競賽中擊敗「溫氏兄弟」，為一般低收入美國民眾提供受監督管理的比特幣基金。席爾伯特也開始建立自己的交易所，打算設計成有傳統清算中心的功能、有經紀商的席次，以及與華爾街目前運作相同的自律結構。他說，到時候會「看起來像紐約證交所」但「一點也不像 Mt. Gox」。

不過，以清算中心為基礎的證券交易所（也就是有個共同的基金，確保所有交易都在特定的短時間內結算），代表的是集中式機構的輻輳結構。這種解決方案全都是針對建立投資者信任，根本沒有改變 Mt. Gox 的問題。使用者依然不得不信任單一交易對手。問題在於，要爭取一般人並排拒監管單位，是否有需要這些機構。

新興的比特幣事業圈正在尋找例子證明，這一點令嚴謹無政府主義者深感困擾。這一群叛逆者有許多是聰明的科技迷，他們投身尋找新的密碼學工具，讓監管者更難影響及控制去中心化的比特幣網絡。最激進的解決辦法就叫暗黑錢包（Dark Wallet）。暗黑錢包是個「混淆」服務，由美國加密—無政府主義者柯迪・威爾森（Cody Wilson）和伊朗裔英國駭客同行阿米爾・塔基創造發明。這項服務將交易打碎成較小的片段，快速經過多個錢包與位址，建立難以破解的稠密數據陣列。對威

爾森來說，這代表忠於保護隱私的哲學，並反映一種深切渴望，將比特幣返回他認為比特幣存在的核心理由：個人自由的工具。

威爾森認為，曾經相信比特幣追求自由特質的人，已經受到金錢和權力的誘惑。「一堆新創公司冒出來，表面上看是自由意志主義派，卻還對政府說：『看吧，我們可以幫你做這個。』」他這樣告訴我們。「那是輕鬆得來的錢財。而這就形成比特幣的故事，很容易會有這樣的對話產生，一個說，『其實比特幣到最後是你的夥伴。是你的朋友。看吧，它將有助於銀行體系；它將有助於管理部門。』三年前還相當激進的人，如今穿上西裝打領帶，親口認輸說，『就算比特幣不能成為改變世界的東西，我也能賺到很多錢。我可以進入這個王國。』」

暗黑錢包就是對此的回應。別的地方還有人引述威爾森，描述暗黑錢包是用來「嘲笑每一次要給比特幣撒上一點管理規範的嘗試」，並且對政府說，「你們決定要管制比特幣。那管管看這個吧。」威爾森先前就因為設計出第一支3D列印的槍而出名，他說自己的計畫變成洗錢、販毒、兒童色情，或恐怖主義的工具，他並不會內疚不安。他的回應是：「自由是個危險的玩意兒。」這算不上將比特幣帶入主流的法子，但反正也不是他的目的。如果暗黑錢包只能為那些社會邊緣的人得到自由，那就這樣吧。

比特幣社群對暗黑錢包的反應兩極。死忠的自由意志主義派愛極了。有些科技迷嘆為觀止；比特幣基金會首席科學家蓋文‧安德列森說這項技術「太不可思議了」，還說「愈多隱私愈好」，只是他也期待管理辦法能跟上腳步。安德列森的讚美有些諷刺，因為威爾森和共同

THE AGE OF CRYPTOCURRENCY

創辦人阿米爾・塔基一再嘲笑基金會是比特幣商業利益迎合華府機構的工具。不過，自由記者、評論家，兼比特幣創業家萊恩・賽爾基斯（Ryan Selkis）說出了許多商界人士必定會擔憂的事。暗黑錢包給比特幣開啟了「一個監督管理的惡夢」。「自己還在初創時期，卻叫全世界最有權勢的政府去死，肯定非常有戲劇效果，但過程中也波及比特幣社群的其他人。」賽爾基斯在他的 *TwoBitIdiot* 部落格上寫道。「重點是暗黑錢包與黑市是否會讓所有比特幣玩家如同連帶有罪。」

比特幣商人的集中化利益、純粹的去中心化烏托邦願景，這兩者之間的緊張關係再次闖入嘈雜的公眾領域，整個社群討論及辯論想法。類似的兩陣營對壘，也出現在區塊鏈2.0創業家推出利用比特幣去中心化基礎架構的智慧型新應用時，卻在Reddit被狂熱者貼上集中化奸商拉高出貨騙局的標籤。這場辯論關係重大，因為將決定加密電子貨幣採取什麼樣的做法，可達到更有廣泛重要性的目的。它會試圖以公開反抗當權者的反叛游擊隊來達成目標？還是會扮演妥協者、談判協商者的角色，將現有制度的部分融入它的模式，但依然給市場帶來一些嶄新且珍貴的東西？後者提供一種摩擦小很多的路徑，對社會產生有意義的作用，但問題是這樣做，是否會消耗比特幣的意義，以及破壞現有政治經濟的真正能力。如果這種中庸之道成功了，或許類似暗黑錢包的服務只是會變成地下勢力，非法活動繼續進行，而在其中流通的比特幣依然隔絕於主流加密電子貨幣經濟——這多少是政府的洗錢防制法律，企圖對毒販及恐怖分子的金錢達到的效果。但顯然有些人擔心，如果比特幣式微且管制過當，就會失去力量、目的，以及對社會的價值。

這並不是比特幣社群可以、或願意自己解決的辯論。問題將由他們存在的整個社會來解決。而社會本身正經歷深層的改變，是科技、人口，及全球經濟全面性轉變的結果。在這個不斷變革的環境中，加密電子貨幣準備扮演高度破壞性創新的角色。一切全由我們這些未來社會的公民、選民，以及經濟主體，想清楚要讓這項科技扮演多大的角色，以及截然不同的兩種加密電子貨幣模式，最後是由哪一種主導。

第十一章

演化中的新經濟

「進步是一種舒服的病。」
——康明斯（E. E. Cummings）

　　直到目前為止，我們大多著重在加密電子貨幣如何發展，以及對社會帶來的益處和挑戰。但這些新的貨幣形式和商業活動的組成方式，並非落在一個靜態休眠的社會，彷彿人類就等著被新貨幣概念搖醒。社會本身也在變化，而且相當快速。數位科技和線上運算是這場變化的中心，轉變我們如何形成社群、社交關係，以及業務關係，因為生活的各方面都愈來愈受電腦與網路連線的力量影響。其他因素也在發揮作用：西方社會高齡化的人口結構改變、開發中國家中產階級出現前所未見的成長、國際衝突地區興起恐怖主義，成為我們這個時代最大的安全疑慮，還有2008年金融危機的遺緒和斲喪大眾對傳統金融體系的信心。林林總總給加密電子貨幣創造機會，也帶來挑戰，因為它們企圖對推廣標的的社會造成更大的變化。

　　在這個混亂的階段，不乏有人宣稱對此瞭若指掌。無數書籍提到數位世代及其意義，提到「終結工作」，或是金融危機遺留的債務衝擊。

本書正好就屬於這一類。但重要的是體認到，讓人辨認出一種趨勢或另一種趨勢的線性思考，通常也有礙辨認出同時發生、卻相互矛盾的趨勢。以下，我們將探討一些這種矛盾，並看看對於社會如何克服破壞性創新科技帶來的混亂，如加密電子貨幣的傳入，它們有哪些意義。我們檢視它所創造的緊張壓力，以及透過折衝協商解決這些壓力的要求條件──通常是透過政府的干預調解。

去中心化 vs. 集中化

　　這些重大矛盾之一，是延續前一章描述的內容產生：去中心化與集中化。兩股互相衝突的力量，不僅在加密電子貨幣的場域顯而易見，在整個社會亦是如此。

　　我們生活的世代似乎是個超集中化的年代。力量與控制的集中，造成2008年的金融大災難，其中之最就是那些超級強勢、大到不能倒的銀行，而這種集中從很多方面來看，在危機之後愈演愈烈。雖然新的規範企圖遏制銀行的權力，但是解決經濟與金融動亂，立法人士偏好的辦法卻是讓力量集中的舊體系變本加厲。中央銀行變得更加重要，透過銀行在全球經濟灌注幾兆美元的法定貨幣。這樣或許能避免金融體系徹底崩潰而暫時擋住災難，卻讓大型機構及其經營者漁翁得利，棄小民於不顧。大型上市公司在這個零利率年代，可以透過企業債券市場便宜借到錢，發展得更加壯大，因為這創造了企業併購的誘因。但是中小企業卻發現他們的主要融資來源，即商業銀行，對信貸愈趨緊縮，限制了他們

THE AGE OF CRYPTOCURRENCY

發展及雇用的能力。在此同時，基本需求持續萎縮，意思就是大型企業也沒有誘因花錢雇用新人，尤其是他們還可以利用較低的融資成本維持利潤率，並轉向以外包和機器人取代本地勞工。

這種愈大愈好的解決辦法只對少數有利，卻會抑制多數。雖然金融危機在2009年漸漸平靜後，股市獲利不斷上漲，拜此之賜，避險基金經理人與其他精英的財富也跟著飆升，但西方社會大多數的家庭所得卻停滯不前，造成大蕭條以來最大的貧富差距。這是那極少數大銀行、大公司，以及大家族的故事，幾乎什麼都沒有留給其他人。那是二十一世紀經濟的特色之一，說的是集中化趨勢，而不是去中心化。

不過，在此同時，去中心化的跡象清晰可見，主要是因為新科技給人工具和動機，抽離對那些大型集中化機構的依賴。以能源為例，現代的電力公司有自己的發電廠和輸電管線，有國家授權的營運執照，價格要受國家控制；那是滿足公眾需求的民營企業。但是屋主愈來愈有可能給自己的屋子，安裝充足的太陽能和風力設備，大幅降低對電力公司的依賴，或是徹底擺脫供電網。正如美國前副總統高爾（Al Gore）2014年夏天，在《滾石》（*Rolling Stone*）雜誌發表的一篇文章，「我們見證大規模轉移到新能源分配模式的開端，從可追溯到1880年代的『中央發電站』公共電網模式，到有屋頂太陽能電池、原地及電網電力儲存，以及微電網的『廣泛分散』模式。」

除了能源，許多產業也經歷了繞過中間人守門員、趨向去中心化模式的轉變：觀光客住宿不住旅館，沒有中央派車的駕駛自有計程車服務，社區工具租賃電子市集搶走了五金店的業務。這種情況甚至沒有用

到加密電子貨幣或區塊鏈就發生了。大家想到如果有閒置的資產，可以出租給需要的人，而那些人也同樣明白，不需要經過昂貴的中央分配點尋找那些資產。這個新的系統有好幾種名稱：共享經濟；網狀經濟（mesh economy）；協作經濟（collaborative economy）。桌上型電腦有多餘的計算能力？分享給有需要的人。有輛車在車道上閒著沒用？分享出去。有重大創意？在網路上分享並籌募資金。這個年代的企業代表，目前包括個人公寓出租網站Airbnb，群眾集資網站Kickstarter，點對點貸款平台借貸俱樂部（Lending Club），由個別車主控制的計程車服務Uber及Lyft。

在某些方面來說，這些新業務模式是延續早在網際網路出現時就開始的過程。雖然任何一個有自尊心的比特幣玩家，都不會將Google或臉書形容為去中心化機構，也不會說它們由企業控制的伺服器和大量顧客個人資訊數據庫是去中心化，但這些當代網路巨擘是藉由鼓勵點對點和去中間人活動，達到這樣的地位。GoogleAds讓小型企業繞過大型媒體機構，更直接對潛在顧客行銷；臉書讓人可以有機地形成小組、社團和人脈，不是由地域或社會及國家結構聯繫的社群；推特意味著大家可以設計編排自己的新聞。

去中心化的重要性不只在於新業務模式興起，或是大家找到方法從這裡省幾塊錢、那裡賺幾塊錢。藉由啟動這股自助（DIY）商務做法，科技和文化的轉變導致新的互動方法，包括在社會和經濟層面。營利與非營利組織都同樣避開垂直等級結構，更偏好水平、民主的指揮系統[1]。

---

1. 如果想看這個概念以視覺方式對比，可以比較現代電視影集《矽谷群瞎傳》（Silicon Valley）的開放式辦公室空間，以及背景為1960年代的《廣告狂人》（Mad Men）的密閉空間辦公室。

就像維護比特幣的開源軟體開發團隊和無數其他電算計畫，很多社群形成時，大多是線上社群，沒有冠上頭銜的領導人、也沒有核心中樞。他們是因為有共同認可的看法而聚在一起，群眾的共識勝於一切。

企業界財富與權力的集中，以及矽谷對個人的賦權，這兩種運動之間是否在蘊積衝突？或許這些趨勢可以繼續共存，只要去中心化運動依然局限在經濟的一些領域，沒有滲透到由大企業主宰的較大產業。但那並非這項科技支持者期望的，尤其是加密電子貨幣領域的那些人。他們認為去中心化只是個開始，而集中式經濟與政治機構，甚至是政府與國家那些最大的權力集中地，都將因此受到破壞。倘若如此，加密電子貨幣和區塊鏈技術可以趁勢而起。萬事達幣的大衛・強斯敦有個說法可能成真，被加密電子貨幣社群的一些人稱為「強斯敦法則」，他說：「任何可以去中心化的都將去中心化。」

這種對加密電子貨幣科技潛力特別樂觀的看法，遭遇許多障礙。但如果暫且擱下加密電子貨幣，實在很難相信去中心化趨勢會欠缺發展動力。當我們在危機後那段時間站起來，反抗華爾街與華府根深柢固的權力集中，這兩股趨勢漸漸沒有那麼像平行的運動，更像是即將對撞的兩列火車。我們或許就在社會大動盪的深淵邊緣，這場動盪可能是十六世紀以來最大的一場，當時正值文藝復興後半期，銀行與民族國家確立為權力的核心力量，以此為中心，建立全世界的貨幣與經濟體系。

該漠視、對抗，還是合作？

　　面對這類來自新科技與新社會組織方式的破壞性挑戰，那些占據中心、代表政治與經濟權威的企業和機構，有三種選擇。一是索性漠視新概念，對新概念不屑一顧，一切如舊。二是與之對抗，也許透過政治關說，也許利用廣告宣傳或抹黑，在公眾眼中產生負面聯想，摧毀初露苗頭的威脅。三是盡量適應，加以吸收、拉攏，或是乾脆與新科技或新概念合作。

　　矽谷的創新者經常警告第一種做法的危險，但歷史告訴我們，讓新科技因為自己的炒作過頭而自食惡果，通常也不是什麼壞事。1990年代末期的網路泡沫可茲為例，當時股價上漲背後的繁盛景象，反映了一股堅定的信念，認為每個產業的第一個網路零售商，只要開拓出利基市場並加以行銷，就能夠勝出。但社區寵物店沒有被Pets.com扼殺殆盡，婚禮顧問也沒有因為OurBeginning.com而變得多餘；OurBeginning.com的代表還加入Pets.com的襪子玩偶，出現在2000年超級盃一堆炒作離譜的廣告，只是它的網域名稱之後卻轉給西雅圖一家日間照護中心。還記得Y2K的千禧威脅？就在超級盃的幾個星期前達到反高潮。我們永遠不知道最後之所以沒事，究竟是因為電腦顧問公司成功說服大家給大型主機升級，還是他們只是很聰明地拿一件小事大肆炒作一番。早在那之前，歷史上其他宣告失敗的科技構想俯拾皆是：蘋果牛頓（Apple Newton，早期的掌上電腦）、數位錄音帶、Betamax錄影帶格式，只是幾個我們這個世代可能記得的例子。不過，漠視改變也

有風險，伊士曼柯達（Eastman Kodak）就是個警世故事。這一家有百年歷史、發跡於紐約羅徹斯特的類比相機底片製造商，未能跟上自家一位工程師在1970年代發明的數位影像，結果就在2000年代被充斥市場的數位相機擊垮。

奮起戰鬥的選項通常需要金錢、冒險勇氣，以及政治人脈。三者皆有的華爾街是最有力的實踐者。我們或許會以為，2008年那場災難的後座力，大概能確保銀行不得不將有份重創金融體系的不透明衍生性證券，掛牌到新的線上交易所，這些線上交易所的目的是要做到，諸如信用違約交換（CDS）等產品的定價與資訊公開透明。但華爾街的說客力抗諸多有改革傾向且努力落實目標的議員，成功刪改法案，使得許多衍生性金融商品繼續在不透明的「櫃檯交易市場」（over-the-counter market）交易，任由我們對它們隱含的金融風險一無所知。不過，奮起戰鬥的策略代價高昂又不保證必勝。事實上，即便是華爾街銀行也未能完全遏止業界在危機後改變的風向，包括要求他們在帳目登載更多風險吸收資本。

繼續說華爾街，我們還能看到拉攏策略的優點。電子交易系統在1990年代末期興起，嚴重威脅華爾街的傳統業務，如債券交易和其他透過電話報價的場外證券。藉由大範圍廣播價格，新系統賦予投資人力量，也讓銀行更難藉由在投資產品的買賣價格報出大幅價差而牟利。但這項科技始終沒有嚴重損傷華爾街在這些市場的力量，有部分是因為銀行明白，在這種情況下，最理想的做法不是跟對手作對，而是加入對手。銀行組成各種銀行團，就債券、外匯，和其他資產類別提供線上市

場，雖然隨著業務公開透明化，每一筆交易的利潤率縮減，但是新增業務帶來的營收足以補償仍有餘。

如今隨著共享經濟和「群眾」力量隱然要再次顛覆傳統業務模式，其他老派公司正企圖吸納並改造部分新概念。有點歷史的卡車租賃公司U-Haul也算是舊經濟，就是採取這種方針。他們擁抱類似加密電子貨幣的融資觀點，啟動投資方案讓人直接投資公司，購買有特定硬資產（hard asset）背書的票據，如個別門市、卡車、甚至床墊。沒有投資銀行參與，沒有仲介。投資人只是把錢借給U-Haul，點對點，並獲得支付固定利率的本票，由該公司的資產承擔保證。不同於區塊鏈模式，這種借貸是以集中方式進行，投資人必須信任公司本身，但沒有中間人的機制，跟加密電子貨幣支持者鼓吹的方案有異曲同工之妙。

其他大公司也在設法尋找應變措施，應對如Uber、Airbnb及Lyft等公司採用的新興群眾共享業務模式。位於矽谷的Crowd Companies為舊世界公司出謀畫策，建議如何在新經濟求生存，且自豪擁有一連串令人印象深刻的客戶，其中有威士、家得寶、凱悅（Hyatt）、奇異（General Electric）、沃爾瑪、可口可樂，及聯邦快遞（FedEx）。全都企圖找出如何讓自己的業務適應無中心經濟（centerless economy）。

支付產業的嘗試

支付產業呢？這個嘛，看似面對加密電子貨幣的挑戰時，三種策略都略加嘗試。萬事達卡執行長亞傑・班加於2014年初接受《華爾街日

報》編輯與記者訪問時，抱持著忽略並嗤之以鼻的姿態，關於比特幣，他說：「這世界不缺貨幣，所以這個貨幣是要解決什麼？」但是在班加掌權下的萬事達卡，其實在支付業界是最積極參與數位科技的。該公司也採取奮起戰鬥的策略，從華府公關顧問公司 Peck Madigan Jones 聘請五名員工，就比特幣和虛擬貨幣向國會關說。但萬事達卡對比特幣最有力的回應，卻是他們自己對新科技的參與。該公司大舉投資智慧型手機支付的 MasterPass 方案，獲得的回報讓該公司連同美國運通，都成了蘋果在將數位支付納入 iPhone 6 時的重要夥伴。

電子交易協會（Eelectronic Transactions Association）的成員包支付業、電子商務，及行動通訊的重量級業者，如萬事達卡、PayPal、亞馬遜、Google，以及 AT&T，協會執行長傑森・奧克斯曼（Jason Oxman）喜歡拿自己的產業跟音樂產業做區別。雖然唱片業者「竭盡所能追殺」Napster 和檔案分享科技，支付業卻「擁抱新科技」，他如此說道。確實，就算撇開加密電子貨幣不說，目前的情況也令人眼花撩亂。正如奧克斯曼說的，「支付業正經歷自五十年前發明磁條以來最重要的創新時期。這的確是支付業的革命期。」這對加密電子貨幣產業在支付業站穩腳跟，構成十足的挑戰。就算加密電子貨幣似乎是為了目前這個年代量身打造的，但有前面討論過的全面性去中心化轉變，它們在支付業的主要競爭對手也會拿出替代選項，或許會防止一般大眾轉向加密模式。

其實，在物聯網的時代，套用舊有主權貨幣系統的科技，正在尋求各種不同方式，讓顧客對支付體驗的改善留下印象。智慧型手機是行

動比特幣交易所偏好的工具，也被許多尋求改革支付方式的金融科技公司拿來利用。1990年代網站開始直接接受信用卡之前，PayPal是第一家設法以數位方式寄送金錢的公司，現在也正積極將自己重新包裝為行動支付公司，以應用程式支援零售通路的支付，包括透過QR碼和其他無線科技，如藍芽及近場通訊[2]（near-field communication, NFC）。同樣利用這個應用程式，預先在PayPal帳戶存入金額的使用者，可以透過網路寄錢給其他PayPal用戶。類似的智慧型手機產品包括Google Wallet及Softcard，後者是美國電信公司AT&T、Verizon，和T-Mobile的合資公司，原本叫做ISIS，直到2014年9月才換掉，跟同名的極端伊斯蘭團體做區別。一般相信臉書也在從事類似的東西，可能在該公司進行實驗的愛爾蘭當地，申請電子貨幣執照。還有前面提到的，蘋果的iPhone 6內建數位錢包，最後可能開啟美國加入這種新支付方式。

美國以外的許多地方，智慧型手機支付已經相當完備，科技跳躍式進步的新興市場國家通常領先群倫。中國公民的行動支付有無所不在的微信通訊服務，以及電子市集巨擘阿里巴巴的支付寶服務。而且別忘了最早發源於肯亞的以電話當錢，十分成功的M-Pesa，現在更擴展到東歐市場。

再來就是卡片支付舊科技的驚人變化。Square的可攜式刷卡設備讓幾百萬小型業主，如計程車司機和小吃攤販，可以將智慧型手機和平板電腦變成行動支付處理器。雖然比特幣玩家抱怨的信用卡與記帳卡有安全風險沒有錯，因為這些系統有賴傳送使用者的身分資訊，但使用這些

---

2. 又稱近距離無線通訊，允許電子裝置之間進行非接觸式點對點資料傳輸。

網絡的安全性已有顯著改善。尤其是在 EMV[3] 的卡片內嵌微晶片標準出現之後，這項技術幾乎是在其他地方推出一年多之後，才剛引進美國。只要隱私疑慮能夠解決，使用生物特徵如指紋掃描器和臉部辨識技術，應該也會讓系統更加安全。

這些技術都可望讓購物體驗幾乎毫無縫隙。雖然或許不能消除收取手續費的銀行及支付業者，因為他們仍舊協調貨幣系統的後勤基礎結構，但這些技術可能讓收銀員失業。有個想像就是，當你在超級市場把購物車裝滿後，走過一個掃描器，讓掃描器讀取購物車裡每項物品的信號，再自動從你口袋中的記帳卡或手機扣款。這些系統讓金錢的使用更加自動化。這些利用古老主權貨幣系統的新方式，將有助於強化舊系統，並讓比特幣和其他加密電子貨幣更難進入主流商務——至少在零售層面。

但問題來了：因為套用的是舊有的系統，這些新科技將負擔所有內部轉帳的成本。這些技術的供應商別無選擇，只能支付銀行與系統中的其他業者，來處理及承擔信用風險。舉例來說，使用 PayPal 的商家要承受這些成本的 27％。由於成長快速，後端手續費讓電子支付供應商 Square 愈發難以獲利，2013 年出現 1 億美元虧損。這些手續費的負擔，引起眾人懷疑這項廣為普及的產品能否長期生存。相較之下，比特幣處理業者如 BitPay、Coinbase，以及 GoCoin，都說他們從第一天起多少都能獲利，因為經常性開支低，而且礦工對區塊鏈索取的手續費相對較少。就算消費者沒有感覺到這些成本，產生這些費用的企業或許會開始

---

3. 即歐洲支付（Europay）、萬事達卡（MasterCard），以及威士（Visa）。

堅持，他們的業務後端由某種加密電子貨幣為基礎的方式處理。這裡的特點就是完成業務處理，還能讓消費者及商家滿意地看到收支款項都是以法定貨幣計價。

中國的情況則不同，當地消費者和商家的行動支付幾乎是零手續費。當地的問題在於，需要國家額外施加影響力才能做到這一點。國有銀行顯然是在北京政府的授意下，對支付處理徵收將近於零的手續費。而這種實際補貼讓比特幣面對微信和支付寶、或是國有的信用卡網路銀聯，完全沒有競爭優勢，但這也代表人民幣體系仰賴國家資金資助，而這筆資助隨時可能取消，或是當成一種官方勒索。

這些新的支付機制雖然技術先進，依然要憑藉有五百年歷史的集中式金融管理模式。這對一般使用大眾或許沒有半點關係，即使未來協作經濟繼續在經濟的各領域推動個人賦權，大眾的複雜情緒可能足以確保主權貨幣繼續生存。但主權貨幣得以繼續生存，本質上與所有正在進行的全面性去中心化轉變不一致。我們不禁產生一種想法，即這些趨勢無可避免會指向加密電子貨幣的年代，就算不是迫在眼前，那也是未來大約十年的事。

若銀行失去中間人角色

這就讓我們想到一個重要問題：如果那樣的年代到來，銀行作為信貸提供者會有什麼變化？任何對這個角色的威脅，都可能是銀行在與新科技爭奪市場時的談判籌碼。他們可以辯稱，取代主權貨幣的加密電子

貨幣系統，會讓銀行無法創造信貸，進而履行他們獨一無二、獲授權為私人財富創造者的職責。（這裡指的是第一章討論過的部分準備銀行重要概念。）真是太遺憾了，許多比特幣玩家會說。加密電子貨幣社群的自由意志主義派，通常將自己的貨幣模式視為零和交易系統，也就是只有有限的貨幣供給來回共用，無限量的銀行信貸只是造成貨幣貶值和金融危機的處方。但是那些仰賴銀行貸款支付員工薪資、經營業務或擴展到新市場的企業怎麼辦？或許在以加密電子貨幣為主的經濟中，信貸沒有那麼容易建立，不可能像法定貨幣系統中的銀行信貸那樣，無中生有地產生比特幣通貨。沒錯，這去除了通貨膨脹風險，也意味著央行不再需要以不完美的政策工具，如利率，管理貨幣供給，但比特幣批評者也頗有理據地反駁，受束縛的信貸將使經濟得不到成長。

不過，或許未必會如此嚴酷。如果只是將銀行當成中間人，將那些有意把多餘存款借貸出去的資金匯集起來，交給資金短缺而需要貸款的人，那就無從說這種媒合借方與貸方的事，不能以去中間化的方式用加密電子貨幣完成。點對點貸款的新趨勢可舉借貸俱樂部為例，其模式可輕易轉為加密電子貨幣系統，區塊鏈的制衡作用，基本上有助於加強信用審查與信譽系統。無論如何，如果將銀行從信貸與貨幣的流動中移除，在加密電子貨幣導向的金融體系，整個流動將有迥然不同的面貌。

國家的新任務與新角色

而民族國家本身又是如何呢？它會如何回應？置之不理、對抗，還

是納為己用？主權貨幣系統給予國家不受約束的權力，在認為適當的時候印製法定貨幣，可說是民族國家武力裝備中最強大的武器。不只是產生鑄幣稅（令人不禁想像，每印製一塊錢，都是從國民手中流出來的免息貸款），控制國家貨幣也讓政府得以控制權力機器。有了鈔票，政府可以購買武器、發動戰爭、興債支應那些衝突，然後要求以同樣的貨幣納稅償付那些債務。理論上，正常運作的民主政體應該對這些加以限制。但事實上這種貨幣制度卻允許權力擴張，支應官僚體制與機構，讓那些官員與員工將自己的存續與否置於一切之上。在最糟糕的民族國家（例如北韓），是提供資金供應恐懼和壓迫的工具，摧毀人民尊嚴。

如果這樣的制度能夠停止，民族國家的利益與所有人民都一樣是建立在生存的原則之上時，就會設法了解該如何回應趨勢。過去五百年來，民族國家已經證明具有應變能力，所以我們不懷疑民族國家能再次設法適應求生存。正如我們將在即將在結語中提到的，納為己用的做法，或許是開始發行自己的主權加密電子貨幣。另一種做法可能是民族國家聯合起來，加強貨幣的國際合作。我們不知道這一切最後如何淘汰。也許最後毫無結果。但是幾百年來第一次，這些問題至少必須提出來。

正如我們之前強調過的，這要看大家怎麼做，如何以行動表達意見。矽谷給人的感覺是，人類社會已經準備好完全拋棄集中式系統，擁抱一個由「群眾」運作的去中心化模式。

「現在群眾有自己的業務模式。」顧問服務公司Crowd Companies創辦人耶利米・歐陽（Jeremiah Owyang）說。歐陽給協作經濟做出從

以物易物、到出借、再到贈與等無所不包的廣泛定義，他認為全體人類現在正負責管理生產方法及改變遊戲規則。「天啊！他們正在創造自己的貨幣。」歐陽誇張地說。

　　但除了這些流行潮語，整體情勢則有些微妙。矽谷對這些新科技的說法，彷彿烏托邦理想國唾手可得，只要大家放棄舊方法，用上智慧型手機的應用程式，並發揮群眾的力量。但即便是千禧世代，向來被形容為推動新應用程式、也最投入新方式社交並經營事業的一群人，似乎對捨棄有數百年歷史的社會結構也惴惴不安。皮尤研究中心（Pew Research Center）2011年就美國社會進行的全面性調查，發現通常被定義為1981年後出生的千禧世代，在四個世代之中，是唯一多數希望政府提供更多服務而非減少服務。皮尤的其他研究顯示，這麼一群人比老一輩更有可能將政府定義為「有效率」的服務提供者。這倒不是說這一群人期待政府能為他們而存在，千禧世代的工作前景和賺錢能力，比其他世代更受導致金融危機的不完美政策傷害。皮尤同一份研究的其他數據也顯示，至少有50％的千禧世代懷疑自己的社會安全帳戶能否收到一筆福利給付。有可能千禧世代只是實事求是；他們希望政府多做一點，只是不敢奢望。

　　如果這些新科技果然如預期破壞現有工作型態，社會不可避免會呼籲政府減緩衝擊。尤其是加密電子貨幣科技如果真的介入，不但是進入支付業務，更是以第九章探討區塊鏈2.0科技時，預見的破壞性去中心化方式，情況就更是如此。韋德布希證券分析師魯利亞曾就加密電子貨幣的潛力，做過一些極深入的分析，他認為美國GDP有21％是基

於「信任」產業，也就是執行那些區塊鏈可以數位化、並自動化的中間人任務。魯利亞的推測是從商務部的全國帳目抽取出來，囊括了商業銀行、證券公司、基金與信託、保險業者、不動產經紀商，以及法律服務，根據勞工統計局（Bureau of Labor Statistics）統計，這些行業在2014年中總計雇用1,000萬人。沒有一個人希望這些產業一夜之間消失，但即便是分批逐步淘汰，對於在裡面工作的人都是痛苦煎熬。

鐵飯碗時代逝去

葛羅莉薇・卡班（Glorivee Caban）對於在金融服務業工作、又遭到新科技破壞的情況略知一二。從2009年到2013年間，她眼看著自己在紐約市西班牙人民銀行（Banco Popular）擔任櫃檯出納的工作時數，從一週三十五小時的全職工作，逐漸縮減為二十四小時，時薪都是11美元，薪資不曾調漲過。雖然金融危機期間蒙受的虧損，導致西班牙人民銀行必須縮減人事成本，但真正造成這種縮減的因素是更先進的ATM，可以存款並進行線上銀行服務。「我剛進人民銀行時，一天大概可以看到兩百五十個人進分行。等到我離開時，降到一百二十人。」她說。這就削弱了她達成主要績效目標之一的能力，也就是每天完成十到十五個新推薦業務。「如果顧客都不親自到銀行來，我們要怎麼推薦？」她問。由於拿回家的薪資縮減，卡班的收入不足以支付在布魯克林月租1,380美元的公寓，同時撫養襁褓中的女兒，即使她因為曾三度由美國海軍派往中東而領有退伍軍人事務部（Department of Veterans Affiars）

的月俸貼補也不夠。她別無選擇，只能向紐約市政府申請社會救濟。我們可以把這當成時代的象徵：世界金融之都的銀行員工需要政府的金錢援助。

　　銀行出納一度是體面的鐵飯碗，通常是通往銀行管理層更高薪職務的道路，而今卻成了企業變化程度的象徵。儘管工作遭到ATM和其他銀行科技的破壞並不是新鮮事，但值得深思的是，如果加密電子貨幣科技的破壞達到支持者期望的程度，從事支付處理、第三方支付、不動產代理、現金轉帳公司的人，全都會受到影響；這對金融服務和法律業的其他工作又預示什麼？只能說威士、萬事達卡，以及西聯匯款等三家可能大幅重整業務的公司，2013年加總起來共有兩萬七千名員工。

　　面對加密電子貨幣在國際匯款業務的挑戰，西聯匯款就不太可能有類似柯達袖手旁觀的作風。這家有一百六十餘年歷史的公司，已經在推廣線上工具以降低成本，高階主管對數位貨幣的前景更是瞭若指掌。其實，許多該領域的公司，最後都會選擇吸收採納區塊鏈為主的處理方式以節省成本。但是這樣保護不了所有資料輸入與顧客服務等那些用不上區塊鏈科技的工作。

　　一旦規模夠大，流失的工作將引發政治緊張。雖然科技進步的益處通常是社會普遍共享，但失敗者會集中在某些地理區域，或是集中在容易分辨的特定產業。正如老話說的，所有政治問題都在於基層。所以，一旦銀行的商業客戶開始經過加密電子貨幣系統，登錄更多顧客銷售，以避免3％的交易手續費，而銀行開始關閉在曼哈頓市中心，或倫敦金絲雀碼頭的後勤管理中心，就等著引起反彈吧。

科技專家與創投業界的支持者面對的挑戰，就是將破壞性框在政治可理解的整體進步論述之中，安霍創投的克里斯·迪克森說。「一方面你讓銀行的人失業，大家都為他感到難過；另一方面，其他人卻省下了3%，對經濟可能有巨大影響，因為這代表小型企業擴大了利潤率。但從論述的角度來看，感覺卻沒有那麼好。個人損失，社會得利。」

BitShares的執行長丹尼爾·拉瑞莫被問到，如果他所想像的那類去中心化自治公司普及了，他會怎樣描述就業市場，他自信地預測這些計畫「可以創造幾百萬個資訊相關工作。」除此之外，他說根據區塊鏈做預測的市場，也就是大家買賣的合約，是根據他們預測事件的準確度而決定回報，這個市場將在注定遭到破壞的仲介產業，創造新的賺錢機會。「如果你是借貸產業的中間人或商品的仲介，又或者有醫藥知識，你比任何人都了解這個產業，意思就是你可以將自己擁有的知識轉變成價值。」拉瑞莫說。「在你賺錢的同時，也為市場提供資訊，讓所有人都更有生產力。」他堅信這些並非讓人「挖坑然後填起來」，「為創造就業機會而創造的工作」；而是「創造價值的高階工作」。

拉瑞莫這種人人有工作的烏托邦理想主義，也是盛行於矽谷的精神，許多比特幣玩家都有，但也粉飾了許多人覺得改變艱難的事實。並非所有，或者應該說不是很多被裁員的員工可以很快振作起來，並充分利用自己的知識，在BitShares的預測市場投機交易中賺到收入。對許多人來說，這似乎像是一種賭博。對於期待一份有薪工作可以做上一輩子，並提供安全穩定的人來說，讓自己的人生遭遇這樣的不確定性是一種詛咒。

一般人會設法將自己的獨門技能用在這個美麗新世界，如果無法派上用場，就會設法快速學會適合的技能。正如泰勒‧柯文（Tyler Cowen）在他的《再見，平庸世代》（*Average Is Over*）一書中提到的：「關鍵問題將在於：你是否擅長和聰明的機器工作？你的技能是補足電腦的技能，還是沒有你，電腦可以做得更好？最糟糕的是，你是在跟電腦競爭嗎？」柯文的論點有部分來自「工作完蛋」（work is over）理論，對中美洲來說不是太美妙。這個論點將社會層面近來的經濟不景氣，大多歸咎於科技變化日新月異，首次出現工作被淘汰的速度，快過科技促進經濟成長帶動的新增工作。

　　這些問題在加密電子貨幣時代尤其切身相關，對於在受區塊鏈自動化挑戰的「信任」產業工作的所有人更是如此。他們可能盲目地期望，這個處理金融的陌生新方式永遠不會有什麼結果，就像伊士曼柯達在數位相機犯的錯。但你可能已經猜到，我們認為那種觀點天真得危險。雖然確實有些重要的經濟學家認為，比特幣只是一時熱潮，如耶魯的席勒（Robert Shiller）和紐約大學的魯比尼（Nouriel Roubini）2014年中時仍在這個陣營；但是數位貨幣讓期望落空的時間愈長，比特幣事業的創新曲線也走得更長一點，諸如「一時熱潮」等看法就會愈發顯得脫離現實。前美國財政部長桑默斯，是全球最有影響力的經濟學人士，他體認到「破壞時機成熟」的金融業，忽略這項科技有其風險。他在一次訪問中說：「將網際網路斥為科學家新奇玩具的人，站在歷史錯誤的一方，將數位攝影斥為虛假造作的人，在歷史錯誤的一方，而認為不花俏的網球球拍是用木頭做的，也是在歷史錯誤的一方。所以在我看來，理直氣

壯排斥所有以區塊鏈為基礎的支付及貨幣體系創新，也是在歷史錯誤的一方。」

有鑑於這樣的預示意味，社會有義務找出安全網條款與過渡時期支援的適當組合，減緩對幾百萬可能失業者的衝擊。相對於政府在奮起的「群眾」面前變成「弱者」的這種半無政府世界，以及民族國家的重要性遭到不屬於任何國家的加密電子貨幣挑戰，我們推選來運作社會的人將有一個重責大任。國民教育必須設計得讓大家可得到適當訓練，能因應未來的工作。應該教導兒童軟體程式，但也要教他們利用自己的創意天賦，設計有趣的新方法，可以用在去中心化的系統中，改善大眾的生活。另一方面，成人應有必要的在職訓練，讓他們準備好面對迥然不同的工作環境。至於無法做到的（因為不同於拉瑞莫的預測，證據顯示根本無法有足夠的工作可滿足需求），則需要更強大、更公平的社會福利國家。或許從美國總統雷根興起小政府時代以來，削減社會福利一直頗為流行，但隨著失業與未充分就業的人口成長，他們的政治影響力也隨之增加。無論加密電子貨幣科技以什麼方法繞過政府，這類人民的利益將決定未來的法律及政策。

新科技的政治影響力

在美國，這一切都發生在充滿金錢政治的華盛頓，一個加密電子貨幣產業才剛開始要加入公關遊說大軍的戰場。雖然他們在傳統金融服務業的對手，早已送出豐厚的政治獻金，對於左右對其有利的立法向來

管用，但比特幣玩家不久前也贏得進入這個世界的入場券。2014年，美國聯邦選舉委員會（Federal Election Commission）一致同意，允許對政治人物和政治團體，做價值最高100美元的比特幣捐獻，和以美元現金捐款的最高限度一樣。更重要的是，成員六人的聯邦選舉委員會一再因政黨立場而有分歧，對於透過支票和信用卡的非現金捐款，在現行條款下是否容許做更高額捐款，共和黨站在支持比特幣的一方。因此聯邦選舉委員會的共和黨籍主席，支持採取更寬容做法的古德曼（Lee Goodman）提出頗有爭議的說法，表示數位貨幣捐款人其實暢通無阻，因為三名民主黨成員無法形成多數阻擋。比特幣社群內沒有人會爭論這一點。於是捐款開始流入。根據關注競選活動經費改革的非營利政治團體「制定自己的法律」（Make Your Laws），截至2014年9月，共有幾十位候選人接受比特幣捐款，包括德州共和黨眾議員史塔克曼（Steve Stockman）和科羅拉多州民主黨眾議員波利斯（Jared Polis），以及好幾個自由黨（Libertarian Party）團體和若干政治行動團體。

隨著比特幣漸漸在華府取得金融業的發聲地位，並開始在邊緣和傳統金融業巨獸競爭，對於前一章提到的監管規範流程也將發揮影響力。但諷刺的是，如果加密電子貨幣產業真的如期望般成功，或許會發現面臨更加強大的對手，是來自代表工作遭淘汰的那群人。社會若要達到各方滿意的中間值，亦即透過去中心化加密電子貨幣應用，達到社群眾人賦權的開放自由利益，但是將代價降低到只犧牲那些遭取代的人，這就需要各方齊聚一堂，協商出一套解決辦法。

這個時候政府不能袖手旁觀，被這項科技逼退到無足輕重。儘管烏

托邦夢想中的自立社會不需要中央權威，但我們很難想像這些衝突和利益分歧，要怎樣在沒有中央仲裁者的情形下協商談判。

這不光是保護遭解雇的勞工。比特幣企業也能從企圖維持立場公平的政府支援中獲益。在加密電子貨幣時代，堅持反壟斷法規、公開透明規則，以及消費者保護機構也同樣重要，因為這將確保過度繁重的規範不致於扼殺創新。這並不是說，目前政府限制獨占壟斷與企業托拉斯、以及鼓勵競爭的模式，沒有遭到濫用。但就算底層的基礎結構是建立在去中心化的加密電子貨幣科技，徹底拋棄政府卻也可能引來新的獨占力量控制未來的經濟，亦即「集中化」的另一種說法。

雖然加密電子貨幣狂熱愛好者現在通常會把Google、臉書、推特、蘋果、微軟等公司視為集中式機構，也就是視為敵人，但應該記住的是，這些公司也曾只是名不見經傳的新創公司、提出的破壞性激進構想。由於法律制度的結構，使得那些新創公司得以蓬勃發展並獲利，世界也改變了，而且我們可以說，是變得更好。要不是政治與法規結構刻意設計得鼓勵創新與競爭，這些公司大概沒有機會在他們鎖定的市場，對抗地位已經穩固的媒體及通訊產業。

相對於加密—無政府主義者的心態，政府和企圖利用加密電子貨幣獲利的創投業者贊助企業，他們所做的折衷妥協依然有自由與進步。加密電子貨幣背後的自由意志主義理想，或許精神高尚，我們也必須擁抱這場自由之戰的關鍵要素。但借用我們一位編輯的想法，這種烏托邦理想計畫通常最後就像終極飛盤（Ultimate Frisbee）比賽，原本設計是沒有裁判，只有「觀察者」仲裁判斷，若有犯規爭議，通常就變成叫罵

對陣，看哪一個選手叫罵最大聲、態度最堅決，並能說服觀察者。

　　現在舉著指揮棒，引導社會持續為自由而戰的新加密新創公司，有一天本身也會成為權力集團的一部分，就如Google和臉書的現狀。我們應該寄望，到時候加密電子貨幣網絡去中心化的程度充分，政府也制定了適度通融的法律，讓下一波創新者得以顛覆未來的Google與臉書。我們也期望有個支持性與積極性足夠的社會安全網，讓每個人都能受益於那些新秀為生活帶來的重大改善。

虛擬貨幣的未來奇想

「現實，是一種歷史過程。」
—— 黑格爾（Georg Hegel）

　　我們說明的一切，加密電子貨幣的所有承諾與潛力，依然是個利基產品。例如有一千兩百萬個錢包，甚至有十萬個商家願意接受，甚至有5億美元的創投基金正投入加密電子貨幣計畫。但這些數字相較於全世界的六十億人口，或是光在美國的兩千三百萬家企業，就是小巫見大巫了。沒有人徹底調查過，有多少商家使用比特幣或其他加密電子貨幣，但無論是嚴肅報導還是傳聞，通常都認定是小數目，約占少數接受的商家總銷售額的1%。

　　這遠低於那些炒作宣傳暗示的數目。意味如果比特幣將成為支持者熱切深信、推動變化的全球性革命力量，應該先發生一些漸進式的進展。首先，加密電子貨幣和絲路網站及 Mt. Gox 的汙點聯想依然記憶猶新；大部分的人只是把整件事當成某種騙局。最低程度，必須讓人感覺加密電子貨幣好像安全可靠，不太可能驟然失去價值。它們目前都遠遠不到這個程度。2014 年中的一份調查發現，美國公民大約只有一半知

道比特幣，只有約3％使用過，65％的人表示他們不太可能會去使用。加密電子貨幣就像懷舊影集《我愛露西》（I Love Lucy）裡，李奇・里卡多（Ricky Ricardo）曾對露西說的，在大家採用之前得做些解釋。

第二個問題是，比特幣若變成真正有支配性力量的貨幣，將可創造震撼全球多數公民的經濟力量。由於新比特幣的創造限制在2,100萬，所以比特幣是通貨緊縮型貨幣。目前全球經濟是建立在通貨膨脹型的貨幣之上。比特幣玩家振振有詞地指出，這對任何存款豐厚的人來說具有毀滅性影響，因為意味著美元和歐元會隨著時間而流失價值。但至少在經濟危機期間，那些沒有限制的法定貨幣，讓央行可以視需要而大舉發行，阻止人民囤積貨幣，並開放信貸以便創造職缺。相較之下，比特幣就像一大湯匙的蓖麻油。有些比特幣支持者主張，我們不需要服藥，因為利己的金融機構和無須負責的央行，將無法再猝然引發過去的那種金融危機，但我們無從證明這種論述。對於靠信貸運轉且不再習慣嚴格控制貨幣的全球經濟，這樣的體系如果沒有適切地引導，可能造成重大傷害。經濟學家如波士頓大學的威廉斯（Mark T. Williams）及《紐約時報》專欄作家克魯曼警告，金融恐慌和經濟混亂時期，大家會囤積供應有限及非常搶手的數位貨幣。這就限制了貨幣流通到其他人手上，從而加劇衰退。沒有央行充當最後的王牌放款人，我們都會渴求貨幣而不可得。他們說，這其實就是大蕭條重演。

第三個問題是競爭，而且別再想類似威士與萬事達卡，那種顯而易見的競爭對手了。假設有個支付系統能帶來所有數位支付的便利，卻沒有比特幣的實際缺點或想像中的缺點，那會如何？如果這個系統已經建

THE AGE OF CRYPTOCURRENCY

置在另外一個眾人信任的系統？如果這些全都包裹起來，由一家名稱和商標是⋯⋯水果的公司出售呢？蘋果要讓人轉換到他們的行動支付系統，比起比特幣要找人轉用它的支付系統要容易許多，無論品質如何。

　　安全／波動性問題可以、也應該由開源模式開啟的加密電子貨幣創新克服。比特幣安全在 Mt. Gox 垮台後已有長足的進步；現在幾乎無法想像會再出現如此大規模的遺失。比特幣價格的波動性最終也將趨緩，因為有更多交易商進入市場，交易所也更加成熟。除此之外，通貨緊縮／膨脹問題可能無足輕重。我們稍後討論未來的可能情況時會提到，大部分嚴肅的加密電子貨幣分析師，都不是以比特幣占有世界主導地位為基本條件。政府幾乎可以肯定會維護發行法定貨幣的權力，沒有發行限制，並會在經濟體發現缺錢時，提供安全閥。此外，若干進入市場的山寨幣更加開放無限制，發行制度也彈性。這些有一天都會成為通貨緊縮型比特幣貨幣制度以外的另一種選擇。（這可能嚇跑比特幣的自由意志主義支持者，他們認為通貨緊縮是一種優點而非缺點，但有助於成為實用貨幣。）

　　至於競爭，這是比較難處理的問題，而且不是因為加密電子貨幣比較低劣。蘋果和其他業者在考慮的支付產品，是建立在以銀行為中心的舊體系之上，因此同樣充斥那些基本成本和無效率，比特幣則完全沒有這些問題。但問題是，大家想要什麼？這就說到了加密電子貨幣能否成功的最終標準：它什麼時候、以及是否能經得起競爭，讓大家相信加密電子貨幣的好處，不會再害怕它的隱患，並願意拋棄從小使用的政府發行貨幣。這不是簡單的事。

即便如此，我們也要獨排眾議，主張以加密為基礎的去中心化數位貨幣，確實有前途。也許是比特幣或其他哪種加密電子貨幣，又或者是某種尚未創造出來的數位貨幣，但這個開創性科技背後，有股沛然莫之能禦的動力。更重要的是，它能解決一些在底層支付基礎結構不可能處理的重大問題。以銀行為中心的支付模式對全球經濟帶來的龐大成本，加密電子貨幣可望消除大半；加密電子貨幣可以將幾十億被排除在舊體系之外的人，帶入全球經濟；而且透過多種區塊鏈為主的應用，可望讓整體中間人、集中式機構，以及政府部門負起前所未有的責任。

如何躍升成為主流貨幣

加密電子貨幣科技究竟要如何成為全球金融結構的重要一環，是下一個我們將處理的重大未知數。不過，有幾個路線是顯而易見的。發揮作用的可能是一種或好幾種，又或者是某種尚未有人想到的因素促成。

加密電子貨幣成為主流最明顯的方法，就是透過持續採用，沒有什麼宣傳比重量級分子加以採用、並成為真正支持者更快速了。有些重要品牌在2014年趕上比特幣風潮：Overstock、Expedia、迪許網路、戴爾、PayPal透過Braintree子公司，還有許多規模較小的公司。這些都有助於建立關係網，但如果有個重量級成員加入陣容，而且真的舉足輕重，我們就會看到加密電子貨幣更快速接觸到一般大眾。這裡說的並非有公司接受零售顧客本身使用比特幣，而是在企業對企業的交易中使用加密電子貨幣，以減少金融業的中間人，降低營運成本並提高淨利。如

果有家重要零售業者，如沃爾瑪，轉向以區塊鏈為主的支付網絡，以便從它每年寄送給全世界數萬供應商的3,500億美元中，減少個幾百億美元，試想加密電子貨幣的使用層面會變得多廣？再者，這樣的業者如果真的虔誠信奉，就像Overstock執行長拜恩拿出計畫，鼓勵供應商接受比特幣，那會如何？如此一來，挑起的變化將遠超過直接支付關係。記住這樣的網路效應，就不難想像類似沃爾瑪的業者會促成普及採用，直到達到自我強化的關鍵多數。（鄭重聲明，我們不知道沃爾瑪目前對加密電子貨幣的想法。）

有關採用率的主要催化劑，或許是政府企圖降低採購成本，或是讓管理統治更為公開透明。我們已知加拿大在研究以MintChip為數位加拿大元的構想；厄瓜多則計畫推出由中央發行的數位貨幣。墨西哥政府已經提出更有企圖心的計畫，若能完全實現呢？（記得吧，墨西哥說過，正在研究創造自己的加密電子貨幣的可能性，以及如何使用區塊鏈科技改善治理。）如果墨西哥成為第一個以加密貨幣為主的政府，會把自己變成加密科技中心，鼓勵許多和墨西哥有貿易往來的開發中國家政府跟進。由於幾乎所有比特幣玩家心心念念著，比特幣可望解決開發中國家的問題，例如匯款和無銀行帳戶人口，由墨西哥帶頭在各新興市場發酵的蘑菇效應，可能會有深遠的影響。

又或者推動力量也許是發現所謂的「殺手級應用」？1990年代期間，網路瀏覽器網景的誕生，開啟網際網路熱潮，網景方便使用的特色是先前的Mosaic所缺乏的，因此成為成功的消費產品。加密電子貨幣的相等物，可能是和電子商務平台無縫接軌的錢包，而且安全到大家不

怕被駁。這個相等物可能是一種服務，讓新興市場的人在寄收加密電子貨幣並與當地貨幣互相轉換時，簡單到不可思議。總之，需要成為大家認為是必備的東西。

最後，加密電子貨幣不易造成危機的特性，也可能促使它成為主流。2008年的恐慌來襲時，比特幣尚未存在。於是投資人蜂擁向由來已久的避險天堂黃金，讓金價兩年翻漲三倍。但現在比特幣提供另外一種選擇，遠比黃金更為有用。同樣有供應有限的特質，能支撐價值，而且央行不會拿來亂搞。但是用比特幣買東西可比用黃金容易多了。再來一場金融危機並非無法想像的事。在一個充斥負債且飽受央行干預的世界，過度擴張的資產價格加上市場相互連結，其中的重大隱患在六年前已經露出苗頭，卻始終沒有解決，許多分析師認為再來一場金融危機勢難避免。支付科技也有先例：M-Pesa在肯亞2007年政治危機中的交好運，當時大家發現在傳統金融體系失靈時，可以用它來轉移資金。不難想像比特幣也能享有類似「最惡劣的時機、在正確地方」的處境。如果加密電子貨幣有機會，證明自己在金融失火的世界中的價值，或許就能爭取到一群人轉移陣營。

未來的諸多可能

知道了這些可能的變化催化劑，我們現在就能思考這項科技有哪些發展方式，以及可能有什麼影響。我們將進行思想實驗，探索過程中可能衍生的各種狀況。沒錯，完全是猜測，但就像我們剛完成的練習，我

們相信這樣做有用。從因果關係思考，清楚的邏輯理路就會一一展現。沒有人知道加密電子貨幣會往哪個方向走，但比我們聰明的人以此為志業，企圖找出這些事情行進的路線。

我們認為比較公平的做法，是列出一系列可能劇本，而不是大膽做預言。正如本書開頭說的，我們是記者，不是未來主義者。在探討這些可能假設時，我們將刻意超越大多數人會問的問題：比特幣本身究竟會成功還是會失敗？我們一直在強調，比特幣區塊鏈展現的基礎技術，遠比背負比特幣名稱的貨幣更重要。強調這點之後，我們就從提及同樣問題的兩種可能劇本開始：比特幣究竟能不能在世界占有主導地位，還是會跟 Betamax 一樣進入歷史的垃圾堆。接著，我們將繼續觀察介於這兩種截然相反的結論中的其他可能性，以及一些加密電子貨幣可能給社會帶來完全不同思考角度的題外話。

失敗？或成功？

「失敗」案例

貨幣有三個主要特徵：記帳單位，交換工具，以及價值儲藏。對比特幣或任何加密電子貨幣來說，要達到這三種特性，重點就是要有廣大的支持基礎，若不是來自消費者，就是要有企業為了削減成本而使用這項技術。就算產品的技術穩健可靠，也未必能得到這樣的支持。直到今日，可以發現還是有人會解釋 Betamax 錄影帶，為什麼在技術上是比 VHS 更好的產品。但現在大多數人甚至不知道 Betamax 是什麼。加密

電子貨幣儘管有種種讚美之詞，同樣也可能輸給「還算不錯」的競爭對手，對方能在以銀行為中心的傳統體系運作，但節省的成本和便利性夠多，就相對擁有優勢。

雖然企業採用者可能是觸發改變最有力的催化劑，但他們會觀察消費者和一般大眾如何看待比特幣和其他加密電子貨幣，之後才會跳進去。大部分消費者可能永遠不會給予足夠的支持。以消費者為主的數位錢包、支付處理，以及比特幣儲存服務如Coinbase、比特儲、Circle，和Xapo，都讓大眾使用加密電子貨幣變得更容易也更安全，也試圖抹去有關Mt. Gox揮之不去的陰霾。但沒有什麼證據顯示，除了那一小群對科技有興趣的早期採用者，以及目前正使用加密電子貨幣的狂熱愛好者，他們還曾費心去爭取其他人。或許加密電子貨幣的名聲已經永遠毀於惡劣的媒體報導。除了大眾印象，美國現在要求課徵資本利得稅的麻煩，以及法律規範的負擔，使得加密電子貨幣供應者很難無縫接觸到一般消費者，而且這種新型態貨幣很可能永遠無法引起興趣。在這種假設情況下，加密電子貨幣永遠卡在雞生蛋、蛋生雞的循環之中：沒有足夠的使用者、沒有足夠的地方可使用、沒有足夠的理由擁有。關鍵多數永遠達不到，於是整個構想枯萎凋敝。

「成功」案例

雖然「失敗」案例指的是沒有加密電子貨幣能成功的假設情況，但這裡的「成功」案例，純粹是指比特幣。正如我們接下來要討論的，加密電子貨幣在其他想像的假設劇本中，可能不需要比特幣取得主導地位

也能站穩腳跟。

　　基於我們前面引述的採用統計數據，比特幣成為貨幣之王的情況似乎頗為牽強，但所有大獲成功的事物都有個起點。2009年時，幾乎沒有人料想得到比特幣會發展到這個地步。此外，正如我們討論過的，比特幣區塊鏈賴以為基礎的低成本、高速去中心化網絡，確實有其優點。由於比特幣是目前所有加密錢幣中地位最穩固的，明顯有先行者優勢，如果有新的貨幣要利用那些優點，大概也是比特幣。

　　這是數位時代，而比特幣是數位貨幣。在一個所有人生活仰賴手機的世界，一個有太多商務在線上完成的世界，簡潔和節省成本才是王道。唯一需要的，就是前述那些催化劑的某一種，要不就是第二種、第三種。最後，就能普及到滿足三個貨幣的特徵，然後比特幣就跟美元一樣成功。

　　儘管有公共形象問題和規範限制，大環境並非完全不利於比特幣蓬勃發展。有些對加密電子貨幣較友善的國家，如瑞士、新加坡、英國，及加拿大，可以培育創新中心，賦予科技無法阻擋的動力。即使在美國，儘管對紐約金融管理局主管勞斯基的BitLicense構想有人心懷怨恨，思慮周詳的監管人員還是留了創新的空間。雖然開發中國家追趕的腳步緩慢，但許多已經注意到比特幣的吸引力。如果比特幣能迅速在開發中國家成功，成為國際匯款和金融交易的主要工具，例如像中國的微信一樣大受歡迎，就能迅速成為二十五億無銀行帳戶人口選擇的貨幣。他們不是超級富豪，但是代表一個先鋒投資者及業務員樂於接觸的新市場。要加入其中，需要比特幣。可以想像比特幣在這場全球性大火中，

成為主導全球的力量。

　　這個世界會是什麼模樣？那不只是妝點門面的事。不只是有人在結帳櫃檯拿手機扣除比特幣款項。看了這本書就知道，由比特幣主導的世界會有更全面性的意義：例如，銀行和政府的權力會變小。如果所有我們談過的其他去中心化應用也跟著出現，這個世界的眾人將大多自給自足，住在靠太陽能發電的房屋，使用社區擁有的無人駕駛汽車，直接點對點地交換貨幣與價值。聽起來開始像是科幻小說了。當然，如果你將今日的世界描述給一百年前的人聽，他們也會覺得像是 H. G. 威爾斯[1]（H. G. Wells）筆下的故事。

其他可能的劇本

　　一般人喜歡從前述兩種假設劇本的極端情況談論比特幣：成功或失敗，支配優勢或垃圾桶；但這並不是黑與白的簡單問題。更像是比特幣將繼續發展，但不是與「真實」世界平行發展，而是聯接真實世界，各種機構和企業配合各自的需求，採用比特幣底層科技。整個過程就像在生物學看到的，物種之間的演化。這是我們預期會發生的。奧妙在於猜測演化軌跡的方向。再說一次，與其瞎猜，我們寧可提出另外一套可能劇本。

---

1. 英國著名史學家、思想家、未來預言家兼科幻小說家。1895年寫下史上首部科幻小說《時光機器》，被譽為「科幻小說元年」，經典代表作《世界大戰》、《隱形人》、《莫羅博士島》……等等。

看不見的重要輪齒

有個可能劇本是高瞻遠矚的矽谷人經常提及的，就是加密電子貨幣最終將在金融體系的基礎結構扮演重要角色，但只存在於背景，而由法定貨幣繼續擔任經濟的主要計價單位及交換媒介。在這種情況下，加密電子貨幣通訊協定及以區塊鏈為基礎的確認交易系統，將取代目前由銀行、信用卡公司、支付業者，以及外匯交易商經營的繁冗支付體系。這些中介單位有些會消失，其他則是單純使用加密電子貨幣科技，進行機構對機構之間的業務。由於每一筆交易完成之後，能即時轉換成法定貨幣，終端用戶消費者與企業大概要照常報價，並以他們一直在使用的貨幣交付。

如果比特幣區塊鏈成為這種情況下的優先選擇，它作為貨幣的價值（或者把它想像成整個「生態系統」的一種股票更好）仍將出現相當大的漲幅，因為比特幣的需求不斷。如果你認為這種隱密的角色就是比特幣的未來，儘管投資吧。不需要讓散戶進場買進，來實現可觀的獲利。

但我們同樣可以想像，各種山寨幣選項成為偏好的支付基礎結構。舉例來說，瑞波實驗室的系統，刻意設計成可促進法定貨幣和其他價值單位的國際轉讓，同時去除所有讓資金轉移變昂貴的中介步驟。瑞波也積極向銀行和其他金融機構行銷。它提出甜美的誘餌：一個數位化金融網絡對銀行體系的破壞性，遠低於讓所有人關閉銀行帳戶、改用比特幣錢包的劇本。如果這些「闡道」機構有哪個像部分比特幣玩家一樣，懷疑瑞波的獲利動機，可以嘗試Stellar，這是複製版，由和瑞波決裂的共同創辦人杰德·麥卡列博，以慈善為目標特地設立的。其他如瑞優幣計

畫,是建立在比特幣區塊鏈之上的山寨幣,公開透明且有可稽查的美元資產儲備支持背書,將山寨幣變成美元的取代品,也是可以用來便宜寄送款項的工具,又不會產生比特幣的交易所風險。或者還有比特儲,哈爾西‧邁納的內部系統,帳戶持有人可以互相寄送數位美元、日圓,或歐元而不需要成本。任一種或全部,都有可能成為加密電子貨幣金融體系的構成要素。

不過,若要成為世界交易系統的加密電子貨幣平台,比特幣顯然是領先者。它的市值是其他所有山寨幣加總都遠遠不及的。比特幣錢包與保管公司Xapo的執行長文西斯‧卡薩雷斯(Wences Casares)預測,比特幣的未來是「網際網路的原生貨幣」,將成為網路商務的優先交換單位。但他看不出政府有什麼理由會單方面放棄發行主權貨幣的權力,主權貨幣仍將是金融體系的關鍵支柱,與比特幣共存。這是另一個讓人相信比特幣引發通縮危機的疑慮,其實是言過其實的理由。

多種貨幣的世界

沒有人可以保證,比特幣將依然是具有主導地位的加密電子貨幣。如果加密電子貨幣能夠存活,那就不只一種最後能在商業中扮演重要角色。有鑑於區塊鏈容許任何人給任何東西附上數位價值,可以想像,到後來整個世界就是所有東西本身即為貨幣。在這樣的經濟體中,資產的數位化所有權,是透過區塊鏈背後的技術創造而來。這就是應用我們在第九章討論的「智慧財產所有權」概念,亦即各式各樣的財產都分配到一個數位所有權憑證,一個可以交易的權利。每一個都能分成各種需要

的貨幣計價，方便跟其他數位化的資產所有權交換。這些數位貨幣或憑證，可以透過相互連結的區塊鏈式交易所互相交易，這些交易所能公平且公開地制定一致認同的價格。這種動態的多種資產大型數位交易所，能徹底省去對共同貨幣的需求。事實上，這就變成一種以物易物，但是這種以物易物的可分割性和彈性，克服了古老交換形式的先天局限，因為現在真的可以賣出半匹馬，換取飛到墨西哥阿卡普爾柯（Acapulco）的機票。

在這個世界裡，幾乎任何東西都有個錢幣，而我們知道的通貨就變得沒那麼重要了。許多形式的貨品和服務都能交易，不需要有個交易工具，如美元或比特幣。延伸來說，我們到後來對央行的需求變少，而且肯定不需要集中管理的利率，因為所有事物的價格會隨著對應的其他東西而浮動，如果這樣的市場得以運作，就意味著所有東西最終都能找到某種平衡。

蘇黎世的投資經理人兼高科技金融創新者理查·奧爾森（Richard Olsen），曾對銀行家、避險基金經理人，以及任何願意傾聽的人，大膽提出這種「數位以物易物社會」的前景。他說這雖然聽起來陌生，但是讓華爾街許多人有共鳴。為什麼？「因為那是讓我們擺脫自己一頭栽進的泥淖唯一的方法。」他說。奧爾森認為，經濟因物價與薪資而扭曲，無法找到合理的水準，導致類似2008年的危機和之後的歐元危機。這又導致央行插手利率，試圖找出期望中的經濟平衡，最後卻引來新的扭曲，又導致新的危機。自由市場經濟學家常常幻想的世界是，所有價格都是不受約束且金融不再那麼容易產生危機。一個以加密電子貨

幣為主的數位以物易物，就是通向這個世界的道路，奧爾森如是說。

　　有許多因素可能導致這種情況無法發生。其中之一，就是在遞送依市況定價、數量無限的數位化資產時，全球交換體系有物流運籌上的複雜難題。我們要如何將數位化資產從這裡轉移到那裡，幾乎是無法理解。再者就是政治障礙。一個價格完全自由浮動的世界，可能終結薪資膠著的情況，而多數經濟體是很少允許薪資下跌的。儘管這種薪資彈性或許有助於解決失業情形，但很難看出勞動者，即最新一輪危機中的真正失敗者，會放棄薪資保護。不過，如果數位化資產和區塊鏈交易所成為常態，某種數位以物易物的經濟型態或許會開始興起。

數位美元

　　如果多重加密電子貨幣世界，是自由市場者的夢想，我們接下來提出的可能劇本，乍看之下可能正好相反。情況是這樣的：決定遵照「打不過就加入」的格言，各地政府開始推出自己的加密電子貨幣。技術就在那裡，已經證明有許多優點。為什麼政府不能採用？

　　大家可以用這些政府經營的數位貨幣點對點交易，不用中間人。但是這些數位貨幣是存在於一個大致上集中管理的結構；事實上是完全中央集權的體系，由國家扮演中央的名義交易對手。一般人只是收到和他們目前所得貨幣相同的數位版本貨幣，接受紙幣的地方也都接受。這就給法定加密電子貨幣天然優勢，勝過異軍突起的獨立競爭對手——再次嚴正警告，危機都沒能將幾百萬人推進同一陣營，遊說反法定貨幣。

　　等美國政府發行數位美元，情況就真的有意思了。美元已經是全世

界主要儲備和商務貨幣，但是這樣一來，就給美元更大的優勢。因為在貨幣不受信任的國家、以及被禁止或限制購買外匯的國家，例如中國、阿根廷、俄羅斯，這些國家的國民現在可輕鬆取得這個長久以來象徵國際穩定的貨幣。儘管美元紙鈔的國際流動可能多少受到跨境檢查和銀行轉帳規範的控制，但數位美元就沒那麼多約束了。它們可能侵入其他司法管轄權的貨幣範圍。如果其他國家的國民可以輕鬆取得美元這個目前世界上最搶手的貨幣，而且什麼東西都能用美元買，他們為何還需要人民幣、披索，或盧布？在這種情況下，其他貨幣變得沒那麼吃香，美元則更加強大。這是美國霸權的極致表現，而對其他政府來說，則是削弱了他們的國家主權。

美元若是數位化，「國境將不再有太多意義。」康乃爾大學教授暨前IMF經濟學家埃斯瓦·普拉薩德（Eswar Prasad）說，普拉薩德就以美元為主的全球金融體系，有過大量著作。「國家企圖給資本流入與流出建立的圍牆，很快就會消失無蹤。」

完全以數位法定貨幣為基礎的貨幣體系，會在許多方面賦予政府權力。舉例來說，央行可以對銀行存款設定負利率，存款戶再也無法以逃向現金避免懲罰。這就產生強大的誘因，鼓勵大家花費而不是儲蓄，是刺激經濟振興的方法。對於懷疑央行權力過大的人來說，這聽起來就像一場惡夢。更是與加密電子貨幣烏托邦背道而馳。

但問題來了：這些都不是零和遊戲。在一個任何人都能創造加密電子貨幣的世界，政府發行法定數位貨幣的機構，將面臨前所未有的挑戰。聯準會應負的責任遠超過國會規定，聯準會主席必須不時上國會山

莊備詢：數位美元要為全球貨幣競爭市場負起責任。如果市場發現數位美元的管理屬強制懲罰性，會破壞大眾的生計，其他貨幣會趁機打壓美元。另一方面，如果對決策者管理美元經濟的信任提高，美元將更進一步發展。因此，即使政府真的將加密電子貨幣技術納為己用，一股強大的力量也會限制他們能做什麼、不能做什麼。即使在這個假設劇本中，人民也被賦予了權力。

布列頓森林協定 II

你或許已經察覺到，這個推理模擬的練習可以讓人想到許多。當你開始思索類似數位美元的構想時，次要影響和其他深遠意義也隨之浮現。其中最深遠的當屬對民族國家的意義，亦即決定全球經濟與政治秩序的最終權力仲裁者。毫無疑問，如果數位美元或任何其他加密電子貨幣提升到全球主導地位，溢過邊界並挑戰國家貨幣，各國政府會視之為威脅。既有的資本控制程度愈大，政府眼中的威脅就愈大，這代表中國、印度、南韓、台灣、阿根廷、委內瑞拉，以及許多其他新興市場國家，都將是反應最為積極強烈的。但所有國家，甚至貨幣市場國際化的西方國家，多少都會因為這種流動的貨幣情勢而不安。

他們會怎樣反應？第一個反應可能是用防火牆審查網際網路，限制人民接觸外面的加密電子貨幣。但是不僅有加密工具可輕易繞過這些管控，意想不到的後果就是抑制創新，打亂商業活動，並將經濟活動推向更加自由放任的背景。這就不難想像，政府或許會團結在一起。加密電子貨幣管制與共同解決辦法，將成為國際大事，在 G20 年度會議或 IMF

半年一次的集會中熱烈討論。所有國家都參與了，廢話少說，我們必須聯手想出解決辦法。

解決辦法會是什麼？繼續發揮想像力，我們可以預見有一套國際標準，詳細規定政府可以用數位貨幣做什麼、不能做什麼，也許是某種國際加密電子貨幣監管委員會，就比特幣之類的獨立加密電子貨幣，協調出相關的法則和規範。但由於民族國家難以控制去中心化、無領導人的加密電子貨幣，我們可以持平地說，國際法可能更難施行。畢竟我們沒有一個完全獲得認可的國際犯罪法庭；位於荷蘭海牙的犯罪法庭就不被華盛頓承認。國際領域呈現半無政府狀態──和無疆界的加密電子貨幣是絕配。

有些國際協議依然存在，例如1944年二次世界大戰危機期間，建立匯率掛鉤制度的布列頓森林協定（於1971年尼克森總統廢除金本位制時終止）。一場加密電子貨幣危機可會促使各國政府再次做出類似的全面性協議？布列頓森林協定II？那些夢想IMF能在國際商務扮演中介角色的人，希望世界擺脫對美元不健康的依賴、並減少聯準會及美國財政部影響力過度膨脹的人，或許突然覺得有自主權了。中國和法國一直敦促要將IMF的特別提款權（Special Drawing Rights, SDR），從目前只是作為記帳單位的角色，提升可儲存央行存款的國際儲備貨幣，而今這兩國或許有新的理想目標。我們懷疑巴黎或北京的官員此刻會想到這種事，但如果加密電子貨幣科技能發揮潛力，他們或許就得仔細斟酌了。

在這個布列頓森林協定II的想像之下，IMF或許會建立自己的加密

電子貨幣，由節點管理按比例置於所有成員國的區塊鏈，沒有人有否決權，以避免由國家發動的51％攻擊。或許該加密電子貨幣會只限由央行用來投資儲備。又或者這種數位貨幣可以充當國際貿易的支付媒介，一種由政府許可的瑞波網絡。如此一來，國際社會就能推行國際轉帳成本大幅降低，進而推動商業、貿易、出口及創新。

幾十年來，各國一直苦於難以達成國際協議，遑論實施協議了，若認為這一切可能性微乎其微也沒錯。但加密電子貨幣的未來有兩極可能：如果失敗了，什麼都不會發生；如果成功了，就會改變局勢。要是局勢改變了，世界的結構也會跟著改變。

一場真實世界的試驗

以上就是拋出的許多可能劇本。誰知道說不定有哪一個最能接近實現。不過有一點我們相當肯定，就是接下來幾年將是關鍵。我們訪談過的人似乎大多只從二到三年，或者五到十年來看加密電子貨幣及相關計畫。我們嚴重懷疑在兩、三年，甚至五年內，會出現一個多種錢幣、數位美元，或是IMF加密電子貨幣的世界。但十年呢？二十年呢？也許，很多都要看比特幣及仿效者在這段期間的狀況，尤其要看那些把夢想投注其中、把比特幣視為改變世界工具的人有什麼動作。

比特幣只有六年歷史。它已經從表面上只是一個孤獨的軟體工程師私心鍾愛的計畫，變成一種全球性現象，激發想像力與自由意志主義者、反企業組織分子、加密—無政府主義者、烏托邦主義者、創業家，

以及創投業者的行動主義。比特幣已經從根本毫無價值變成非常有價值，只是重挫之後再起，在資本市場幾乎沒有可以類比的瘋狂交易模式。它確實從不知何去何從，發展到了一定程度，或許從此又會恢復過去的混亂無秩序。

有一種思考角度是將比特幣當成一種運動，只是這場運動是由不同、有時甚至是相互競爭的分子組成。加密—無政府主義與自由意志主義科技迷建立起比特幣，並做出非常出色的案例，而且他們將繼續發揮作用，推動比特幣作為貨幣與理想目標的發展。但從暗網中將比特幣拉出來、推到眾人面前的創投業者與創業家，也將在比特幣的發展扮演關鍵角色。這種二元論反映出，儘管比特幣的擴展有部分是基於對金融危機的政治反應，但也是建立在科技之上，而這在定義上有別於意識形態。這也使得它迴異於其他政治運動，並造成分支逆流而使得它的發展難以預料。

社會整體也將扮演一定的角色，部分是因為科技對眾人生活產生的破壞性影響。加密電子貨幣是有強大潛力的新破壞性因素。相互連結的運算裝置，讓人對日常生活有更大的控制，製造機會發現新構想、產品與勞動力的新市場，以及政治組織的新工具。但這項技術也激起焦慮，有些人擔心因此而必須允許全面監視；有些人則對洶湧而至的資訊措手不及；還有很多人的工作將被新的機器和軟體取代。科技向來都會刺激反彈，加密電子貨幣也不例外。

這些相互矛盾的力量不可能永遠互相衝突。激情信徒與受威脅的大眾，已經在公眾場合相互碰撞。他們相會之後互相混雜融合，充分檢驗

對方的想法，並仔細討論整件事的發展方向。這就是變化真正發生的方式，是恆常不斷、進度緩慢的演變，人類社會因此而改變、適應。這是為什麼我們認為，不會出現比特幣主導／比特幣失敗的兩種極端，而是預期最後由中庸之道勝出。

加密電子貨幣的狂熱愛好者不可避免會拋出革命這樣的字眼，這在英語是最濫用的字眼之一。但真正的革命是徹底推翻現有秩序，其實相當罕見，儘管革命在史書中的地位顯著。這些激烈、尖刻的事件，是人際關係板塊運動偶然的結果，但有更多變化是透過較為井然有序的協商談判而發生。這種演化過程將我們帶到這個時刻，這個加密電子貨幣的時代。同樣是這個過程將決定這個時代會如何發展。比特幣與加密電子貨幣背後的文化運動，可視為幾世紀以來漫長的思想演化延伸，思考人類如何共同生活得更好。這造就了一場真實世界的試驗，將決定加密電子貨幣的未來。如果加密電子貨幣的各方面，以及隨之而來的新社會秩序，改善了眾人的生活，就能被人採用。不採用的人將被拋棄。折衷妥協之道終將設計出來。正如黑格爾所說的，「現實，是一種歷史過程。」

這並非否認比特幣可滿足眾人期望更美好未來的想像力。比特幣將改變世界的想法，這已經成為追隨者的信念。他們相信這是參與歷史性轉變的機會。「如果突然間，整個世界開始使用一種政府就是無法隨心所欲多印的貨幣，」羅傑・維爾在邁阿密的比特幣研討會上說，「他們將再也無法支應那些殺戮全世界人民的大型戰爭機器。所以，我將比特幣視為可以用來撬動世界往更和平方向的槓桿。」

利他主義、貪婪，及烏托邦理想主義同時並進的奇特力量推動比特

幣現象。中本聰在2009年用來介紹比特幣的十九個字，被延伸用來含括自由意志主義者、新科技愛好者、無政府主義者，以及尋找好東西的一般人的夢想與計畫。這些數位貨幣及其支持者，幾乎有點不顧一切的烏托邦理想，亦即眾人可以經營事業而不需要中間人，而且是任何事業。這種想法在現代聰明人來看，就跟1776年時許多人看自治一樣怪異。「我們認為這些真理是不言而喻的，人人生而平等。」傑佛遜（Thomas Jefferson）寫下的這段文字確實改變了世界。

但傑佛遜式的民主與平權概念，並非憑空從住在新世界的少數英國人腦中蹦出來的。那是人類幾百年發展的成果，期間包含了科學發現以及對個人自由的不斷奮鬥。可以回溯到1215年，當時英國約翰國王和貴族簽署《大憲章》，第一份限制君主權力的文獻。後來得到推廣，是因為古騰堡印刷術，這項非常破壞性創新的技術，讓抄寫員和羽毛筆變得多餘，知識的擴張從此呈幾何級數增加，並刺激現代教育的發展。這些進步最後引發啟蒙運動，衍生出由培根（Francis Bacon）、洛克及伏爾泰（Voltaire）詳加闡述的自由與個人權利新思想。漫長的過渡時期也帶來了哥倫布、達伽瑪（Vasco da Gama）、庫克（James Cook）和其他勇闖大海的人，而伽利略、達文西、哥白尼和牛頓，也開啟天空及我們對宇宙的了解。綜合起來，這些探險家為歐洲人擴展了世界。一旦他們完成了發現之旅，一旦清楚了世界的真實本質與遼闊，就不可能回到過去的舊觀念。我們的重點不是拿中本聰跟那些偉人做比較。而是我們的世界觀已經開闊。不可能回到舊的思維方式。

加密電子貨幣背後的科技與它真正的價值

　　尤其近來年，科技更是推動人類發現與爭取自由的雙重進展。按照古騰堡的發明精神，資訊科技現在完全占據了駕駛機艙。資訊確實就是力量。電報、電話，以及後來的電視，全都有助於散播思想，並將權力從原先獨占資訊的人手中轉移。接著是網際網路，又將這種效果放大到新的極致，給予眾人比從前更多的權力。無論你想怎樣稱呼這種新經濟，共享經濟或協作經濟都好，都推翻了幾世紀以來社會公認的常態標準。

　　加密電子貨幣純粹是一種資訊科技形式，一種計畫周詳、明確直接的破壞性資訊科技形式，期望將所有事物徹底帶向新的層次。去中心化的比特幣網絡及公共總帳、區塊鏈，本質是處理資訊的全新方式。這種情況是將貨幣交易和經濟交換的資訊，從壟斷機構的手中拿走，給社會建立一個去中心化機制，判斷資訊的有效性。如此一來，在將權力從中央集權精英手中轉移到一般大眾的一系列科技發展中，加密電子貨幣可說是最新的進展。

　　只是別期待革命了。自由意志主義者還在比特幣運動中，加密—無政府主義者亦然。還有暗黑錢包、暗網，以及一整個比特幣線上黑市。那些不會離開，但如果加密電子貨幣要發揮影響力，這些激進分子將成為次要的啟動因素，也許會被打發成煽動者的邊緣角色，或是堅持標準不讓中間值妥協太多的理想主義者。加密電子貨幣自身較重要的文化組成分子，將在融入的整體經濟中發現，包括傳統經濟和新世紀共享經

濟。最後，我們相信將會發生這種轉變，而且一切都將出現變化。比特幣到最後反倒不像是最狂熱支持者心目中，不屬於任何國家、無第三方的烏托邦夢想。但是步履蹣跚、搖搖欲墜的銀行業，將被強迫套上極為需要的競爭和紀律。成本將會壓低，商業與經濟活動將跟著一行行的數位代碼一起成長，超越地圖上的國界線條，世界也將顯得比過去更小。

The Age of Cryptocurrency:
How Bitcoin and Digital Money are Challenging the Global Economic Order

虛擬貨幣革命

區塊鏈科技，物聯網經濟，去中心化金融系統挑戰全球經濟秩序

作　　者　保羅‧威格納＆麥克‧凱西	社　　長　郭重興
譯　　者　林奕伶	發行人兼
副總編輯　李映慧	出版總監　曾大福
編　　輯　鍾涵瀞	出　　版　大牌出版／遠足文化事業股份有限公司

總 編 輯　陳旭華
電　　郵　ymal@ms14.hinet.net

發　　行　遠足文化事業股份有限公司
地　　址　23141 新北市新店區民權路108-2號9樓
電　　話　+886- 2- 2218 1417
傳　　真　+886- 2- 8667 1851

印務經理　黃禮賢
封面設計　白日設計
排　　版　極翔企業有限公司
印　　刷　成陽印刷股份有限公司
法律顧問　華洋法律事務所 蘇文生律師

定價 520 元
初版一刷 2016年5月
二版一刷 2017年7月
有著作權 侵害必究 缺頁或破損請寄回更換

CRYPTOCURRENCY: HOW BITCOIN AND CYBERMONEY ARE
CHALLENGING THE GLOBAL ECONOMIC ORDER by PAUL VIGNA AND
MICHAEL J. CASEY
Copyright:© 2015 BY PAUL VIGNA AND MICHAEL J. CASEY
This edition arranged with THE MARSH AGENCY LTD
through BIG APPLE AGENCY, INC., LABUAN, MALAYSIA.
Traditional Chinese edition copyright:
2016 & 2017 STREAMER PUBLISHING HOUSE, AN IMPRINT OF WALKERS
CULTURAL CO., LTD.
All rights reserved.

國家圖書館出版品預行編目（CIP）資料

虛擬貨幣革命：區塊鏈科技，物聯網經濟，去中心化金融系統挑戰全球經濟秩序 / 保羅‧威格納, 麥克.凱西著；林奕
伶譯. -- 二版. -- 新北市：大牌出版：遠足文化發行, 2017.07

392面；17×22公分

譯自：The age of cryptocurrency : how bitcoin and digital money are challenging the global economic order

ISBN 978-986-94613-7-5（平裝）

1.電子貨幣 2.電子商務　　　　　　　　　　　　　　　　563.146　　106007222